长沙理工大学优秀学术著作出版资助

本专著是国家社会科学基金项目《依托国际生产组织推进我国对外投资战略与政策研究》（项目批准号：11CJY095）的最终研究成果

中国对外直接投资“增而不强”论

一个微观生产组织控制视角的分析

洪联英 著

中国社会科学出版社

图书在版编目（CIP）数据

中国对外直接投资“增而不强”论：一个微观生产组织控制视角的分析/洪联英著．—北京：中国社会科学出版社，2015.6
ISBN 978-7-5161-6343-6

Ⅰ.①中…　Ⅱ.①洪…　Ⅲ.①对外投资—直接投资—研究—中国
Ⅳ.①F832.6

中国版本图书馆CIP数据核字(2015)第128231号

出版人　赵剑英
选题策划　侯苗苗
责任编辑　侯苗苗
责任校对　周晓东
责任印制　王　超

出　版　中国社会科学出版社
社　址　北京鼓楼西大街甲158号
邮　编　100720
网　址　http：//www.csspw.cn
发行部　010-84083685
门市部　010-84029450
经　销　新华书店及其他书店

印　刷　北京市大兴区新魏印刷厂
装　订　廊坊市广阳区广增装订厂
版　次　2015年6月第1版
印　次　2015年6月第1次印刷

开　本　710×1000　1/16
印　张　17.75
插　页　2
字　数　350千字
定　价　59.00元

凡购买中国社会科学出版社图书，如有质量问题请与本社营销中心联系调换
电话：010-84083683

目 录

第一章　导论

第一节　全球经济结构变局下贸易、投资增长新变化

2008 年爆发的全球金融危机正深刻地改变着世界经济贸易格局。从总体发展态势上看，世界经济持续低迷，当前世界经济大幅下行，各国经济增长乏力。如表 1－1 所示，世界 GDP 的平均水平由 2010 年的 3.8%下降至 2012 年的 2.1%；发达国家 GDP 的平均水平则由 2.7%下降至 1.2%；新兴工业经济体 GDP 的平均水平则由 8.2%下降至 1.8%；发展中国家和独联体国家 GDP 的平均水平则由 7.3%下降至 4.7%；整个世界经济步入低迷。从结构上看，危机前相当长的一段时间内，新兴经济体和发展中经济体对全球经济增长的贡献和占全球经济总量的比重一直在 30%左右。但金融危机后的 2010 年，新兴经济体和发展中经济体对全球经济增长的贡献高达 70%，在 2011 年和 2012 年中，新兴经济体和发展中经济体在全球产出的总增长中占了将近 2/3。这就是说，新兴经济体和发展中经济体开始成为世界经济增长的主导力量，全球经济重心正从发达经济体向新兴工业经济体和发展中国家转移。目前，世界经济在增长模式、政策以及生活方式等方面正在进行深刻的结构性变革。

表 1－1　　近三年世界经济与货物贸易增长情况　　单位:%

	GDP			出口			进口		
	2010 年	2011 年	2012 年	2010 年	2011 年	2012 年	2010 年	2011 年	2012 年
世界	3.8	2.4	2.1	14.1	5.2	2.1	13.6	5.1	1.9
发达国家	2.7	1.5	1.2	13.1	5.1	1.0	10.7	3.1	-0.1

续表

	GDP			出口			进口		
	2010 年	2011 年	2012 年	2010 年	2011 年	2012 年	2010 年	2011 年	2012 年
新兴工业经济体*	8.2	4.0	1.8	20.9	7.8	1.6	17.9	2.7	1.5
发展中国家和独联体	7.3	5.3	4.7	15.3	5.4	3.3	18.2	8.0	4.6
中国	10.4	9.2	7.8	28.8	8.8	6.2	22.0	8.8	3.6

数据来源：WTO 秘书处。

*新兴工业经济体包括中国、中国香港、新加坡、韩国和中国台湾。关于新兴经济体，目前并没有一个准确的定义。英国《经济学家》将新兴经济体分成两个梯队：第一梯队为中国、巴西、印度和俄罗斯，也称“金砖四国”；第二梯队包括墨西哥、韩国、南非、波兰、土耳其、埃及等“新钻”国家。

随着全球经济结构变局，世界主要经济体外需萎缩，贸易、投资的增长出现了显著新变化：

一是全球贸易呈现出大幅下行和低速增长态势。如表 1－1 所示，2012 年全球贸易出口增速下滑到 2.1%，低于 2011 年的 5.2%，也低于 20 年以来 5.3% 的平均增速；进口增速也从 2010 年的 13.6% 下滑到 2012 年的 1.9%。其中，发达经济体出口量增长 1%，进口量下降 0.1%；发展中国家出口量增长 3.3%，进口量增长 4.6%。受大宗商品价格下降影响，2012 年全球货物贸易出口额为 18.3 万亿美元，增长率仅 0.2%，低于贸易量增速。2013 年，全球贸易弱势复苏局面难有大的改善。发达国家经济疲软将持续制约其进口能力；一些新兴经济体经济困难增多，将对贸易带来负面影响；贸易保护主义对国际贸易健康发展的威胁上升。WTO 预计，2013 年世界货物贸易量增长 3.3%，低于过去 20 年 5.3% 的平均水平。其中，发达经济体出口和进口均增长 1.4%，发展中国家出口量增长 5.3%，进口量增长 5.9%。

二是全球跨国直接投资活跃度下降，复苏势头受挫。据联合国贸易与发展会议估计和 OECD 发布的最新数据显示，2012 年全球 FDI 金额下降 18.3%，约为 1.3 万亿美元，再次跌至 2009 年低谷时水平。2013 年，跨国公司对外投资信心略有增强，但在连续两个季度实现增长后，全球投资活动活跃度在 2013 年第二季度同比下降了近 1/3，当季 FDI 总额降至 2900 亿美元。其中，OECD 成员国对外投资较 2012 年同期下降了 20% 至 1550 亿美元，针对这些成员国的外国投资规模则下降了 26%，至 1370 亿美元；而在非 OECD 成员国的 G20 国集团成员国中，外国投资下降了 92%，从 2012 年的 820 亿美元减少到仅仅 65 亿美元。

三是从未来较长时间上看，全球贸易增长面临严重挑战，对外投资却面临新的机遇。自美国金融危机和欧债危机发生以来，欧洲、美国及日本三大主要市场经济状况都欠佳，尤其是欧洲经济陷入衰退，对全球出口造成较大影响。此外，在经济复苏乏力的情况下，一些国家为抢占市场、提高产业竞争力，频繁采取贸易保护主义措施，严重制约了全球贸易的增长。2008 年 10 月至 2012 年 5 月期间，非关税措施占到贸易保护措施的 45.1%。[①] 以中国为例，2012 年，21 个国家对中国产品发起 77 起反倾销、反补贴、特保等贸易救济调查，涉案金额 277 亿美元，分别比上年增长了 11.6% 和 369%。2013 年以来，中国出口产品面临的贸易摩擦进一步增多，第一季度共有 12 个国家对中国发起 22 起贸易救济调查，同比增长了 22.2%。贸易保护主义的盛行，不仅对世界贸易产生抑制作用，也导致大国之间的贸易争端频发。

相反，对外投资面临新的机遇。其一，国际经贸格局和经贸规则正在发生深刻变化。世贸组织框架下的多哈回合谈判步履维艰，但区域经济合作迅猛发展，围绕着亚太国家之间以及亚太与其他地区之间的区域经贸合作成为热点。美国高调推进跨太平洋伙伴关系协议（TPP）和跨大西洋伙伴关系协议（TTIP），并在这两个谈判中推出自由化程度非常高的新一代国际经贸规则。特别是全球投资规则面临重大改革，参与缔约国家大幅增加，投资协定涵盖的内容越来越丰富，不仅包括高水平的投资保护，还包括更加自由的投资准入，以及环境、劳工、透明度、业绩要求、税收、金融服务等条款。这些新规则的引入和推广必将进一步促进全球跨国直接投资的发展。其二，金融危机后，各国对外资的限制放松，很多国家新出台了吸引外资的政策措施。各国还普遍加大了刺激经济发展的力度，纷纷加快基础设施建设。据亚洲开发银行、经合组织等国际机构预测，未来 5 年，亚洲、非洲、拉丁美洲和东中欧等新兴市场的基础设施建设投资将从 2012 年的 1.5 万亿美元增加到 3 万亿美元；未来 10 年，仅亚洲地区的基础设施建设投资就将达到 8 万亿美元的规模；2030 年，全球基础设施建

① 参见张宇燕、徐秀军《2012—2013 年世界经济：回顾与展望》，中国共产党新闻网，2012 年 12 月 19 日。

设投资将达到55万亿美元。其三，作为新兴经济体的大国，中国对外投资快速发展。2012年全球外国直接投资下降18%，而中国对外直接投资却增长17.6%，2013年1—8月同比继续增长18.5%。2014年，中国境外投资总量超出外资引入，被称为中国企业“走出去”的元年。经济学人智库发布《中国海外投资指数报告》预测，2017年中国将成为全球最大的净投资国，其海外投资规模将居世界第一位。

第二节　中国经济结构调整与加快推进对外投资步伐

一　中国经济结构调整与加快对外投资的内在关系

经过30多年的改革开放，我国经济获得了前所未有的持续快速增长，但随着外贸、外资的高速发展，我国贸易全球化阶段基本完成，目前正面临前所未有的挑战：内部需求不足，产业结构单一，产能严重过剩，资源环境破坏，高度依赖出口导向的经济发展模式难以为继。然而，在美国金融危机和欧债危机的双重冲击下，外需急剧萎缩，我国经济结构存在的问题更加突出。具体地说，从经济增长结构看，在消费、投资和出口“三驾马车”中，外贸出口的大幅下降，是直接影响国民经济增长的主要因素；从工业内部结构看，在外需收缩冲击下，钢铁等行业产能严重过剩，在建产能逆势扩张势头强劲，新兴行业盲目扩张明显。从企业组织结构看，具有国际竞争力的大企业占比过低、势力不强，中小企业转型升级面临重重困境。这些结果表明，我国一方面迫切需要加快结构调整和经济转型，从出口导向转向内需主导，由加工型转向创新型的新模式；但另一方面，“内部需求提升乏力，产能严重过剩”的现实挑战又表明，在当前的经济结构调整和转型路径中，仍然需要一个消化渠道——国外大市场。这是因为，当前我国实施“内需主导型”发展模式尚需要一个过渡期。

从根本上讲，中国的发展归根结底要靠国内市场的繁荣来带动，这不仅是出于对国际国内经济现实的策略考虑，而且也是捍卫中国大国地位，保持中国经济持久、自主、健康发展，避免陷入依附性发展格局的战略需要。但是，当前我国采取“内需主导型”发展模式的条件还不成熟。其一，从经济增长的潜力指标上看，高层次、创新型人才明显不足，教育投入和科研投资整体不足，影响着我国自主创新能力的提升。近几年来，我国15岁以上人口平均受教育年限比OECD国家的平均水平低3年以上，而且从业人员中受过高等教育的仅为7.2%左右，明显低于2000年12.6%的世界平均水平。城镇从业人员中技能劳动者仅为32.9%，技师和高级技师只占其中的4%。而在教育投入上，我国财政性教育经费占GDP仅为3.2%左右，远低于发展中国家4.6%的平均水平；在科学研究的经费上，发达国家占GDP的比例已达2%—3%，而中国则处在1.2%上下，其中的大部分又用于支持短期即可获利的应用性研究项目，造成基础科学研究经费严重不足。其二，从微观基础上看，企业准备不足。尽管我国多数企业已经初具现代企业管理体制和相应的治理机制，但企业生产率水平普遍较低，即使是中国先进企业代表，如中国石化、国家电力、中国工商银行等垄断企业，其劳动生产率均在国际行业首位企业水平的4%以下；人均营业收入和人均利润的国际差距很大，而且还含有垄断成分。如果从占我国企业总数99%以上的中小企业来看，劳动生产率水平更低。这一事实表明，中国企业并没有真正发展起来，自生能力较差，一旦将经营重心放在国内市场，难以支撑起经济持续、稳定发展的微观要求。一个明显的证据是，由于当前经济转型的步骤较快，近几年珠三角和长三角地区的大批中小企业生存步履维艰，相当数量的企业已经陷入非正常的歇业、停产甚至倒逼现象中。其三，从对外经济条件上看，尽管中国在货物贸易领域取得了突出的成就，转型时机和条件已经具备，但在技术和服务贸易方面，目前仍然还是处于持续逆差局面，表明我国服务业总体国际竞争力较弱，难以支持内需主导战略（洪联英、刘解龙，2009）。

因此，对许多有条件的国内企业来说，仅仅依赖国内市场已经不再是他们的选择。在贸易全球化已经完成的现实背景下，生产全球化或说对外投资不仅仅是企业行为，更是一个国家产业结构调整升级和产业转移的重要战略，或说加快推进对外投资步伐是我国经济结构调整的重要一环和现实战略选择。

二 中国对外直接投资持续快速增长

如上所述，随着我国经济结构调整和发展模式转型的需要，如何促进我国从“引进来”到“走出去”的战略转变，不仅是推进我国企业国际化发展的重要方式，也是新的历史条件下我国对外开放的重大举措。自20世纪90年代以来，我国先后出台了一系列鼓励企业开展境外加工装配、对外承包工程、境外资源开发、海外并购等业务的财政、金融支持政策和措施，鼓励企业通过海外投资获取石油、金属矿产等重要战略资源。特别是，2003年商务部出台《关于做好境外投资审批试点工作有关问题的通知》；2004年国务院做出的《关于投资体制改革的决定》，并相继出台了一系列对外直接投资体系法规、政策及配套措施；2006年商务部筹资200亿元、分两批共批准19个境外经贸合作区，进一步把目前国有大型企业集团、民营企业、中小企业等各类企业对外投资齐头并进，极大地调动了地方和各类企业"走出去"的积极性，有力地推动"走出去"各项业务的持续快速发展。

根据商务部统计，从2002年到2013年，我国非金融类对外直接投资从27亿美元增加到901.7亿美元，11年间增长了32.4倍。特别是海外并购，2013年成为亚洲新霸主，其规模由2002年的10.47亿美元增长到2013年的700亿美元，11年间增长了65.86倍。2013年，中国境内投资者共对全球156个国家和地区的5090家境外企业进行了直接投资，投资领域从初期的餐饮、原材料、资源、能源类投资到产业链整合、品牌收购和技术引进等众多领域。对外投资方式也从单一走向多元，由早期的建点开办"窗口"，绿地投资、劳务合作、国际工程承包，发展到企业抱团"走出去"建立海外经贸合作区，较大规模的海外并购、股权置换、境外上市、设立境外研发中心、建立国际营销网络和战略合作等多种方式。目前，中国已成为全球第三大对外直接投资经济体。特别是2013年党的十八届三中全会决议明确提出，要"扩大企业及个人对外投资，确立企业及个人对外投资主体地位，允许发挥自身优势到境外开展投资合作，允许自担风险到各国各地区自由承揽工程和劳务合作项目，允许创新方式'走出去'开展绿地投资、并购投资、证券投资、联合投资等"。由此可以预见，在未来的10多年中，必定会如世界贸易组织副总干事哈沙·辛格所说，"下一个重大转变会是中国的海外投资"，"中国的直接海外投资在不断增加中，可以改变全球的结构"（第二届中国海外投资年会，2012）。

第三节 中国对外投资“增而不强”的典型事实

如上所述，近年来中国对外投资发展迅猛，目前已成为全球第三大对外直接投资经济体，中国的对外净投资超过 17000 亿美元。尤其自 2004 年以来相继出台了一系列对外直接投资体系法规、政策及配套措施，从而在简化对外投资审批程序、规范监督管理、放宽对外投资外汇管制、国家财税金融政策扶持、对外投资保护、对外投资综合管理与信息服务等方面都得到大幅改进，使中国对外投资方式和数量获得了快速增长。然而，与欧美大型跨国企业相比，我国“走出去”的企业大多仍处于中低端行业，多数是传统的承建商，高科技含量和高附加值的主营业务不突出，缺乏核心竞争力。尤其是近年来投资收入总体为负，2012 年的投资收入为 -580 亿美元。美国在 2012 年的对外净投资为 -4200 亿美元左右，而其投资收入却为 200 亿美元。德国 2012 年的对外净投资是 14000 亿美元，正在逐步赶上中国的投资量，其投资收入保持在 6%—8% 之间。换言之，中国对外投资发展“增而不强”，体现在：

其一是 OFDI 规模数量激增，但微观层面问题凸显，企业盲目投资和自相竞争，境外资产流失严重。随着政府大力推动和加快对外投资步伐，对外投资微观层面问题凸显：其一是偏离主业，企业盲目投资。在海外投资和经营过程中，一些中央企业投资追求短期利益，严重偏离企业熟悉领域和主业经营范围，投资过度向上下游延伸，盲目多元化，贸然进入金融、房地产等非主业领域，非主业投资比重过大，盲目多元化倾向严重。境外投资经营不够规范，一些企业盲目投资、重复建设，投资风险加大。其二是海外并购互挖墙脚，恶性价格竞争。随着中国企业海外投资热情的高涨，在部分海外收购项目中，多家企业之间缺乏必要的沟通与合作，进行恶性价格竞争，出现自相竞争互相内讧的情况。据国资委资料，“中央企业间境外投资的恶性竞争近年来屡屡发生。已经有好几个项目，本来我们的企业可以花 5000 万—6000 万美元收购的项目，由于央企之间的相互抬价、恶性竞争，结果花了 1 亿多美元”。对于中央企业互挖墙脚的问题，国资委已经多次提出警告，并酝酿直接出台相关文件。其三是海外经营巨亏，风险管控能力令人担忧。近年来，中国企业“走出去”的亏损事件频繁发生，如央企中铝公司增资力拓面临巨亏，中国航油大单原油期货合约巨亏，2010 年 10 月 25 日，中国铁建发布公告称，公司承建的沙特麦加轻轨项目预计亏损达 41.53 亿元。许多企业在项目签约时只有概念设计，而在项目实施过程中，实际工程数量比签约时预计工程数量大幅度增加；业主大量指令性变更导致项目工作量和成本投入大幅增加，计划工期出现阶段性延误等，这说明中国企业的海外经营能力和风险管控能力令人担忧。其四是国有企业监管缺位，境外资产流失严重。目前，我国国有企业尤其是中央企业的管理和运营过程中，存在多重“委托代理”现象：央企是国资委的代理人，央企内部还有多级代理人，即国有企业监管缺位，治理结构存在天然缺陷。目前在海外投资中，除了中国五矿、华润集团等少数中央企业外，大多数中央企业境外资产的安全和增值都存在隐忧。[①] 此外，由于历史原因及境外国家或地区的法律制度和国情差异，中央企业到境外投资采取的方式较多，有的还采取委托个人进行投资。因此，境外企业存在产权关系复杂、变通操作多、管理不规范、监管不到位等，境外资产流失已成为重要问题。

二是海外并购空前盛行，但缺乏整合手段，失败案例屡创新高。近年来，在全球金融危机的萧条背景下，中国企业频频出手海外投资。据国际数据提供商 Dealogic 统计，2009 年中国公司发起的海外并购交易总额达到 460 亿美元，不少业内人士甚至称 2009 年是“中国海外并购元年”（李桂芳，2011）。而清科数据库 2013 年 1 月的数据表明，自 2006 年开始并购增长趋势明显，特别是 2011 年的并购总额较 2010 年增长了 14903.83 百万美元，达到 28098.92 百万美元，并购案例数量也增加一倍，由 55 次上升到 110 次。2012 年较 2011 年稍有增长，并购总额达到 29825.21 百万美元，两年合计发生了 222 次并购事件（如图 1－1 所示）。

然而，有关数据表明，在企业加快“走出去”过程中，中国企业至少有 2/3 的并购案例是不成功。[②] 国际知名金融数据提供商 Dealogic 公布的数据显示，2009 年和 2010 年中国企业跨境收购的失败率（指已宣布的

---

① 李桂芳：《央企“走出去”：境外资产流失成大敌》，《第一财经日报》2011 年 10 月 24 日。

② 据麦肯锡的研究，在过去 20 年，全球大型的企业并购案中，取得预期效果的比例低于五成，而中国则有六成七的海外并购不成功。国内诸多学者发现，中国近 70% 的海外投资是失败的（袁晓澜、徐芸茜：《中国近 70% 的海外投资是失败的》，《华夏时报》2009 年 12 月 25 日）。

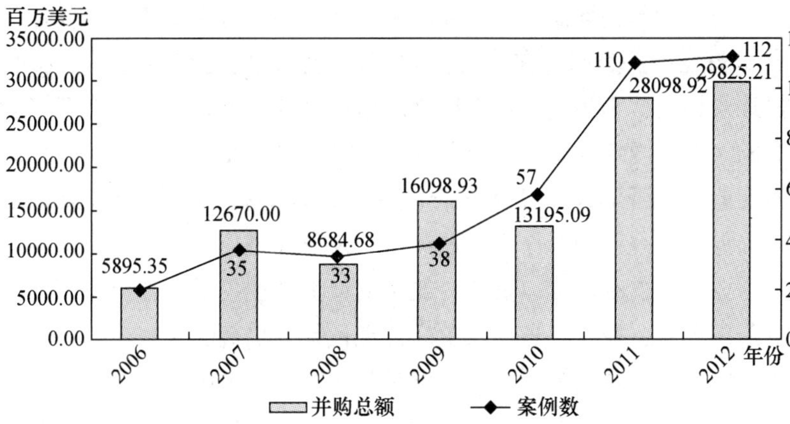

图 1-1 2006—2012 年中国企业海外并购趋势

资料来源：清科数据库。

跨境交易被撤回、拒绝或听任其过期失效的比率）为全球最高，分别达到 12% 和 11%。相比之下，美国和英国的公司 2010 年从事海外收购的失败率仅为 2% 和 1%。特别是海外并购后集团内部既未形成以资产为纽带的新型企业关系，又没有控制手段，并购方和被并购方无法克服文化、法律等方面的障碍，无法形成合力，整合风险和失败案例日益增多。如中国平安并购荷兰—比利时富通集团，8 个月净亏 157 亿元；TCL 并购汤姆逊，3 年净亏 40 亿元；中投集团投资美国黑石集团，20 亿美元不到一年，缩水 70% 以上。我国企业海外并购的损失仅 2008 年就高达 2000 亿元人民币左右。同时，中国企业本身国际化经营水平还很低，人才、资金等资源匮乏，尚未具有充分利用国内外资金、技术和市场的能力与实力，却进行盲目抄底，使企业陷入并购的泥潭不能自拔。

三是境外经贸合作区为 OFDI 创造了新的平台，但如何协调区内中小企业跨国经营，推进园区可持续发展困难重重。自 2006 年下半年开始，商务部筹资 200 亿元、分两批共批准 19 个境外经贸合作区，成为我国实施新“走出去”战略的一项重要举措。短短 7 年来，境外经贸合作区建设取得较快发展，为政府支持有条件的企业开展对外直接投资、利用国际资源和拓展国际市场，提供了一种全新方式和重要平台。然而，当前微观企业自身层面上出现的诸多问题，使境外经贸合作区的持续发展面临着严重挑战。具体地说，按照以“企业为主体，市场化经营为原则”的建设模式，政府只能起到导向、服务和政策支持功能，合作区建设主要还是靠企业自身来进行。然而，在政府主导下，合作区的建设方式是一次性投入，再逐步招商，牵头企业可以取得政府补贴和贷款，具有过度开发和建设的激励。而区内招商定位大都是国内中小企业，这些企业竞争力薄弱，在业务功能上能否形成支持和配合关系，以及能否从对外投资合作中获益，并确保牵头企业和合作区建设可持续发展尚值得怀疑。牵头企业与众多中小企业之间没有形成以资产为纽带的新型企业关系，如何协调区内中小企业跨国经营、控制境外加工生产良性运行，仍待探究。

以泰国罗勇工业区为例。泰国罗勇工业区是由中国华立集团与泰国安美德集团在泰国合作开发的第一批合作区，位于东南亚，其综合条件是目前19个合作区中最好的。经过两年多的开发和招商，原来签订入园合同的23家企业，截至2009年年底，已有20家企业正式入驻园区；其中，来自浙江，即罗勇工业区境内主体所处省份的企业只有皮尔轴承、浙江盾安、台州巨泰等6家，投资产业从汽车配件到文具蜡烛甚至海鲜产品等各行业。这些入园企业来源地不一，企业性质不一，投资产业类型不一，企业之间没有权属关系，牵头企业与众多中小企业之间又没有形成以资产为纽带的新型企业关系，隐藏的企业组织问题已经很明显。牵头企业华立集团至少面临以下问题：一方面，招商入园的这些企业大都是国内中小企业，这些企业整体上生产率水平偏低，国际竞争力薄弱，在业务功能上能否形成支持和配合关系，以及能否从对外投资合作中获益并确保牵头企业和合作区建设可持续发展均面临严重挑战。另一方面，牵头企业华立集团如何组织协调这些企业，以及是否能够继续担当起抱团企业的有效调控者解决区内企业集群的竞合行为、协调区内跨国经营业务功能、控制境外加工生产良性运行等方面，仍然面临重重困难（洪联英、张云，2011）。

四是境外资源开发不断建立新的战略合作联盟，但缺乏有力机制约束当地伙伴，多元稳定的能源资源供应缺乏保障。寻求境外能源资源开发是我国企业对外投资的一个重要取向。近年来，中国能源企业海外投资活动非常活跃，三大石油公司频繁出现在国际石油市场并购项目的大名单中，参与并购的资金数量逐年放大。2010年，中国三大石油公司大规模的并购金额超过300亿美元，占同期全球上游并购的20%。2011年，中石油海外油气权益产量达到5170万吨，海外业务营业额已占公司总营业额近三成。2012年中国海外油气权益产量达到9200万吨，同比增长3%。除了传统的石油行业外，有色金属行业也成为资源领域并购规模较大的行业，如江西铜业、中钢集团、宝钢集团等公司在2006年、2007年的海外并购规模都超过了60亿美元。2011年采矿业境外投资将近150亿美元，占资源类投资总额的80%之多。

然而，境外能源资源开发不断建立新的战略合作联盟，却缺乏有力机制来激励约束当地企业提供多元稳定可靠的能源资源供应保障。2003—2012年8月期间，我国境外规模以上能源资源类投资频数共79起，其中绿地投资0起，股权并购56起，战略联盟33起，有10起属于混合方式（即有股权并购与战略联盟两种组合）。这些投资区位主要集中分布在经营制度环境不健全和政局相对欠稳定的非洲、南美、东欧等地区，这些合作区的健康运行和长远发展需要东道国政府的支持，更需要当地合作伙伴的积极参与与合作，而这些都需要靠投资企业自身的能力及其组织机制控制来保障。在有效协调当地供应商或代理商方面，投资企业至少面临三大问题：一是如何选择合意的当地合作企业、激发其专用性投资水平；二是如何解决当地合作企业的逆向选择和道德风险问题；三是如何激励并约束当地企业提供多元稳定可靠的能源资源供应保障（洪联英、陈思，2013）。

综上所述，中国企业究竟该如何“走出去”才能破解“增而不强”的困境？这不仅是一个事关经济新常态下中国经济能否稳增长、调结构、促升级、推创新的重大战略举措，也是一个严峻而值得深思的重大现实课题。

第四节 一个新的视角：微观生产组织控制

企业对外投资控制方式问题一直是西方国际经济学家们关注的焦点。如Hymer（1960）的垄断优势理论、Vernon（1966）的产品生命周期理论、Buckley和Casson（1976）等的内部化理论，Dunning（1977）的折中生产理论、Kojima（1978）的边际产业扩张理论等，都对企业服务外国市场的方式和跨国公司产生的原因进行研究，认为只有具备OLI三种优势，企业才能采取OFDI方式。但是，这些理论和研究都是从成本、技术或者分工层面进行的，而且都是强调市场价格机制的作用，或说这些研究是以

“价格理论”为核心，强调资源配置过程中市场经济制度的强大效率功能，忽视了组织制度安排的作用。实际上，正如这些理论前提假设，国际市场是一个不完全竞争的市场结构，跨国公司始终扮演中心角色和占据主导地位（Hymer，1960；Helpman，2006）。在母公司控制下，跨国公司既可通过独资、控股、参股等企业内组织形式，也可借助于品牌、协议、分包、许可证等企业间契约制组织形式，不仅将各种中间产品频繁地流转于各子公司、分公司的企业内部贸易中，也日益超越企业边界发生在各种企业间外包活动中（洪联英，2008）。换言之，跨国公司的企业权力行为及其组织控制机制在推进全球化市场经济运行和对外直接投资活动中，一直起着十分重要的作用。

21世纪以来，贸易和FDI流入性质的显著变化对现有主流贸易理论提出的挑战，Grossman和Helpman等经济学家们，将新制度经济学和国际贸易与直接投资理论相结合，构建了一个贸易、FDI新理论——全球生产组织理论，来解决控制企业的组织结构选择问题。他们通过关注个体企业的特征，回答了以下问题：企业在服务于外国市场时，是通过选择出口还是FDI？在组织生产时，是选择外包还是一体化？在哪些情况下，他们选择在国外而不是在国内外包、国外一体化而不是国内一体化（Helpman，2006）？从而解释发达国家外包对于其国内福利分配及其贸易模式的影响。目前，这一最新研究成果主要体现在四个方面（洪联英，2012）：一是运用产权与激励方法分析一体化与外包方式权衡选择问题（Antrs，2003、2005；Feentra & Hanson，2005；Antrs & Helpman，2004）；二是运用交易成本方法分析市场厚度对一体化与外包组织形式的影响（Mclaren，2000；Grossman & Helpman，2002、2005）；三是运用不完全契约方法分析生产率的异质性对企业组织形式的影响（Melitz，2003；Helpman，Melitz & Yeaple，2004；Grossman，Helpman & Szeidl，2006）；四是运用控制权授权理论分析一体化与外包组织形式的选择问题（Marin & Verdier，2002、2005）。特别是近年来，Helpman等（2008）；Antras和Helpman（2008）；Antràs和Hansberg（2009）等进一步完善了这一理论体系。

目前这一领域的研究代表着西方国际贸易与投资理论中的一个最新研究焦点（Feenstra，2003），为研究全球生产网络下的企业组织行为提供许多洞见，一定程度上揭示全球生产网络下企业间外包、企业内部的OFDI行为之间的内在联系，以及必要的微观企业条件，这对本书的研究提供了有益的启示。但是，这些研究还主要是围绕对国际外包现象的发生及其组织形式选择的解释上，很少涉及像我国这种无优势企业的 OFDI 行为，特别是政府推动下的 OFDI 集群式和投资园区建设的组织控制及其组织形式选择的问题。因此，本书将从微观生产组织控制新视角，探讨无优势企业创新对外投资行为和制度安排问题，为加快推进我国对外直接投资持续稳步发展提供新理路。

本书提出微观生产组织控制的概念，实质上是对 Grossman – Helpman 理论体系中关于“国内还是国外、外包还是一体化”的组织结构选择逻辑的合理延伸与拓展，包含两个层次：一是企业对外投资方式的选择问题，指的是跨国公司进入东道国市场投资时，是选择以绿地投资的组织方式还是选择外部扩张的组织方式，抑或是战略合作的组织方式进行；二是跨国公司进入东道国市场投资时的生产制度安排，指的是跨国公司投资后进行生产经营时，是采用等级制方式还是契约制方式、抑或是混合制方式进行控制或协调内部治理和整合管理。

在实践中，跨国公司的微观生产组织控制制度安排主要在企业内部和企业间网络展开，跨国公司是其载体，企业组织的制度安排是其重要特征。换言之，跨国公司进行境外投资时，投资前需要选择合意的市场进入模式和投资方式，投资后需要选择科学的生产组织治理制度，才能有效控制和协调境外投资及其生产经营活动。一般地，按照企业进入海外市场的组织方式，投资企业通常可选择三种形式：绿地投资方式、外部扩张方式或战略合作方式；按照投资后的治理制度安排，投资企业通常也可分为三种形式：等级制、契约制或混合制。综合这两种分类，对于绿地 FDI、海外并购、境外经贸合作区、战略联盟、战略外包等一般形式，其对外直接投资的微观生产组织安排如下：绿地 FDI 模式是典型的等级制和绿地投资方式的组合安排；海外并购模式是等级制和外部扩张方式的组合安排；境外经贸合作区模式分两种组合：一种是等级制和外部扩张方式的组合安排，另一种是混合制和绿地投资方式的组合安排；战略联盟模式也分两种组合：一种是契约制和外部扩张方式的组合安排，另一种是混合制和战略合作方式的组合安排；战略外包模式是契约制和战略合作方式的组合安排。其分类如表 1 – 2 所示。

为此，本书将站在学术前沿，结合中国的对外直接投资“增而不强”的现实问题，从微观生产组织控制视角出发，试图提供一个国际生产体系下的企业权力理论及其分析框架，分析对外直接投资组织控制的微观传导机理，厘清当前对外投资方式创新中存在的企业问题与障碍，从而通过合理的制度设计和战略政策，构建起中国国际生产网络及其组织机制，促成企业与政府合力，有效破解上述困境问题，为政府制定和实施新开放型经济、推进我国对外投资稳步快速发展提供新的理论依据。

表1-2　　对外直接投资的微观生产组织控制模式

微观生产组织控制模式		组织方式选择		
		绿地投资方式	外部扩张方式	战略合作方式
治理制度安排	等级制	绿地 FDI	海外并购	境外经贸合作区
	契约制	—	战略联盟	战略外包
	混合制	境外经贸合作区	—	战略联盟

第五节　本书的主要内容

本书第二章对相关文献作了简要的综述，旨在掌握现有文献的发展现状及其局限，为我们构建新的理论及其分析框架提供参考依据和理论基础。第三—十章将针对当前我国对外投资“增而不强”陷阱与企业能力约束困境，全书沿着依托国际生产组织能够促成政府与企业合力，有效破解难题，推进对外投资内涵式发展的理路进行。主要内容从四个部分展开：

第一部分：对外直接投资发展现状及困境问题分析

本部分是第三章的全部内容，作为全书的开篇章，将从总体上对中国企业对外直接投资的现状、特点、创新方式等进行考察，并对存在的企业组织控制问题及所面临的微观困境问题进行统计描述和分析，为后几章研究对外投资微观企业问题提供理论和实践基础。

本书首先从总体上对中国对外投资的投资规模、主要特点、区位分布、企业主体特征、创新方式、行业商会作用、政策推动等进行现状考察，经验描述我国企业对外投资的发展现状；其次，根据我国的全球投资区位分布框架，从典型性和代表性出发，选择东盟、欧盟、非洲、澳大利亚、美国和俄罗斯联邦六大国家或地区的投资发展情况进行现状分析。再次，通过数据与事实，分析我国对外投资过程中组织控制方式和存在的微观企业问题，指出我国企业“走出去”能力偏低、政企又未形成合力，难以破解困境问题，进一步揭示中国对外投资发展陷入“增而不强”困境的关键因素，以及当前对外投资中存在的主要问题和障碍。最后，依据主要创新方式呈现产业集聚和对外直接投资特点，提出要从中国国际生产网络及组织机制构建和利用，来破解困境问题的必然性和可行性。

第二部分：国际生产组织安排与对外直接投资理论分析框架的构建

本部分是第四章的全部内容，将从国际生产网络下企业的本质及其权力来源，提出一个国际生产体系下的企业权力理论，并与 OFDI 的组织控制方式联结起来，从整体上构建全书的理论分析框架，为后几章的研究提供理论基础。

本书首先从关键概念“国际生产组织”、“国际生产体系及其网络”等内涵出发，厘清了国际生产体系下的企业本质、企业的权力内涵及其权力关系，指出企业权力是指一个企业或企业集团凭借和利用组织内特定的资源和能力而形成的对其他主体的一种控制能力（力量）和特殊的影响力；在此基础上，本研究依据企业权力的来源，从无形资产、组织资源、物质资产三个角度看，将企业权力的具体形式依次称之为价值链分解权、财产所有权、网络进入权，而将企业权力的机制依次归类为：能力控制、所有权或股权控制、组织机制控制，三个理论相互补充，共同构成国际生产与投资中的企业权力体系。进一步，本书通过对企业对外投资的组织控制方式的界定，构建对外投资与国际生产组织控制分析框架，将作用机制划分为三种：（1）投资前导向企业理性选择对外投资方式机制；（2）投资后激励约束网络中企业群的整合（竞合）机制；（3）经营中确保东道国伙伴努力合作的保障机制，为后面几章的实证研究提供理论依据。

第三部分：典型对外投资创新方式的组织控制问题经验分析

本部分包括第五章、第六章、第七章，主要运用计量模型和案例分析，对我国对外投资的典型创新方式进行经验研究，从数量关系和经验规律找出联结的关键点、薄弱环节及障碍。这既是对全书内容的深化和发展，也是为前面的理论假设提供有力的经验支持。

海外并购、境外经贸合作区建设、境外能源资源开发是当前我国对外直接投资的三大典型创新方式和主要投资模式，为此，本书选择以这三种模式为例展开经验研究：（1）海外并购发展模型与实证。通过计量模型和案例嵌套分析，实证检验企业对外投资方式的选择机制，厘清企业组织形式选择与海外并购成功率、企业特征、行业特征、区位特征等因素关系；分析海外并购后整合及当地伙伴合作机制的现状、问题及障碍。(2) 境外资源开发投资模型与案例。多案例分析企业组织方式选择和投资合作机制问题，从组织层面找出影响当地合作伙伴专用性投资和资源供应保障的关键因素。(3) 境外经贸合作区建设模型与实证。构建综合评价指标体系和评估19个境外经贸合作区发展态势及组织机制现状；案例嵌套分析园区企业集群竞合机制及当地伙伴合作机制问题及障碍。

第四部分：依托国际生产组织推进对外投资战略与政策研究

本部分包括第八章、第九章、第十章和结语四大部分，是全书的落脚点。主要回答导论部分提出的“中国对外直接投资为什么是‘增而不强’”这一主旨问题，分析中国企业在境外投资面临的政策支持体系问题，提出要依托国际生产组织推进对外投资战略和政策体系方案，并为构建中国国际生产组织理论体系及其组织机制提供一些思考。

为呼应前几章的理论假设和经验结果，本书首先对导论部分提出的“中国企业对外直接投资为什么是‘增而不强’”困境问题，对中国境外投资政策支持体系进行现状考察，分析中国在欧美、非洲、亚洲、大洋洲等地区投资面临的政策支持体系问题；然后对美国、日本和中国的对外直接投资政策支持体系的国际经验比较，最后构建出切实可行的战略对策和政策体系方案：(1) 围绕中国国际生产网络及组织机制构建和利用，从政府、行业商会和企业三大方面进行制度设计，提出多层次的对外投资发展战略。(2) 政府政策与促进体系方案。为顺利推进上述发展战略，全书借鉴国内外的成功经验和国际惯例，对政府定位、政府功能、政府政策体系，制订切实可行的方案；同时，从体制机制、涉外法律、金融保险、信息服务与保障建设、国际化人才支持、风险防范与预警管理、境外投资管理体系等方面构建促进体系方案。

第六节　本书的逻辑框架与关键问题

针对当前中国对外投资“增而不强”陷阱与企业能力约束困境，本书沿着依托国际生产组织能够促成政府与企业合力，有效破解难题，推进对外投资内涵式发展的理路进行。主要分三个层次：一是厘清国际生产组织安排推进对外投资发展的作用机理；二是从数量关系和经验规律找出影响我国对外投资发展的关键因素、薄弱环节及组织障碍；三是构建出切实可行的战略对策和政策体系方案。本书逻辑框架如图 1－2 所示。

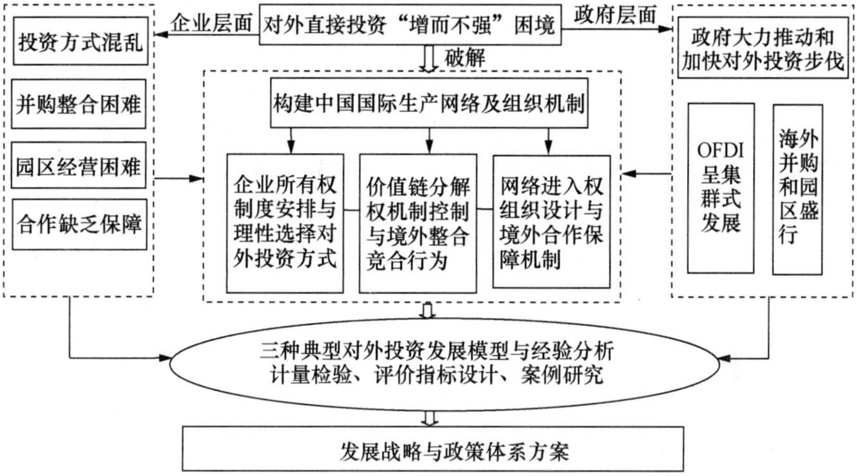

图 1－2 本书的逻辑框架

本书的关键问题如下：（1）基于全球生产组织理论、现代企业理论、全球价值链理论、OFDI 理论等，厘清依托国际生产组织推进我国对外投资发展的作用机理，是本书研究的重点。（2）我国较具规模的海外并购和境外经贸合作区建设时间较短，可用数据资料较少，是本研究的难点。本书采用案例研究为主、计量为辅的方法设计，同时综合中国工业企业数据库、中国对外直接投资企业数据库、中投并购数据库、BVD 全球并购数据库等进行匹配和整理，构建相应的海外并购微观数据。（3）制度设计中国国际生产网络及组织机制，是本研究的落脚点，也是重点。需要综合宏观微观、国内国外、产业组织、制度法规等多因素，且要考虑动态性，制订切实可行的方案。

此外，我们还有一个关键假定：国际生产网络下贸易、FDI 市场不是一个纯市场机制作用市场。换言之，对外直接投资与跨国公司经营活动的有序进行，还需要市场力量以外的企业权力机制来协调。这一假定是符合现实的，因为国际市场是一个不完全竞争的市场结构，跨国公司始终扮演中心角色和占据主导地位，是促进或影响对外投资发展的“有形之手”。

第二章　文献综述与理论基础

本书将从组织控制新视角，研究对外直接投资与微观生产组织行为及其传导机理，既是国际生产与投资理论在发展过程中与企业理论的融合点，也是现代企业理论在国际经济领域的拓展。在文献分析过程中，我们不仅要掌握现有对外直接投资理论的发展现状及其局限，而且要掌握作为特定企业的跨国公司与对外投资理论文献；不仅要掌握作为一般企业理论中的企业内部权力文献，而且要从 Grossman – Helpman 的全球生产组织新理论体系中，寻找出企业权力行为与对外投资活动存在系统关联性的理论基础及相关研究成果。

按照这样一个逻辑前提，本章包括五个部分：一是对外直接投资方式的选择理论文献；二是海外并购与跨国公司成长理论文献；三是现代企业理论中的企业内部权力理论文献；四是 G – H 全球生产组织理论文献；五是本章结论。

第一节　OFDI 与对外投资方式的选择理论

海外并购、境外经贸合作区建设、境外资源开发既是我国创新对外投资的主要方式，也是新形势下中国企业“走出去”的重要内容，他们之间的关系可用对外直接投资（OFDI）来描述。

国外主流研究在初期主要围绕“OFDI 为什么会产生?”“跨国公司是如何服务外国市场方式的?”这两大主题进行。如 Hymer（1960）的垄断优势理论认为，由于国际市场的不完全性，跨国公司在产品品牌、技术专利、雄厚资本、管理经验、规模经济等企业所有权特征方面，拥有东道国企业无法比拟的特定垄断优势，当这些垄断优势能够克服东道国的政策壁垒劣势时，跨国公司就有动力去国外进行对外直接投资活动。换言之，

OFDI 就会产生。然而，这一理论无法回答企业拥有垄断优势时，也可以在本国市场增加子公司将产品通过出口方式服务外国市场，或者通过国际技术转让的方式将企业的专利技术直接卖给东道国，为什么就一定要去国外进行 OFDI? 对此，Buckley 和 Casson 等（1976）的内部化理论认为，国际市场的不完全并不是最终产品市场的不完全，而是中间产品市场的不完全。中间产品市场主要是指技术、专利、知识、管理经验、信息、营销渠道，尤其是专业化的原材料、零配件等，这些产品在不完全的国际市场进行搜索、匹配、交易、谈价等，不仅需要花费巨额的交易成本，而且还面临技术被盗或模仿、知识外溢，信息泄露、专业化供应商“敲竹杠”和“被套牢”问题（hold - up and lock - in），直接影响母公司的发展和竞争力。相反，如果这些在外部市场进行的交易改变在企业内部市场进行，则可以避免这些不利因素。因此，跨国企业为最大限度追逐利润，必须建立内部市场，使外部市场内部化，企业内部资源得到合理配置，避免市场不完全性对企业经营效率的影响。换言之，当内部化的收益大于内部化的成本时，跨国公司就有动力到国外进行对外直接投资。与 Hymer（1960）的垄断优势理论相比，Buckley 和 Casson（1976）等的理论虽然能够解释为什么企业不选择国际技术转让方式服务外国市场，但还是一样不能解释为什么企业不在国内建立子公司，却一定要去国外市场进行 FDI。为此，Dunning（1977）的国际生产折中理论应运而生，这一理论对企业服务外国市场的方式和 FDI 产生的原因进行研究，认为企业只有同时具备所有权优势（Ownship advantages）、区位优势（Location advantages）、内部化优势（International advantages）三种优势（以下简称“OLI 三优势”）时，企业才能去国外进行 OFDI。换言之，OLI 三优势是企业进行 FDI 的根本原因。这一理论还认为，如果企业只拥有所有权优势和区位优势两种优势时，企业只能选择国际技术转让方式服务外国市场；如果企业只拥有所有权优势和内部化优势时，但缺乏区位优势时，企业只能选择通过在国内建立多家子公司，通过出口方式服务外国市场；如果企业只拥有区位优势和内部化优势，但缺乏所有权优势时，则由于企业自身条件限制，不能服务国外市场。这一经典理论的产生，一直在国际经济与贸易领域里被称为通论，简称 OLI 框架。这一经典理论基础，Vernon（1966）的产品生命周期理论、Kojima（1978）的边际产业扩张理论等，都从不同层面对对外直接投资理论进行了丰富和完善。

此后，FDI 与跨国公司的理论文献都是以 OLI 框架为基础，进一步拓展到研究对外投资方式的决定因素、战略选择、区位选择、外部影响因素。如 Gao 等（2013）从人力资本角度、董艳（2011）采用极限边界分析法研究中国对外直接投资的决定因素，宗芳宇、路江涌等（2012），罗伟、葛顺奇（2013）等采用 2003—2009 年中国对 100 多个国家和地区的 FDI 存量数据，研究中国进入海外市场的区位选择和决定因素。葛顺奇、罗伟（2013）等检验母公司竞争优势对企业外向型对外直接投资（OFDI）决策的影响程度。吴晓波等（2010），綦建红等（2012），肖文、周君芝（2014）基于企业投资动机和能力，对国家特定优势下的中国 OFDI 区位选择偏好进行实证检验。Wang 等（2012）探讨新兴市场的企业对外直接投资驱动力，认为中国企业对外投资主要是由其独特的制度和产业环境驱动，特别是政府支持的投资公司母国产业结构至关重要，而技术和广告资源是不太重要的。

特别是面对跨国公司活动（FDI 流动）在世界 GDP 和国际贸易中以格外显目的比率增长，Markusen（2002）认为，将跨国公司视为投资和资本流动现象而非经济中真正的生产实体，是一种偏见；应该着重突出跨国公司作为特定企业的地位，并将区位选择和所有权选择内部化，是国际贸易理论的重要组成部分。

为了将跨国公司活动融入一般均衡贸易理论框架中，Markusen（1984）和 Helpman（1984）都作出了开创性贡献。Markusen（1984）首次正式提出了水平型 FDI 的一般均衡思想，并经 Horstmann 和 Markusen（1987a，1987b，1992），Markusen 和 Venables（1998，2000）的补充和完善，形成了 Horstmann－Markusen－Venables 水平 FDI 体系（简记 H－M－V 体系）；同期，Helpman（1984）也首次正式提出了垂直型 FDI 的一般均衡理论，并经 Helpman－Krugman（1985）的完善形成 Helpman－Krugman 垂直 FDI 体系（简记 H－K 体系）。尽管这两派体系在研究方法上不同，但他们是围绕“跨国公司为何产生?”以及“跨国公司是如何进行服务外国市场的?”两个关键问题进行的，并且都将 Dunning 的 OLI 框架与公司和国家的特征协调起来研究，强调了知识资本假设。特别是，Markusen（1997，2002）提出了一种综合两派体系的研究方法，即在同一均衡框架下既包括垂直型又包括水平型投资，并将这一模型称为“知识资本模型”，其基本观点总结如下（洪联英，2008）：

（1）知识资本是一种无形资产，词义广泛，既包括员工素质、管理经验，营销技术、企业发展战略、生产工艺等企业特定资产，也包括商标、专利、声誉和品名等市场无形资产。

（2）知识资本模型特征：一是分割性：知识资产的区位分布可以与生产分割开来，向单一国外工厂提供这一资产服务所导致的成本增加相对于单一国内工厂要小；二是熟练劳动密集性：相对于最终产品而言，知识性资产属于熟练劳动密集性；三是联合性：知识性资产提供的服务是（至少是部分的）对多个生产基地的联合（公共）投入，与建立一家带有当地工厂公司的成本相比，建立第二家工厂所增加的成本要小。因此，前两个特征创造了垂直生产分散的动机，第三个特征驱动了水平投资的动机。

（3）跨国公司存在并起中心作用的条件，在于它们拥有知识性资产的所有权优势，可以减少国外多工厂生产的联合投入复制成本，实现公司规模经济和世界提增技术效率。

（4）知识资本也会由代理人的机会主义产生资产耗散的风险。为了保持公司排他性知识资产的价值，跨国公司在服务外国市场时，倾向于通过自有分支公司转让技术，从而企业内贸易并不是以有形商品为特征，而是以从母公司向分支公司出口的无形总部服务为特征。

（5）投资自由化导致生产和总部服务可以分开经营，公司总部是在熟练劳动丰裕的国家，而工厂区位的选择取决于市场规模，对要素的依赖相对较小，因而，熟练劳动丰裕的小国也会导致垂直型公司的出现。从而企业内贸易是无形的总部服务贸易和有形的中间投入品贸易组成，而且国家的要素禀赋差异越大，企业内贸易就越大。①

（6）贸易与分支机构生产之间关系是与水平—垂直差异紧密相关，贸易与水平型投资相互替代，与垂直型投资一般为互补。

值得指出的是，Carr、Markusen 和 Maskus（2001）对这一理论模型假设进行实证估计与检验，结果表明，在对 1986—1994 年期间美国与其他 36 个国家之间的双边分支公司销售检验中，与垂直型 FDI 测量（相对要素禀赋差异）相比，水平型 FDI 测量（运输成本、工厂规模经济等）更好地与数据相吻合。Markusen 认为这些结果与理论之间非常吻合，并

① 参见 Helpman 和 Krugman（1985）第十二章、第十三章的详细论述。

深信这一模型在将来的政策分析中会被证明是有所作为的。

此后的研究都是在这一体系基础上进行拓展或细化，如 Dunning 和 Lundan（2008）、Poole（2013）等对于跨国公司与全球化经济的研究；Nicholson 和 Salaber（2013），Hijzen、Görg 和 Manchin（2008）区分横向和非横向并购，并使用 1990—2001 年 23 个经合组织成员国的产业数据，发现总交易成本对于跨国并购活动具有负面影响并且对横向并购的影响较小。Beladi 等（2013），Child 和 Marinova（2014）构建寡头垄断模型研究垂直结构对横向跨国并购的动机和应用的影响，并证明垂直整合会提高生产多样化的激励程度和增加横向跨国并购的收益。特别是 Baldwin 和 Okubo（2014）依据 Yeaple（2007）的复杂一体化概念（即混合型 FDI），采用一种新的实证方法来检验日本境外附属机构的网络 FDI 是水平型还是垂直型，并认为在大多数行业的日资企业和国家，部分是垂直的，部分是水平的，但在北美比欧洲和亚洲的网络 OFDI 更多的是水平型。子公司在 1996 年和 2005 年之间更多采用垂直型。

综上所述，H－M－V 体系和 H－K 体系都试图将跨国公司活动完整地融入一般均衡的国际贸易理论框架中，但主要由于技术上的原因，在 20 世纪 80 年代和 90 年代的大部分时期，这两个体系一直保持着相对分离状态（马库森，2005）。H－K 体系是在“零贸易”成本假设条件下，给定工厂规模经济，没有水平型跨国公司的存在。而 H－M－V 体系则通常假设跨国公司部门只使用一种要素，或者假设不同活动（如总部和工厂）使用相同比率的要素，将生产分成不同阶段的动机几乎就不复存在。知识资本模型是一个将这两种理论进行整合的一个尝试，使垂直型和水平型跨国公司得以以技术和国家特征的函数形式出现。知识资本的研究方法使我们可以识别水平型和垂直型跨国公司的动机，并且预测出分支机构的活动如何与诸如国家规模和相对要素禀赋差异等变量相联系的。

尽管这一理论模型可以涵盖各种特殊情形，但在现实世界的跨国公司活动中，究竟是水平型还是垂直型跨国公司更重要，仍然是一个有趣的问题（马库森，2005）。

然而，无论以何种定义去分清哪些行为是水平的，哪些是垂直的，都不是一个简单的实证性工作。特别是，垂直型活动越来越与外包概念紧密相连，即其中大部分都是通过与独立的地方生产商以合同形式，而不是通过分支公司的方式进行。

不过，模型将跨国公司作为一个特定企业，从企业拥有知识性无形资产来论证跨国公司的存在，以及在全球生产投资活动中起中心作用的思想，是本书论证国际生产网络下存在企业权力现象和权力关系的一个文献依据。尤其是将知识资本作为无形资产的思想，也是我们构建网络进入权和价值链分解权的权力来源的一个基础。

第二节 海外并购与跨国公司成长理论

跨国并购作为对外直接投资的主要进入方式，一直备受国外学者关注。近年来，我国有近80%的对外直接投资也是由海外并购方式完成的，然而就并购后的发展现状来看，存在失败率高发，前期评估不足，投资后整合困难，合并绩效不明显等诸多问题。本节通过对国外海外并购主流文献的梳理，探究跨国公司并购的成长机制，为后文的研究提供理论基础和实证依据。

对于跨国并购问题的研究，国内外学者主要沿着三大脉络展开：一是将跨国并购作为一种进入方式及其战略选择。这一主题一直是西方国际经济学家关注的焦点，如 Hymer（1960）的垄断优势理论、Buckley 和 Casson（1976）等的内部化理论，Dunning（1977）的折衷生产理论，Dunning 和 Lundan（2008）将制度考虑纳入 OLI 理论框架等，都对企业从事 OFDI 的进入方式及其决定因素进行研究，认为只有具备 OLI 三种优势，企业才能采取 OFDI 方式。此后，学者们依据不同理论进行实证分析，如 Anand 和 Delios（2002）从资源基础理论研究 1974—1991 年 2175 家从英国、德国、日本进入美国公司的并购方式；Davis 等（2000）则从制度理论，Hennart 和 Reddy（1997）、Pan 和 Tse（2000）等从交易成本理论，鲁桐（2007）、Nocke 和 Yeaple（2007）等从企业异质性，史宇鹏等（2012）从法律视角，都讨论了海外并购的进入模式；张建红、卫新江（2010），张建红、周朝鸿（2010），胡彦宇、吴之雄（2011）等考察了中国企业在海外并购过程中可能遇到的制度障碍问题。Pablo（2009）等研究目标国宏观经济和投资者保护状况对进行跨国并购的可能性影响，认为好的经济状况、友好商业经营环境、较高的目标企业融资成本、逃避关税壁垒等增加跨国并购发生的可能性；并购方国家对产权保护较低，对关键产业的保护、有限制受控制的利率水平、利息和股息汇兑限制等因素则起抑制作用，这些基础影响跨国并购的方向和规模。Malhotra 等（2011），Pablo（2013）、Beladi 等（2013）则从文化距离和治理环境视角进行多案例研究，认为东道国的治理环境和文化环境差异会影响企业的海外市场进入战略，并发现美国企业与新兴市场企业都选择在与本国文化环境相近的国家进行并购，而且不同的文化习俗会影响企业的市场进入战略；当市场潜力上升时，新兴市场企业会选择忽略文化差距，而美国企业不会忽略。

二是将跨国并购作为一个动态学习的过程。由于调查、谈判、整合这些过程本身的动态性、复杂性，以及并购绩效微观企业数据难以获取性，这类文献相对较少，但现有文献研究结果表明：跨国并购本身是一个动态学习的成长过程。具体地说，在调查过程和谈判过程中，Hitt 等（2000）认为，由于国外投资本身所具有的不确定性，要多借助设立在东道国的投资银行和其他专业机构（如顾问、律师事务所、会计事务所）的中介服务和帮助，能够使公司在尽职调查过程中避免学习中出现路径依赖问题和谈判过程中出现实质性成长障碍。在整合过程中，Krug 和 Hegarty（2001）、Larsson 和 Finkelstein（1999）等认为，企业文化和制度的差异尤其是公司体制和治理机制，是整合过程需要处理的重要内容；Fajgelbaum（2014）、Barbopoulos 等（2012）认为如果两国间的制度差异较大时，并购整合时经理与雇员之间发生冲突的可能性就越高，并购后的整合治理问题需要特别关注。王凤彬、杨阳等（2013）借鉴组织学习理论，对“利用型 FDI”和“探索型 FDI”的分化表现、并购整合及其价值创造效应进行研究，认为整合面临很大的挑战和风险，但中国企业仍不会停止海外并购的尝试。

三是将跨国并购本身作为一种价值创造战略。Buckley 和 Casson（1976）、Markides 和 Ittner（1994）、Ray 和 Ray（2013）等从资源共享和资产内部化角度，认为充分利用资源共享和内部化的协同效应，能为并购双方创造价值。Jensen（1986）、Datta 和 Puia（1995）、Martynova 和 Renneboog（2008）、顾露露和 Reed（2011）、倪中新等（2014）对中国企业海外收购成败进行实证分析，考察了影响中国企业海外收购成败的因素以及中国企业海外收购成功率低的原因。Martynova 和 Renneboog（2008）等从金融结构与股东财富创造方面看，认为并购的财富创造效应与并购双方公司所在国家之间的资本契合度、相关的负债以及从金融机构的贷款密切相关，高负债会减少潜在的代理成本，相对更新的并购能够给双方都带来显著的价值。Uddin 和 Boateng（2009），杨忠、张骁（2009），邵新建等（2012）从目标企业战略，Yang 和 Hyland（2012）等则从管理质量、价值创造与组织经验等方面，认为协作导向战略、内部治理机制和管理质量在价值创造中非常重要，当管理者绩效 q 值更高的公司合并 q 值更低的公司时，最好的价值创造合并才会发生，而在公司治理方面，只有注重股东利益且治理程度相对完善的并购企业，整合后才会取得公司治理的改善和提高预期收益。

综上所述，进入国际市场跨国并购对于跨国公司来说有很大的潜在利益，但是与跨国公司并购前的进入方式选择机制、并购中的学习动态机制、并购后的价值创造机制密切相关，因为这种选择不仅会对跨国并购成败以及公司绩效产生重要的影响，而且对于发展中的跨国公司来说是一个成长学习过程。因此，这方面的研究需要从不同的理论角度来更好地预测进入国际市场所带来的价值创造。

第三节 企业体系权力理论

对企业内部权力的研究，可以追溯到20世纪30年代，Berle 和 Means（1932）最先在提出了现代企业“所有权与控制权分离”的重要观念，但他们并没有研究企业中的权力问题。Coase（1937）创见性地论证了企业以“权威”方式来配置资源，可以节约市场定价的交易成本的思想。Grossman 和 Hart（1986）、Hart 和 Moore（1990）（简称 GHM 理论）从不完全合同角度对企业权力的研究作出了创造性贡献。而 Rajan 和 Zingales（1998，2001）的关键资源进入权理论则为企业理论中的权力研究作出了重大拓展和补充。

Coase 认为，由于存在使用价格机制的成本，“通过形成一个组织并让某种权力（企业家）来支配资源，部分市场费用可以节省”（Coase，1937），即在企业内承担协调生产要素（资源）的流动并不是价格，而是“命令”或权威。这样，存在两种制度来协调人们的经济活动：“在企业外部，价格运动指挥生产，它通过一系列在市场上的交易来协调。在企业内部，这些市场交易被取消，而且市场交易的复杂结构由厂商内部的协调人来替代，由他来指导生产。显然，这些是协调生产的不同方式。”但是，由于 Coase 专注于对“交易费用”这一革命性概念的研究，并没有对什么是企业权威作出具体论述。

在随后的近 50 年中，企业权威论观点发展很缓慢，并且引起了争议。但从总体上说，Coase 的企业权威观点像一种先验性的假说，被多数经济学家们所接受，权威成了企业内部产权结构下，企业家以一种条令的方式对企业资源进行生产、组织、交易的协作方式，能够减少交易费用。[①] 由于 Coase 的企业权威论“未能清楚地说明”其自身理论的“假设”，“忽略对其赖以成立的基础的考察”，“权力”范畴尽管重要，但很长时间企业理论并没有为这一范畴找到坚实的根基。

从 Grossman 和 Hart（1986）、Hart 和 Moore（1990）开始，企业权威理论取得了突破性进展。GHM 理论正式对企业的权力来源问题、权力配置问题进行了深入研究，他们将企业定义为“由其所有拥有或控制的资产（如机器、存货等）所组成”（1986），在不完全合同条件下，剩余控制权就是“可以按任何不与先前的合同、惯例和法律相违背的方式决定资产使用方法的权力”（哈特，1998），它应该天然地配置给物质资产所有者，并以此定义企业所有权，即物质资产所有权是企业权力的来源。这样，他们将契约不完全性和企业的权力变量——控制权之间的内在关联结合起来，为企业中权力变量的解释找到了坚实的理论基础。正如 Hart（1995）所言，“在完全合同的范围内”权力的概念是很难定义的，“如果所有的行为都可以在合同中加以规定，那么令某人‘负责’一项行动或决策又是什么意思呢？因此，不完全合同的框架才是研究权力的自然框架”（哈特，1998）。GHM 理论框架对当今企业问题的研究影响之深，导致对企业权力的研究成为企业理论研究的主流。

在 GHM 理论之后，企业的权力理论呈现出强盛的发展势态，但众多文献在深化对该框架认识的同时，也表现出对该框架下“资本强权观”实质的一定程度修正和挑战，Aghion 和 Bolton（1992）、Dewatripont 和 Tirole（1994）、Aghion 和 Tirole（1997）、Chiu（1998）、Cai（2003）等，都是这方面的经典文献。特别是，Rajan 和 Zingales（1998，2001）以一种新的视角和内涵来研究企业内的权力及其关系，提出了关键性资源的

---

① 参见 Alchian、Armen A. 和 Harold Demsetz（1972），［美］R. 科斯、A. 阿尔钦、D. 诺斯等（2003）。

“进入权”理论。与 GHM 理论不同，他们认为物质资产不是企业唯一的权力来源，“进入权”或“通道”（access），即接近和使用资产、思想和人等关键资源的机会和能力，也是企业的一种权力来源。通过对这些关键性资源（critical resources）的“进入”（access）控制，由此便产生权力。在他们看来，进入权比物质资产所有权更具有一般性，因为这种关键性资源可以是 GHM 理论所关注的物质资产，也可能是“天才”、“创意”无形资产，这样它不仅可以解释与人力资本有关的企业“权力”，而且还能够解释与非人力资本有关的“权威”。从这种意义上说，“进入权”理论是对 GHM 理论的一个强有力的挑战。

然而，这一理论也只是从关键资源的机制控制进行阐释，并没有从这些非物质资产本身的权力关系进行研究，因而这种创见与其说是对 GHM 理论的挑战，不如说是对其补充和扩展。

按照以上论述，目前企业内部权力理论文献发展出以下一些命题：

（1）企业权威是替代市场机制配置资源的替代方式。

（2）不完全契约是解释企业权威或权力变量的重要理论前提。

（3）物质资产所有权是企业权力的一个来源，当合同不完全时，用“剩余控制权”更能代表资产所有权的权力。

（4）关键资源进入权或通道是企业权力的另一个来源，企业中的人力资本所有者能够凭借其知识、信息、创意、特殊的技能等获得企业的某种权力。

由此可见，企业内部权力理论充分发挥了新制度经济学分析的思想，试图通过企业内的权力及其关系，来探究企业权力作为市场机制的替代方式，为人们研究资源配置和利益分配的问题提供一种经济分析方法和工具。但是，这些理论中的权力内涵都是在“交易费用”范畴背后发生作用的，即是从交易属性体现了企业的本质，省略了企业作为组织的属性和生产的属性，因而对企业组织行为的解释是不完整的。

另外，企业内部权力理论也面临一个重大挑战：当前企业组织方式已突破了传统意义上的“企业—市场”两分法（李海舰等，2004，2007），“企业—网络—市场”的三分法已经成为现实经济中的新划分。企业之间的价值活动显然既不等同于市场直接交易，也不等同于企业内部交易，企业网络之间是否也存在企业权力关系？如果存在，其权力来源和权力形式又是什么？这显然也是企业权力理论必须面对的现实问题。

本书将要构建的国际生产网络下的企业体系权力理论，合理借鉴了GHM产权理论的不完全合同权力研究框架以及Rajan和Zingales的“进入权”理论的核心思想。但不同的是，我们研究对象是全球生产网络中企业等级内部各生产单位之间，以及网络间独立企业之间的权力关系，而不仅仅是企业等级内部的权力关系。

第四节 全球生产组织理论

近些年来，贸易和FDI流性质的显著变化对现有主流贸易理论提出的挑战，以Grossman和Helpman为代表的国际经济学者们，将企业特征与国际贸易、FDI活动相结合，试图构建一个全球生产网络下贸易、FDI的新理论体系（或称G-H理论体系），来解决控制企业的组织结构选择问题。即通过关注个体企业的特征，新理论体系回答如下问题：企业在服务于外国市场时，是通过选择出口还是FDI？组织生产时，是选择外包还是一体化？在哪些情况下，他们选择在国外而不是在国内外包、国外一体化而不是国内一体化（Helpman，2006）？从而解释发达国家生产外包对于其国内福利分配及其贸易模式的影响，其理论体系主要从两大方面发展：

一方面，采用生产率异质性方法，从技术角度来解释个体企业特征与出口、FDI决策的内生关系。在新贸易理论中，企业都是同质的，即每个国家都是由一个“代表性企业”生产产品，然后将产品出口到世界各地。这与现实中只有少量企业能够出口，而且出口企业通常只是规模较大、技术较先进、工资和生产率水平都较高的经验现象相矛盾（Bernard & Jensen，1997；1999；Clerides et al.，1998；Pavcnik，2002）。为了从理论上解释这些重要现象，Melitz（2003）和Bernard等（2003）在这一领域做出了突出贡献，将企业异质性纳入一般均衡贸易理论框架中，发展了两类代表性的异质性企业模型。并由Helpman、Melitz和Yeaple（2004）以及Grossman、Helpman和Szeidl（2006）发展到水平型FDI和复杂一体化战略框架中。这一理论的主要观点总结为：

（1）生产率差异是企业异质性产生的根源。但在企业异质性的形成机理上，却有三种不同的观点：一是以Melitz（2003）为代表的固定成本型；二是以Bernard等（2003）为代表的可变加成率型；三是以Yeaple

(2005）为代表的技术技能型。

(2）生产率差异是影响并约束企业的进入、退出行为的关键因素。

(3）企业可依据生产率高低进行国内生产、出口或投资选择：生产率较低的企业只能服务于国内市场；生产率较高的企业会选择出口；生产率很高的企业才会选择国外投资。此外，企业在垂直型与水平型之间还有多种混合投资选择。

(4）生产率异质性在解释国际贸易和投资战略中起着十分重要的作用：一是只有生产率较高的企业从事对外活动；二是在服务国外市场的企业中，只有生产率最高的企业从事水平型 FDI，次高生产率的企业需要在复杂的一体化战略中权衡；三是产业内企业异质程度在决定 FDI 销售份额与出口份额中起关键作用。

(5）贸易自由化影响了产业内的再分配效应，导致了产业内更高的平均生产率和企业流动率，并影响新一轮的生产决策行为。

由此，企业异质性理论极大地拓展了一般均衡贸易理论体系，发展成为一个融合国际生产、贸易、投资与企业组织相互作用的新兴理论，为研究国际生产决策、贸易投资组织结构、产业演进绩效等国际经济活动，提供了一种新的分析工具和理论方法。

此后，沿着这一理论框架和方法产生了大量实证文献。如 Bernard 和 Jensen（2007）利用美国企业数据研究发现，生产率最低的企业只在本国生产，生产率较高的企业选择出口，而生产率最高的企业则选择对外投资。Yeaple（2009）利用美国跨国企业数据，发现生产率最高的企业选择对外投资的更多，其对外直接投资额也较多。Wakasugi 和 Tanaka（2009，2012）考察 12000 家日本企业数据，他们发现同时投资美国和欧洲的企业要比只投资美国或欧洲的企业更有效率。Lileeva 和 Trefler（2010）、Kohler 和 Smolka（2012）、Yeaple（2013）等对进入与退出外国市场的生产率分解，Melitz 和 Polanec（2012）等基于动态 Olley - Pakes 半参数法，对斯洛文尼亚制造业生产率在 1995—2000 年大幅增加现象进行测量。蒋冠宏、蒋殿春（2013，2014）、田巍和余淼杰（2012）、戴翔（2014）从企业异质性视角，对企业生产率和企业对外直接投资的关系进行实证检验。

但是，这一理论关于贸易和 FDI 的探讨主要集中在最终产品上，对于企业是从内部生产零部件还是从独立供应商获取零部件的问题，都没有探讨。换言之，这一理论能够解释为何国内企业有激励去承担国外生产的问题，但不能解释为何国外生产将发生在企业边界内，而不是通过准市场或许可证方式进行的（Antràs，2006），因此，仅仅从技术角度来解释个体企业特征影响其贸易投资组织决策行为是不全面的。

不过，与知识资本模型将跨国公司作为特定企业相比，企业异质性理论是从一般意义上论证国际企业的异质性特征。特别是将生产率差异作为企业异质性的根源的思想，并依据生产率差异将企业分为国内生产商、出口商和国外投资商等不同企业组织形式，是本书第三章分析全球生产网络下企业权力关系的重要基础，也为我们构建价值链分解权的企业权力来源提供理论基础。

另外，采用不完全契约方法，从组织控制角度来解释个体企业特征与贸易、FDI分离决策的内生关系。对于企业在组织全球生产时，是选择外包还是一体化、国内还是国外的问题，新制度企业理论和主流贸易理论都难以提供现成的理论解释。前者是以现代公司制度为基础，关注的是垂直一体化生产组织方式，难以解释外包生产组织行为；而后者忽视了企业的微观行为，加上要素禀赋的外生性假设，也难以解释不断增长的中间产品贸易现象。以Grossman、Helpman、Antràs等为代表的学者通过引入企业理论中的不完全契约方法，将新制度经济学和国际贸易与直接投资理论相结合，解释了契约不完备条件下企业组织形式的选择与贸易模式之间的内在关系（洪联英，2012），其研究成果可总结为四个方面：

其一，运用交易成本方法分析市场厚度（thickness of the market）对一体化与外包组织形式的影响。Mclaren（2000）通过放弃新贸易理论中规模经济和垄断竞争的假设，引入了“市场厚度”的概念，认为最终产品商获得专业化的中间投入品，需要通过对准市场贸易的“敲竹杠”问题（hold - up）与垂直一体化贸易的治理成本问题进行权衡，而这种权衡主要与市场厚度相关，投入品市场越厚，外包就越有吸引力。Grossman和Helpman（2002，2005）将不完全契约下一体化与外包组织形式的选择发展到一般均衡、垄断竞争框架中。以市场厚度的外部性为特征，运用要素禀赋差异假设和交易成本方法，分析了在全球化经济中，最终产品生产商必须为企业外包出一些必要的服务或零部件，以及企业进行外包决策时必须要考虑的区位选择问题。并利用这一模型检验了国家规模（用劳动力参数来表示）、外包技术（用定制模具样品的费用参数来表示）、搜寻技术、契约环境对外包行为及国际贸易模式、贸易增长的影响，从而说明垂直生产网络下企业通过国际外包方式获取专业化中间投入品的必然性。

其二，运用产权方法分析一体化与外包权衡选择问题。Antràs（2003，2005）在假设契约不完全条件下，将 GHM 财产所有权理论嵌入到一般均衡垄断竞争贸易模型中，结合企业所有权结构、要素密集度解释了美国的企业内贸易模式的行业特征和国家特征；结合产品周期理论和契约可执行程度解释了企业对一体化与外包组织形式的权衡选择。其结论是：在新产品价值链环节、资金密集性商品、资本—劳动比率较高的国家之间，企业应该采用一体化组织方式；而在成熟产品价值链环节、劳动密集性商品、资本—劳动比率较低的国家之间，外包贸易模式必然盛行。Antràs 和 Helpman（2004）进一步将这一模型拓展到异质企业环境中，建立了一个北—南国际贸易模型。他们认为，最终产品商与零部件供应商之间是关系专用性投资（relationship - specific investment），并通过不完全契约来治理，其均衡模式取决于要素禀赋差异、所有权优势、事后纳什讨价还价能力和总部密度技术。这一模型产生了三个有趣的结论：一是生产率高的企业可以选择在外国一体化或外包，生产低的企业只能选择在母国进行外包；二是总部密度的增加，会导致离岸操作下降；三是更高的生产率分散化分布会导致更多的离岸操作，在零部件密集性行业，会导致南方国家更多的外包，而在总部密集性行业会导致南方国家更多的一体化加外包。特别是，Feentra 和 Hanson（2003，2005）将 GHM 财产所有权模型应用到对中国外包贸易实践中，对产权理论分析方法进行了经验性应用。模型根据 1997—1999 年中国加工出口的 1 位数 SITC 产品数据和企业类别的详细数据进行经验检验，发现在中国从事加工贸易出口的跨国企业，最普遍的企业组织形式是外国企业至少拥有部分所有权，中方控制投入品采购权，这一结论支持了 GHM 所有权分析方法。

其三，运用激励机制分析一体化与外包权衡选择问题。与产权理论不同，激励机制分析考虑到外部选择的影响。Grossman 和 Helpman（2004）首先将 Holstrom 和 Milgrom（1994）多重委托—代理模型与 Grossman 和 Helpman（2002）的企业组织研究相结合，纳入北—南国际贸易模型中，研究了在垂直一体化方式和国际外包方式之间获取中间产品的权衡问题。认为委托人为了生产出异质性的最终商品，需要获取中间投入品，但投入品必须由拥有专有知识（know - how）的代理人生产，这个代理人可以是雇用经理，或者是独立的供应商。但无论哪种情形，代理人交付恰当投入品的能力都是不确定的，并与代理人的努力程度密切相关。如果委托人雇用了代理人作雇员，他能监督到代理人部分多重任务中的努力水平，如果他雇用了一个独立的供应商作为代理人，监督是不可能的。因此，从监督力度出发，委托人会偏好垂直一体化方式；但从高能力激励出发，由于供应商能够承担一些初始投入成本和生产不成功时的烂呆账成本，同时引诱高水平努力所需要的必要激励成本要比雇用经理小，因而委托人会偏好外包方式。

Feentra 和 Hanson（2005）在将 GHM 财产所有权模型应用到中国加工贸易的经验性检验工作的同时，也对比应用了 Holstrom 和 Milgrom（1994）的激励机制分析方法，认为在价值增值较低或人力资本专业化投资水平较高时，在投入品搜寻比在加工过程中的激励问题更为敏感，因此，如果经营者报酬与所监督到的能力相称，工厂的所有权和投入品采购的控制权安排给同一方是有效率的。否则，应该分配给不同的两方。通过对人力资本专业化投资参数、外国企业纳什谈判权重参数以及合同不能实施概率参数的实证检验，其结果也证实了这一理论。

其四，运用控制权授权理论分析一体化与外包的选择问题。Marin 和 Verdier（2002）将 Aghion 和 Tirole（1997）控制权模型进行扩展，并嵌入到 Dixit - Stiglitz 的垄断竞争模型中，在一般均衡框架内考察了企业内部权力的动态性和组织形式的变化。他们认为，不同生产方法反映到特定的竞争项目上，企业存在三种组织方式，即委托人集权控制（P 组织或一体化），授权给代理人（A 组织或外包），以及无内部等级制度的单体企业（O 组织）。在其他条件相同时，没有发生贸易的两个相似国家可能有不同的企业组织方式（A 形式或 P 形式），由于趋同性的影响，全球经济一体化趋势能够导致外包浪潮（由 P→A）或者并购浪潮（由 A→P），但由于市场规模本质上对控制权形式没有影响，因而增大规模的一体化企业数量会越来越少，而降低规模的外包企业数量会越来越多。Marin 和 Verdier（2005）进一步研究了企业等级制度与国际贸易的关系。表明在非常大或非常小的国家，将有一体化企业组织方式，而在中、高规模国家将实行外包，激烈的市场竞争最终会导致外包。Marin 和 Verdier（2003）将上述分析扩展到了一个两部门、两要素、北一南两国模型中，考察了企业选址决策行为会造成熟练与不熟练劳动力比率的变化，从而对企业组织方式产生影响。当熟练与不熟练劳动力比率增大时，企业组织方式倾向于从 O→

A→P；在技术先进的北方国，企业会选择 P 组织，而在技术差的南方国，企业在贸易开放之前，会选择 O 组织方式，然后随着世界经济一体化导致的外包浪潮，企业会转向中等的 A 组织方式，这就涉及了权力授权问题。

对于上述四类文献，Antras 和 Helpman（2008）、Antràs 和 Hansberg（2009）、Helpman 等（2008）在他们最新的文献评论中指出，一个有潜力的研究方向是将产权方法与 Rajan 和 Zingales（2001）发展的进入权概念应用起来，或者像 Ethier 和 Markusen（1996）那样引入新的非专用性知识概念，这是探讨跨国公司有效避免专用性投资问题的更为满意的方法。王耀中等（2009）、洪联英等（2013，2015）从企业所有权安排、企业进入权安排和组织控制视角，引入等级制和契约制思想，对我国海外并购整合绩效和跨国公司专业性投资激励问题进行初步研究。张建红和周朝鸿（2010）、陈岩等（2012）、张中元等（2013）从制度视角，实证检验东道国制度质量与双边投资协议（BIT）对中国 OFDI 的影响。而这些文献虽然构架了一个新的设想，但如何结合、如何应用，目前尚没有相应的分析。

通过以上四种分析方法，贸易、FDI 中的企业契约理论以 H－K 为主要框架的新贸易理论为基础，通过吸纳交易成本理论、产权理论、激励机制和控制权授权理论等现代企业理论观点，将企业特征与贸易、FDI 分离决策行为相结合，解释了发达国家生产外包对于其国内福利分配及其贸易模式的影响。突破了现存新贸易理论中规模经济、收益递增的局限性。尽管这些研究成果都只是初期性的，但为贸易理论的研究提供了新的理路。

总之，贸易、FDI 中的企业契约理论为研究国际贸易中的企业行为方面提供许多洞见，一定程度上揭示贸易模式与企业间准市场力量、一体化企业内部行为之间的互动影响，这对本书的研究提供了有益的启示。但是，由于他们主要是从发达国家分工体系出发，论证和揭示发达国家在经济全球化下的企业外包和一体化策略行为，因此，这些研究命题很难解释我国创新对外投资方式及其“增而不强”困境问题。

与他们的理论方法不同，我们则构建一套完整的企业体系权力理论，分别从企业内所有权、网络进入权和企业间价值链分解权的角度来讨论微观生产组织控制与对外投资发展问题。特别是，我们将企业权力作为一种控制工具而不仅仅是激励工具，更有助于认清我国对外投资“增而不强”

的微观本质，使研究结果更能逼近现实。

第五节　本章结论

上述四类文献为本书研究提供理论基础和方法依据，但是综合来看，存在以下待改进之处：

（1）在 OFDI 与企业进入方式选择理论文献中，国外文献研究 OFDI 生产决策和组织控制问题，主要关注优势企业 FDI 和外包方式的组织结构选择及企业行为；未考虑无优势企业的 FDI 行为；也未考虑政府推动下的 OFDI 集群式和投资园区建设的组织控制问题。不过，以 Markusen 为代表的知识资本模型使我们可以认识跨国公司作为一个特定企业，在 OFDI 活动中所扮演中心角色和核心地位，为我们探讨国际生产网络下 OFDI 活动中存在企业权力现象和权力关系，提供了一个文献依据。① 国内研究多从宏观层面、政策支持和外部促进等视角进行，缺乏对国际生产组织和控制企业行为的研究，这既与 FDI 活动特点不符，也未反映出我国 OFDI 困境的本质根源；理论与实证研究均待系统化和深化。

（2）在海外并购与跨国公司成长理论文献中，一个重要的研究事例包括价值创造的解释变量。大部分关于价值创造的研究都是基于代理理论以及 TCE 理论，结果与组织策略和协作控制相关的因素并没有显著地进行检验，而且大部分企业层面的因素是不清晰的，不能充分反映并购者独有的资源和能力，需要从微观企业层面提供价值创造机制的研究。目前，对我国来说，有近 80% 的投资方式为跨国并购，但并购失败率很高，究其根本原因，主要就是缺乏强有力的跨国公司。因此，对跨国并购的进入方式选择、学习动态过程和价值创造对国外跨国并购的运行机制和影响因素进行梳理和分析，厘清跨国公司并购的成长机理，需要新的视角和方法。

（3）在企业体系权力理论文献中，在以 GHM 财产所有权以及 Rajan 和 Zingales（2001）关键资源进入权为代表的企业内部权力理论中，尽管

---

① 后文我们将使用 Markusen 的知识资本假设，将跨国公司拥有更多的知识性资产（作为企业核心能力，是我们构建企业链接权的权力来源一个基础）来展开我们的理论分析。

他们将企业权力作为市场机制的替代方式，为人们研究资源配置和利益分配问题提供一种经济分析方法和工具。但是，这些理论存在一种共同缺陷，即其权力内涵只是体现了企业的交易属性，省略了企业作为生产组织的本质属性——生产性，对企业组织行为的解释是不完整的。另外，这一理论主要是考察企业内部的权力关系及其配置问题，而我们要研究的对象是企业体系中企业内部分支机构之间，以及网络间独立企业之间的权力协调与控制问题，因此，不能直接用来解释国际生产网络下的 OFDI 组织方式问题。

（4）在 G－H 新理论体系中，以 Melitz 为代表的企业异质性理论，是从技术角度来解释个体企业特征与出口、FDI 决策的，能够解释为何国内企业有激励去承担国外生产的问题，但不能解释国外生产为何将发生在企业边界内，而不是通过外包方式进行的。以 Grossman－Helpman－Antràs 等为代表的企业契约理论，考察发达国家的企业行为与贸易、FDI 分离决策的相互关系，这些理论能够解释发达国家外包生产对于其国内福利分配及其贸易模式的影响，但是，没有考虑到像我国无优势企业的 FDI 行为，以及政府推动下的 OFDI 集群式和投资园区建设的组织控制问题。此外，这些研究存在一个共同缺陷：这些研究是以“价格理论”为核心，强调资源配置过程中市场经济制度的强大效率功能，忽视了组织结构收益的一面。

尽管如此，这些文献的理论和方法仍使本书受益颇多，尤其是 Grossman－Helpman－Antràs 贸易、FDI 的企业契约理论，为我们在理论假设、理论拓展、模型构建等方面提供了诸多启示和有益的借鉴。为此，本书将站在学术前沿，并结合中国的现实问题，从微观生产组织控制视角出发，试图提供一个国际生产体系下的企业权力理论及其分析框架，利用企业权力体系与 OFDI 组织方式的内在关系，打开跨国公司权力机制和组织控制这一“黑箱”，来分析和论证我国对外直接投资“增而不强”困境的内在机理，为探讨我国企业创新对外投资行为和组织安排问题，提供新理路和政策启示。

第三章　企业对外直接投资发展现状与问题分析

本章从总体上对中国企业对外直接投资的现状、特点、创新方式以及存在的企业组织控制问题进行系统梳理和统计分析，为后几章研究对外投资问题研究提供实践基础。

本章共分为六节：第一节从总体上经验描述我国企业对外投资的发展现状及特点；第二节分析我国企业对外投资的创新方式；第三节分析我国企业对外投资的组织控制模式；第四节对六大地区或国家的投资进行现状分析，分析对外投资过程中组织控制方式和企业问题；最后进行总结，揭示当前对外投资中存在的主要问题和障碍，以及提出要依托国际生产组织突破问题困境的基本思路。

第一节　企业对外直接投资的总体描述

对外直接投资（OFDI）不同于证券基金投资等间接投资，它是指本国企业通过对东道国企业进行资本、设备和技术等的输出，以此来获得对外国资源能源的生产、销售和管理等控制权的一种经济投资行为。我国从20世纪90年代开始有实质意义的对外直接投资。自2002年以来，对外直接投资政策由限制迅速转向鼓励和重点支持，对外投资的数量与金额迅速提高。尤其是近几年期间中国企业海外能源、资源并购的激增，引起了世界各国的关注。总体上说，中国的对外投资相对于世界的资本市场来说，起步较晚，但发展迅速，其发展历程可分以下三个阶段：

（1）探索阶段：1979—1991年是中国经济管理体系的奠基时期，也是对外投资逐步发展的阶段。在起步阶段海外投资区位选择主要是先集中于亚洲，以发展中国家的邻国和我国港澳地区为主，接着逐渐扩展到90

多个国家和地区，并慢慢向发达国家延伸。

（2）起步阶段：1991—2002 年是中国对外投资政策不断变化，以便完善有中国特色的社会主义市场经济体系的调整阶段。海外投资遍布 139 个国家和地区，并开始形成从发展中国家和地区向发达国家和地区转移的局势，形成以亚洲为中心，向北美、大洋洲、拉美、欧洲辐射体系。

（3）发展阶段：2002 年至今是我国对外投资快速发展的阶段。投资区域分布从对发展中国家开始超过对发达国家，转而投资地理相近，心理距离和文化相似及 GDP 水平较高的发展中国家；对外直接投资规模不断增长的同时，投资区域分布遍及全球多个国家与地区。在各大洲的投资流量总体比例均有所上升，并出现区域内聚集化现象。

然而，商务部的统计数据也表明，中国企业的跨国并购成功率仅为 40%，近三成央企海外投资矿山亏损，微观企业问题凸显，总体上与发达国家的外向投资水平和要求相比，我们还存在较大的距离。或者说，我们的发展才刚刚开始。

一　对外投资规模

自 2000 年新“走出去”战略①正式提出后，对外直接投资得到迅猛发展。商务部数据显示，2002 年中国对外直接投资流量 27 亿美元；截至 2012 年中国境内投资者共对全球 141 个国家和地区的 4425 家境外企业进行了直接投资，累计实现非金融类直接投资 773.2 亿美元，同比增长 28.6%，是 2002 年的 28.6 倍。2013 年第一季度，我国境内投资者对全球 138 个国家和地区的 1621 家境外企业进行了直接投资，累计实现非金融类直接投资 238 亿美元，同比增长 44%。目前联合国贸发会议发布的《2013 年世界投资报告》指出，中国海外直接投资的增长更加引人注目，成为仅次于美国和日本的世界第三大对外投资国。

从流量和存量的总额和变化趋势可得：（1）1990—2002 年的波动起伏期，究其原因主要是我国刚刚走出改革开放的步伐之后在很长时间内我

---

①　新“走出去”战略也称跨国经营战略、国际化经营战略（吴国蔚，2008），广义的企业“走出去”包括货物与服务的出口、劳务输出、国际经济合作与交流、对外投资等，是指企业实现“从产品到要素、从资本到技术、从人才到管理”等全面主动进入国际市场，充分发挥“两个市场”、“两种资源”的作用，全方位提升企业的盈利水平与企业竞争力。由此定义可知，20 世纪 80 年代末我国提倡的“走出去”战略，实际上仅指货物商品的贸易“走出去”，即出口导向型战略。但自 2000 年政府又重新提出的“鼓励企业走出去”的“走出去”战略，实际上是指企业“走出去”对外投资与合作新战略，本书称为新“走出去”战略。

们的经济法律、政策支持上的不完善，投资企业经验缺乏，技术和人才，保障机制不完善等；（2）2002 年之后流量变化，存量变化均以递增的速度增加，这表明，近十年来我国企业对外直接投资得到迅速发展；（3）尽管我国对外直接投资增长速度较快，但是投资总体规模仍然偏小，与发达国家还有较大差距。截至 2012 年年底，中国对外直接投资累计净额（存量）达5319.4 亿美元，位居全球第 13 位。与发达国家相比，仅相当于美国对外投资存量的 10.2%，英国的 29.4%，德国的 34.4%，法国的 35.5%，日本的 50.4%。

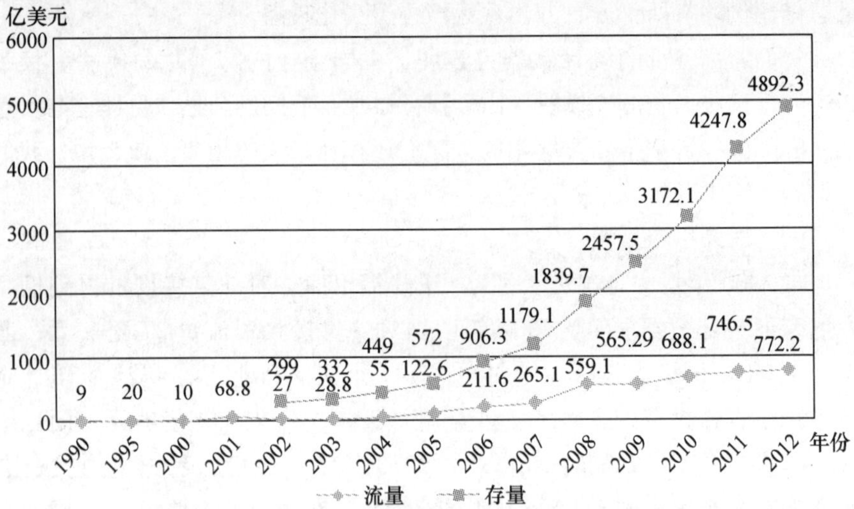

图 3－1　我国非金属类对外直接投资的流量和存量变化

资料来源：根据各年度统计年鉴、对外直接投资统计公报整理。

二　对外投资的区域分布

中国对外直接投资区域分布广泛，目前遍布亚洲、美洲、欧洲、非洲及大洋洲的 180 多个国家和地区。由图 3－2 可知：（1）各年度中国的对外投资流量主要集中在亚洲，其次是与发展程度相当的拉丁美洲，说明在地理、心理、发展程度相近的国家一直是我国对外投资的主要目标区域；（2）在欧洲、北美洲、非洲和大洋洲四大地区，虽然投资额较低，但近几年来增长很快，说明海外投资产业正处在不断升级，投资理念和企业战略正在发生转变；（3）2011 年我国对亚洲投资 454.9 亿美元，占 60.9%；

对拉丁美洲投资119.4亿美元，占16%；对欧洲投资82.5亿美元，占11.1%；对大洋洲投资33.2亿美元，占4.4%；在非洲投资31.7亿美元，占4.3%；对北美洲投资24.8亿美元，占3.3%。这说明目前我国投资流向仍然是以发展中国家为主。

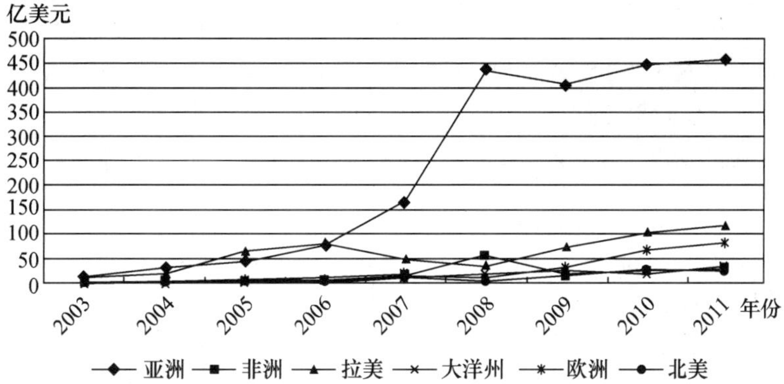

图3－2　2003—2012年中国对外直接投资流量的区位分布及其变化

资料来源：根据各年度统计年鉴、对外直接投资统计公报整理。

进一步，由表3－1可知，在近5年中，中国对外直接投资流量一直都处于前十位的国家（地区）有：中国香港、开曼群岛、英属维尔京群岛、澳大利亚、新加坡和美国。这一事实表明：

（1）目前，中国香港仍然是投资流量最大的目标地区，占比均在60%以上，但是，中国香港是开放经济体的代表，也是我国争取国际市场的经济跳板，并不是真正的投资目标地。

（2）加勒比海的开曼群岛和维尔京群岛排名一直靠前，而且两地的投资额占到了整个拉美投资量的70%以上，由于这两个地方是著名的避税天堂，其投资主要源于税负和经营成本，因而真正的投资目的地被掩盖了。

（3）澳大利亚是资源矿产丰富的国家，投资澳洲主要是源于补给国内的矿产资源垄断价格差价；新加坡是华侨聚集地，投资具有心理趋近和经济的开放性投资；只有像美国这样的发达国家，才体现了我国投资结构的升级，投资理念和企业战略的转变。

因此，长期来看，相对于发达国家，我国的对外直接投资还有很长的路要走，如何通过对外投资推动我国的产业升级，提高整体的科技实力和自主创新能力，增加我国经济的综合实力，是我国企业和政府需要细致研究的问题。

表3-1 2008—2012年中国对外直接投资流量前十位的国家（地区）

名次	2008年		2009年		2010年		2011年		2012年	
	国家或地区	流量（亿美元）	国家或地区	流量（亿美元）	国家或地区	流量（亿美元）	国家或地区	流量（亿美元）	国家或地区	流量（亿美元）
1	中国香港	386.4	中国香港	356.01	中国香港	385.05	中国香港	356.55	中国香港	512.38
2	南非	48.08	开曼群岛	53.66	英属维尔京群岛	61.20	英属维尔京群岛	62.08	美国	40.48
3	英属维尔京群岛	21.04	澳大利亚	24.36	开曼群岛	34.96	开曼群岛	49.36	英国	27.75
4	澳大利亚	18.92	英属维尔京群岛	16.12	卢森堡	32.07	法国	34.82	英属维尔京群岛	22.39
5	新加坡	15.51	新加坡	14.14	澳大利亚	17.02	新加坡	32.69	澳大利亚	21.73
6	开曼群岛	15.24	美国	9.09	瑞典	13.67	澳大利亚	31.65	新加坡	15.19
7	中国澳门	6.43	加拿大	6.13	美国	13.08	美国	18.11	印度尼西亚	13.61
8	哈萨克斯坦	4.96	中国澳门	4.56	加拿大	11.42	英国	14.2	韩国	9.42
9	美国	4.62	俄罗斯	3.48	新加坡	11.19	卢森堡	12.65	开曼群岛	8.27
10	俄罗斯	3.95	韩国	2.65	缅甸	8.76	苏丹	9.12	德国	7.99
合计		525.15		490.2		588.42		621.23		679.21

资料来源：根据各年度对外直接投资统计公报整理，其中2012年的数据来源于2013年《中国统计年鉴》。

三 对外投资的行业分布

中国对外投资行业分布广泛，根据2010年度和2011年度中国对外直接投资统计公报显示，中国的九成对外投资流向租赁和商务服务业、批发和零售业、金融业、采矿业、制造业和交通运输业。如2011年度流向租赁和商务服务业占34.3%、批发和零售业占13.8%、金融业占8.1%、采矿业占19.4%、制造业占9.4%、交通运输业占3.4%。此外，流向建筑业、房地产业、科学研究、技术服务和地质勘查业、电力、煤气及水的生产和供应业、农、林、牧、渔业、信息传输、计算机服务和软件业、居民服务和其他服务业等总计不到对外投资总额的10%。

表3-2　　2010—2012年按行业分对外直接投资流量及其变化

行　业	对外直接投资流量（亿美元）			同期增加比例（%）	
	2010年	2011年	2012年	2011年	2012年
总计	733.1	746.5	878	11.1	17.6
农、林、牧、渔业	5.3	8.0	14.6	50.94	82.5
采矿业	57.1	144.5	135.4	153.06	-6.30
制造业	46.6	70.4	86.67	51.07	23.11
电力、燃气及水的生产和供应业	10	18.8	19.4	88.00	3.19
建筑业	16.3	16.5	32.5	1.23	96.97
交通运输、仓储和邮政业	56.6	25.6	29.9	-54.77	16.80
信息传输、计算机服务和软件业	5.1	7.8	12.4	52.94	58.97
批发和零售业	67.3	103.2	130.5	53.34	26.45
住宿和餐饮业	2.2	1.2	1.4	-45.46	16.67
金融业	86.30	60.7	100.7	-29.66	65.90
房地产业	61.1	19.7	20.2	-67.76	2.54
租赁和商务服务业	302.80	256.0	267.4	-15.46	4.45
科学研究、技术服务和地质勘查业	10.2	7.1	14.8	-30.39	108.45
居民服务和其他服务业	3.2	3.3	8.9	3.13	169.70
其他行业	3	3.7	3.1	23.33	-16.22

注：根据国家统计总局各年度统计年鉴整理。

由表3-2数据可知：（1）海外投资的主要的15个行业中，有6个行业的对外投资额出现负增长态势，其中主要行业的交通运输、仓储和邮政业、住宿和餐饮业、金融业、房地产业、租赁与商务服务业均出现负增长，可见在我国对外投资的主要行业中正在萎缩。究其原因，一方面，源于海外市场竞争压力增加，国内跨国企业竞争力不足；另一方面，金融危机结束后，很多企业受挫，减少投资。

(2) 海外投资的主流行业：采矿业、制造业、租赁与商务服务业、批发和零售业、交通运输、仓储和邮政业、金融业。从产业类型来看，对外投资主流行业正由第一、第二产业向第三产业转型，产业结构逐步升级。

(3) 我国海外投资的主要行业：商务服务业、金融业、批发零售业、采矿业、交通运输、仓储和邮政业、制造业聚集了对外投资存量的九成，说明对外投资产业集聚化现象明显。

综上可以看出，我国大多数对外投资都集中在我国企业没有竞争优势的领域，如资源业和服务业。而作为全球制造业中心，我国显然在制造业上具有较强的竞争力，但在这个领域的对外投资非常少。

四 对外投资的企业主体

截至2011年年底，中国8500多家境内投资者在全球174个国家（地区）设立境外直接投资企业13000多家。经过近10年的快速发展，目前已经形成了多层次、多元化的对外投资经营主体。通过分析现有的官方统计数据可知，目前对境外投资主体企业的数据都是从投资存量或境内投资者注册类型来归类，存在分类标准不合理的问题，如现行每年度发布的中国对外直接投资公报，将企业的性质分类和企业的股权结构分类统一设成100%，显然这种分类缺乏科学性，因为两者之间存在交集，不能满足100%的条件。如国有企业里面既有股权公司，也有股权责任公司，或者是股份合作企业；同样对于私营企业，既有股权公司，也有股权责任公司，或者是股份合作企业。因此，本书主张将二者按功能分类分开，而且从投资流量上看更能体现投资主体性质的发展变化。具体地说，本书将其按两大类划分：

一是按企业的经营体制或说企业性质分，如图3－3所示，我国境外投资的企业主体仍然是以国有企业为主体，2011年度占比仍然高达55.1%，私营企业近年来发展迅速，2011年占比已经达到41.1%，外商投资企业占比1.9%。此外，包括集体企业、港澳台地区企业等其他类行业占比仍然还有1.9%。

二是按照企业的股权结构分，图3－4所示，在2011年中，规模最大、势力雄厚的股份有限公司占比11%，比2010年度增加4.9%；规模次之的有限责任公司占26.4%，较上年增加2.8%；而股份合作企业占比较小，仅为3.7%。其他类中小企业或附属机构占比最高，达58.90%。

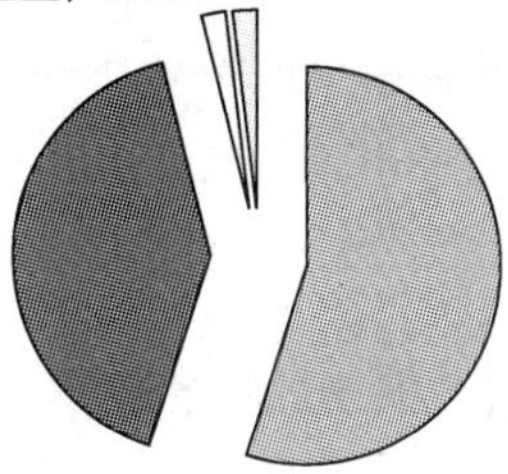

图3－3　2011年按境外投资主体企业的经营体制或性质分类占比

资料来源：2011年对外直接投资统计公报整理。

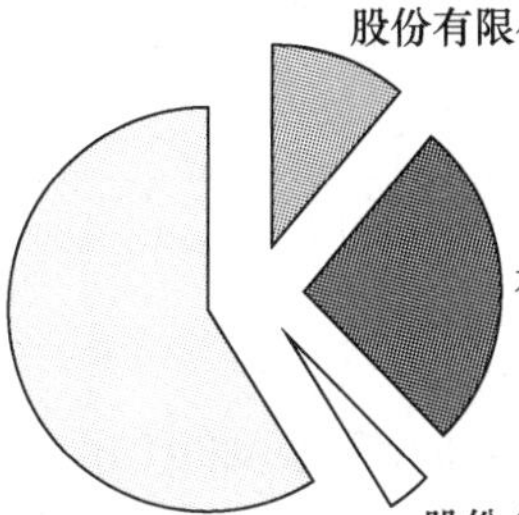

图3－4　2011年按境外投资主体企业的股权结构分类占比

资料来源：2011年对外直接投资统计公报整理。

结合前几年的数据分析可得：（1）从企业性质上看，国有企业仍然是投资主体地位，国有及国有控股企业占总数占绝大部分，表明中国企业在海外投资经营中将面临现代公司治理问题的内在缺陷；（2）从股权结构上看，有限责任公司仍然占主体地位，表明海外投资企业规模普遍偏小，难以取得规模经济优势；（3）从变化趋势上看，国有企业占整个境内投资者的比重下降、私营企业占比不断上升；有限责任公司占境内投资者的比重上升相对较多，表明我国海外投资企业主体结构不断改善，企业对国际投资环境更加适应，投资灵活性加强，学习能力和科研创新能力正在不断提高。

事实上，由中国贸促会、联合国贸发会议及加拿大亚太基金会合作完成的《中国企业对外投资现状及意向调查报告》（2008—2010）也表明，在接受调查的中国企业中，从事海外业务的企业数量相当少，那些确实有海外业务的公司无论在总收入还是雇佣人数规模上均大于仅在国内经营的企业和单纯的出口企业。换言之，从事海外经营的企业是在那些无论是营业收入还是员工规模上都是在较大的企业中产生的，这表明企业生产率或企业规模对于其是否进入海外市场起着重要的作用。

第二节　企业对外投资的主要方式

一　对外投资的传统方式

我国企业对外投资方式是随着对外投资的发展而不断演进的。在1979—2002 年的探索和起步阶段，我国对外直接投资主要采用绿地投资，其实现方式主要有三种：

一是通过在海外建立贸易公司、贸易代表处、设立销售办事处或代表处、设立分销中心的方式实现。这种方式投资金额低、经营比较灵活，是初次进行对外投资的企业常用的投资手段。

二是直接投资办厂或说绿地投资，如 TCL 在巴西生产空调，中兴在巴基斯坦建厂，无锡光明集团在柬埔寨建立制衣有限公司等。不过，我国绿地投资是在“走出去”战略提出之后，才有了巨大的发展，但是与其他发达国家和工业化国家相比，仍然存在一定的差距。从自身的纵向发展上看，绿地投资在对外直接投资中的比重出现减少态势。2005 年，中国非金融类对外股本直接投资额为 40.7 亿美元，占该年度对外直接投资总额的 58.8%，比上年同期增长 53.6%。其中，绿地投资方式实现的直接投资额为 17.7 亿美元，占股本投资的 43.5%；通过跨国并购实现的直接投资为 23 亿美元，占 56.5%。而在此之前，我国对外跨国并购中国企业进行海外直接投资主要采取绿地投资方式，这种方式在我国对外直接投资中约占 73.8%，而较新型的并购方式仅占 26.2%。

三是企业自发的集群式对外直接投资。随着对外直接投资的发展，浙江、福建等省的民营企业，由于规模小，竞争力有限，自发抱团“走出去”投资，典型做法是利用贸易方式在海外建立“专业性”市场，形成中国企业“集群”。如 1998 年，浙江中华商城有限公司在巴西独资创办全国首个境外商城。此后几年中，浙江企业先后在喀麦隆、俄罗斯、荷兰、阿联酋、美国、蒙古、英国、智利、芬兰等国家建立了 15 个境外商品城，带动近 500 家企业“走出去”。境外商城是浙江企业集群式“走出去”的最初模式，已成为企业建立境外营销网络，开拓国际市场的重要平台。

随着我国对外投资不断成熟和发展，投资方式也更加灵活，出现如海外产业集聚工业园模式，兼并、收购、经济合作、参股经营等投资方式逐渐被普遍采用。尤其是党的十七大报告提出的利用外资方式、对外投资和合作方式的两个创新，是构筑我国参与国际经济合作和竞争新优势的重要路径。

二　对外投资的创新方式

随着国内经济结构调整和企业“走出去”进程的加快，我国对外投资的形式发生了重大变化，从以“绿地投资”即新建企业为主，发展到以兼并和收购等手段直接控制对方企业为主，近十年国际经贸合作迅速发展，目前主要创新方式有以下三种：

一是海外并购。近年来我国企业在海外市场活跃，在政府的大力支持下，及时抓住了金融危机所带来的机遇，支持具备条件的企业在全球整合资源链，积极开展跨国并购，树立自己的国际知名品牌，打入国际主流市场。自2005年以来，中国企业海外并购的案例数量、投资规模和投资金额都呈快速增长。特别是2008年以来的这五年，中国企业海外并购数量分别为126起、144起、188起、206起和191起，基本保持在数量较大、增长较快的水平；金额从2008年的103亿美元迅速增长至2012年的652亿美元，五年间增加5倍多。从并购行业范围来看，中国企业海外并购涉及行业达到了28个，2012年则在26个行业开展了并购项目。如2000年，中国企业只有7起海外并购活动，总交易额仅为8068万美元。2011年中国企业共完成110起海外并购交易，与2010年相比增长93%；并购金额达到429亿美元，同比增长12%。2012年中国海外投资实现大幅增长，全年共宣布329起；中国企业海外并购业务总金额达到创纪录的652亿美元，同比上升54%。因此，跨国并购已经成为中国企业对外直接投资的主要方式。

二是境外能源资源开发。党的十七大报告提出，为积极开展国际能源资源互利合作，推动在资源富集地区进行能源资源开发、农业项目综合开发和远洋渔业资源开发，建立多元、稳定、可靠的能源资源供应保障。我国中信集团20世纪80年代对北美森林纸浆的投资，中化在20世纪90年代对美国佛罗里达磷矿的投资，中国石油公司2002年在印度尼西亚油田和天然气的收购等，都是我国境外能源资源开发的典型案例。哈萨克斯坦、苏丹、印度尼西亚等发展中国家，一直是我国能源资源开发较为集中的国家（地区）。近年来，我国企业也将加拿大、俄罗斯、澳大利亚等发达国家的能源资源企业视为投资主要对象。投资并购领域相对集中于石油、天然气、有色金属矿业等行业。企业投资主体主要以中海油、中石油、中石化以及中国五矿等国有企业为主导。随着政府支持力度的加大，民营企业也开始成为新的投资主体，但其投资规模、金额以及其抗风险能力等都还远不及国有企业。总体上说，境外能源资源开发一直是中国企业境外投资的重点方向，而且在中国的对外直接投资占比中，2010 年以前一直高达 70% 左右，目前还占 60% 左右。因此，境外能源资源开发也是我国企业对外直接投资的主要创新方式。

三是境外中国经济贸易合作区建设。自 2006 年下半年开始，商务部筹资 200 亿元、分两批共批准 19 个境外经贸合作区，成为我国实施新“走出去”战略的一项重要举措。我国境外经贸合作区实际上是由国家商务部牵头，与政治稳定且同我国关系较好的国家政府达成一致，然后以国内审批通过的牵头企业为建设经营主体，与国外政府协议和签约建设境外经济贸易合作区；再由该企业开展对外招商，吸引国内外相关企业入驻，抱团以直接投资方式形成境外产业集群。通过加工贸易方式，可以有效释放我国已经形成的充足生产能力，规避贸易壁垒，带动相关产品的出口。2006 年 11 月 26 日，巴基斯坦中国境外经济贸易合作区暨巴基斯坦海尔—鲁巴经济区揭牌，这是我国在境外正式挂牌的首个经济贸易合作区。目前，我国已启动 19 个境外经济贸易合作区的建设，从政策、资金、配套服务等方面积极支持企业“走出去”。短短七年来，境外经贸合作区建设取得较快发展，为政府支持有条件的企业开展对外直接投资、利用国际资源和拓展国际市场，提供了一种全新方式和重要平台。

基于此，本书后面的主要内容将围绕这三大投资创新方式展开论证和阐述，分析中国企业对外投资发展中存在的根本问题。

第三节　对外直接投资的微观生产组织控制模式

当前企业对外投资的组织控制模式主要有三种：一是等级制；二是契

约制；三是混合制。具体分述如下：

一　等级制控制模式

等级制概念起源于 Coase 对企业和市场的研究，他认为由于存在使用价格机制的成本，“通过形成一个组织并让某种权力来支配资源，部分市场费用可以节省”（Coase，1937），即权威成为企业内部产权结构下，企业家以一种条令的方式对企业资源进行生产、组织、交易的协作方式。这种治理结构，就是等级制（Willionson，1985）。

具体地说，海外并购中的等级制控制方式是指在海外并购经营过程中，并购主体企业采用控股或参股方式，由母公司组织并让企业家来支配资源，通过企业内部等级制科层权威或权力治理进行有效控制经济运行的组织方式。换言之，海外并购企业内分支机构之间承担协调生产要素或资源的流动并不是价格机制，而是企业所有权或剩余控制权这一权力机制。在实践中，独资控股和合资参股是其权力控制的两种表现形式。

（一）独资控股方式

独资是典型的等级制控制方式。独资是指有投资主体企业单独对境外投资企业及其附属机构或分公司的决策权、经营权、管理权、销售权等进行实际控制。与合资相比，独资更具有对海外投资企业的绝对操控权，同时需要独自承担可能性风险。它既可以是新建投资即绿地投资（green field）时采用独资，也可以是跨国并购中使用独资。独资（并购）就是投资者通过并购东道国公司的全部股份和资产，经过整合将该公司内部化成为自己的一部分。

当前，我国企业对外直接投资过程中，由独资、合资构成的股权并购占主导地位。换言之，独资并购是选择较多的一种投资方式和控制形式。根据现有案例进行经验分析，我们认为目前我国“走出去”企业采用独资方式主要适应以下情形：一是投资行业是高技术行业或在对欧洲、北美洲等发达国家进行投资时，市场经济体系和法律制度比较完善，实力雄厚的企业都会偏向选择独资方式，效率较高，而且能够有效预防技术外溢。二是在投资非洲这样能源资源比较丰富的地区时，大多数中小企业由于融资困难、难以管理等问题，会选择独资这种方式。

截至 2010 年，中国企业在全球能源领域的共计并购金额达到 300 多亿美元，约占同期全球上游并购的 20%。根据清科数据统计，石油天然气相关并购案交易金额由 2011 年同期的 99 亿美元跃升至 2012 年的 260

亿美元，其涨幅约为162.63%。对2008年1月到2012年2月的中国企业已披露的并购事件进行了整理，其中能源资源对外独资（并购）约10起，合计金额约163亿美元。

近年来，我国企业海外独资并购大案例不断兴起，如2012年中石化以21.65亿美元取得对Daylight能源公司的全部股权；中国五矿以13.09亿美元取得对Anvil矿业有限公司的全部控制权；特别是2013年尼克森的普通股和优先股被中海油全部收购，成为轰动全球的独资（并购）案例等，这些独资事件象征着我国能源企业对外独资的控风险能力以及融资等方面的能力都在不断提高，企业在海外市场也逐渐走向成熟。

独资控制的最大优点就是企业投资主体可以拥有对境外附属或分支机构的绝对剩余控制权，最大化维护企业物质资产和相关权利。所谓剩余控制权就是指在不完全合同条件下，“可以按任何不与先前的合同、惯例和法律相违背的方式决定资产使用方法的权力”（哈特，1998）。不过，独资收购虽然有利于中方掌握控制权，有效规避国际经营风险，但由于我国收购主体企业多为央企，在股权并购中以独资方式进行收购，东道国会敏感地认为包含国家利益成分，结果导致并购失败。中铝入股澳力拓的失败，以及中色集团放弃收购澳稀土矿业等失败案例都表明这一点，因此，合资、战略联盟等方式为克服这些不足应运而生。

（二）合资控股方式

对外投资中的合资是指两家或两家以上的公司共同经营东道国一个公司的经济行为，其中该两家或两家以上的公司共同拥有公司股权、财产和收益，同时共同承担亏损等风险。与独资相比，合资拥有对海外投资企业的操控权较小，但可以共同承担风险的可能性。它可以是公司间相互按份额出资组建新的子公司，即绿地投资时采用合资，也可以在跨国并购中使用合资。并购中的合资方式指的是一家公司通过收购另一家公司部分的股权而取得对被收购公司的经营权、管理权等的经济投资行为。

合资也是等级制的组织控制方式。因为按照IMF规则，拥有10%生产工厂股权的企业投资被视为FDI流动，而且由于核心资产的稀缺性，实际上即使只拥有低于10%的股权，跨国公司也能够对东道国企业施加控制（王耀中等，2010）。此外，加上与东道国或第三国合资，能够有效降低风险等优势，合资并购也成为目前我国企业对外投资中选择较多的一种组织控制方式。根据现有案例进行经验分析，我们认为目前我国“走出去”企业采用合资方式主要适应以下情形：一是大型国有企业由于具备一定规模和能力，大多会选择合资方式；二是投资初期或市场化程度不高的国家或地区投资时，由于文化、语言、种族、法律等方面的障碍，投资者还难以把握东道国的市场变化、政策因素等，选择合资方式较为理性。

根据清科数据所统计的已披露的跨国并购事件来看，从2008年1月到2012年2月能源资源企业的跨国并购（合资）超过30起，并购金额合计约146多亿美元，其中，在这30多起并购事件中有6起的并购金额超过10亿美元。特别是从2012年至今，能源资源企业的海外合资（并购）活动活跃且其规模开始扩大，并购金额更是有所增加（如表3-3所示）：

表3-3　2012年至今合资（并购）金额超过10亿美元的能源资源企业

买方	标的公司	股权份额（%）	收购金额（亿美元）
中石油	必和必拓公司	8.33	16.3
中石化	塔利斯曼能源公司英国子公司	49	15
三峡集团	葡萄牙电力公司	21	33.62
中海油	澳大利亚昆士兰柯蒂斯液化天然气	40	19.3

除上表所示的合资（并购）事件外，还有一些并购金额也接近10亿美元，如2012年1月由清科数据披露，中国广东核电集团就以9.79亿美元的价格成功收购了澳大利亚铀矿公司42.7%的股份。仅从这些统计情况来看，不难发现在短短的一年多时间里就至少发生5起较大金额（≥10亿美元）的并购活动。这与之前的并购规模资金相比，中国能源资源企业在海外合资（并购）势头显然发展迅猛。

综上所述，对外直接投资过程中，控股不一定要拥有绝对控制权，但需要拥有一定的控制权，或说注重拥有剩余控制权而不是形式上的所有权，能够更好地确保商品能源资源供给，使中国投资者更容易融入当地市场。实际上，在海外投资初期，企业应重视合作，考虑采取组合方式进行投资，如以股权并购为主，辅助与东道国合资方式，能够有效规避并购风险和经营风险（洪联英、陈思，2013）。典型的案例如2009年，中国有色矿业集团有限公司收购赞比亚卢安夏铜矿，得到了赞比亚政府的大力支持，同时也缓解政府对矿区环境治理的资金不足问题。

二 契约制控制模式

Willionson（1985）认为，任何交易总是或明或暗地在一定的契约关系中进行的。所谓契约（Contracts），也称为合同，是指在市场交易过程中，交易各方自愿、平等地达成的某种协定，表现出交易主体之间的权利让渡关系，即契约包含着内在的制度安排和契约双方或各方之间的交易关系、权利义务等。具体地说，由于人的有限理性、外在环境的复杂性和不确定性等因素存在，契约双方不可能详尽地、准确地将与交易有关的所有未来可能发生的情况及相应情况下的职责和权利都写进合约，即契约是不完备的。但正是由于这种不完备性，当合作意向达成时，契约双方都做出了为维系这种合作的专用性投资时，可以通过合同关系进行企业间组织控制和协调的。这种治理结构，就是契约制。

在国际生产经营活动中，由本国的主体企业同外国公司、企业和其他经济组织或个人，在东道国境内共同投资或提供合作条件进行合作经营，本国的主体企业可以通过合同，将各方的权利和义务，在各方签订的合同中明确规定，即通过契约治理或合同关系，能够建立可靠的、有组织的制度秩序，为主体企业消除生产交易活动中的不确定性，从而实现有效运行。因此，海外并购中的契约制控制方式是指在海外并购经营过程中，并购主体企业采用非股权控制，通过合同或说契约方式对被并购企业或合作企业进行组织协调或控制的组织方式。在实践中，并购企业间战略联盟或外包合作是其契约制控制的主要表现形式。

（一）企业间战略联盟方式

战略联盟是指两个或两个以上的企业或跨国公司为了达到共同的战略目标而采取的相互合作、共担风险、共享利益的联合行动。这是一种企业间通过合同关系进行治理的组织合作方式。战略联盟是现代企业竞争的产物，它是指一个企业为了实现自己的战略目标，与其他企业在利益共享的基础上形成的一种优势互补、分工协作的松散式网络化联盟。企业间战略联盟是指两家或两家以上的企业共同出资但相互不持股权，是通过契约合作方式的战略联盟；或者表现为短期的契约性协议，即两家公司同意就某项课题，例如，开发某种新产品等问题进行的合作，即其主要形式有国际合作开发、国际合作生产、合资经营等。

对外直接投资中的国际合作开发是指不同国家的两个以上的投资企业

或其他组织，为应对复杂的外部环境、避免单个企业在境外投资开发中的盲目性和因孤单作战引起的重复劳动和资源浪费，缩短开发时间、降低研究开发成本、分散开发风险，由当事人各方共同投资、共同参与研究开发活动、共同承担研究开发风险并共同分享研究开发成果。有三个特点：一是共同投资；二是合作开发的合作各方既可以约定共同进行全部开发工作，也可以按照合同约定进行分工开发；三是由于合作开发方式是由当事人共同投资、共同参与能源资源开发，需要各方积极协作配合，最终实现合同的预定目标。

对外直接投资中的国际合作生产是指不同国家的企业之间根据所签订的协议，在某项或几项产品的生产、销售上采取联合行动，即双方共同研究、共同生产、互相提供生产中所需要的零部件，共同进行产品的销售并由双方共负盈亏的方式。也有三个特点：一是当事人双方分别生产不同的部件，由一方或双方装配成完整的成品出售；二是由技术较强的一方提供关键部分和图纸，并在其指导下，由较弱的一方生产次要部件，并组装成完整产品，在本国市场或国际市场销售；三是由一方提供生产或设备，按各自的专业分工制造某种零部件、配套件或生产某种产品。在这种合作方式下，技术与设备按技术转让办法和买卖关系处理。

与等级制控制方式中的合资经营不同，这里的合资经营是指企业自身拥有独立的法人地位，因风险分担或技术合作或规模经济或竞争因素等需要，两个以上国家或地区的企业共同出资经营一个项目，项目完成后又各归原位，而不是共同出资新设立一家公司或合作成一家新的法人公司。

当前，在对外直接投资实践活动中，合资经营的战略联盟形式较为广泛，但国际合作开发和国际合作生产往往是结合进行的，一般分为三个阶段：勘探、开发和生产阶段，主要使用在大型能源资源开发生产中，如海上和陆上石油合作勘探开发，它是目前国际上在自然资源领域广泛使用的一种经济合作方式，其最大的特点是高风险、高投入、高收益。不过，合作开发专案比较上述其他两种投资方式，所占比重很小。

（二）外包方式

外包（outsourcing）是指将一个产品内的生产过程拆分为不同工序和区段，然后在空间上分布并展开到不同国家进行，形成以工序、区段、环节为对象的分工体系，各个国家从事产品的某一或某些环节的生产。其内涵强调四个方面：一是非核心业务外包；二是集中资源发展核心业务；三是加强与外包承接方的合作关系；四是提高核心竞争力。很多文献也将其称为垂直专业化（vertical specilization）、产品内分工（intra - product specialization）或全球生产分散化（global production sharing）等（洪联英、刘解龙，2009）。本质上说，外包就是企业将自己不具备竞争优势或不擅长的非核心业务交给其他专业化企业协助完成的商业模式，其宗旨是把企业的业务归拢到最具竞争优势的产业上，把经营重点放在企业核心价值链的环节上，即是跨国公司为了增强核心竞争力而实施全球资源配置的重要战略模式。

战略性外包成为美国等发达国家的跨国公司普遍采用的手段，包括生产性外包、人力资源外包、服务外包、技术外包等多种形式。自20世纪90年代以来，发达国家的跨国公司在国内外进行了大规模的外包活动，他们利用发展中国家或不发达国家廉价的生产成本进行生产能力的转移，开始撤出制造活动，将单个产品线的全部制造职能甚至整个产品系列都外包出去。通过发包方的主导地位和外包的契约关系治理，这些跨国公司不但增强了企业核心竞争力，而且加强对核心业务的支持。

我国作为一个发展中国家，在过去的30多年中，中国承接大量的制造业外包业务，如20世纪80年代盛行的“三来一补”到90年代发展起来的“代工”。通过承接外包的方式，中国顺利参与国际生产体系中，而且获得了较大的收益。然而，在当前快速增长的对外直接投资业务中，中国企业从总体上看，似乎尚没有足够的能力进行发包。或者说，还较少尝试作为发包方的主体企业。实际上，按照边际产业扩张理论，中国企业进入非洲、拉丁美洲等次于我国发展程度的国家或产业进行投资，实施外包的组织方式是可行的，而且是一种有效的组织控制方式。

三 混合制控制模式

随着对外投资的不断发展和壮大，以及所接触的不同国际环境和形势的增加，我国企业对外投资不再拘泥于单一的组织控制方式，出现了诸如战略联盟、境外经贸合作区、海外产业集聚工业园、综合商社等创新的组织模式。显然，这些模式并不属于单一的股权控制或非股权控制，而是一种综合利用股权控制和非股权控制的新形式，即混合制控制方式，或称复杂一体化战略。其典型的形式为复杂一体化战略，战略联盟和境外经贸合作区建设。这里的战略联盟是指混合使用企业内战略联盟和企业间战略联盟的复杂一体化战略，即综合利用股权控制和非股权控制的方式，其主要内容在上文分析的等级制中合资方式和契约制中企业间战略联盟方式中已作具体阐述。下面主要阐述复杂一体化战略和境外经贸合作区建设。

按照 Grossman - Helpman - Szeidl（2006）的观点，企业在选择对外投资战略时，要结合企业自身的生产率水平，认为需要在更为复杂的一体化战略中考察产业内企业异质性行为的影响。他们的研究表明，企业的对外投资同出口一样，也存在一个沉淀成本，因此，只有生产率较高的企业才能从事对外贸易投资经济活动，而且在服务国外市场的企业中，只有生产率最高的企业从事水平 FDI，次高生产率的企业需要在复杂的一体化战略中权衡，即要根据产业内企业异质程度混合采用水平 FDI 和垂直 FDI 方式。这就是发达国家跨国公司从事对外直接投资的组织方式选择战略。在复杂一体化战略中，水平 FDI 主要发生在生产率水平相似的制造环节，其组织控制方式是通过契约关系和发包方的主导地位来进行协调和控制的，而垂直 FDI 主要发生在生产率水平差异较大、产品性质互补的制造环节，属于典型的等级制权威治理和控制。

在我国，由于企业大规模“走出去”的时间较短，企业总体规模和生产率水平偏低，只有规模较大、竞争力较强的少数企业能够实施复杂一体化战略，大多数企业目前仅限于简单一体化战略阶段。为此，第三章第二节第三部分所述，政府为鼓励广大中小企业抱团“走出去”，于 2006 年下半年开始，商务部筹资 200 亿元、分两批共批准 19 个境外经贸合作区，抱团以直接投资方式形成境外产业集群。这不仅成为我国实施新“走出去”战略的一项重要举措，也是一种全新的组织控制方式。具体地说，在境外主体企业与境外子公司或附属机构之间，属于典型的等级制组织控制方式，而在境外经贸合作区或产业集群内部，属于一种较为紧密型的企业间契约制组织控制方式，其牵头企业居于主导地位和中心角色，其他中小企业之间是属于相互支持和相互配合的独立主体关系，通过契约关系和能力治理进行组织协调和控制。因而，我国境外经贸合作区建设也是一种新型的混合制组织控制方式。

第四节　对典型地区或国家的投资现状考察

区位经济性因素是决定企业海外投资的动机、目的和企业经营的基础条件，通常分为三种类型：市场导向型、资源导向型和效率导向型。其中市场导向型侧重于海外投资，看重的是东道国的市场规模，结构及发展空间；资源导向型说明海外投资企业都为国有能源和科技资源追求企业，投资区位均是能源和科技资源富有，劳工充足的区域；效率导向型体现的是投资区位的生产效率水平比较高，与外界市场接入紧密，区域经济一体化程度高的地区。根据近几年对外直接投资统计公报和相关文献资料，按照上述三类导向型因素将我国对海外投资的区位分布分类整理如下：

表 3－4　　我国海外投资区位因素代表性国家和地区分布

经济因素类型	区位选择国家或地区	代表性国家或地区
市场导向型	亚洲、拉美、非洲主要国家	印度、印度尼西亚、墨西哥、南非
资源导向型	非洲、大洋洲、拉丁美洲	阿尔及利亚、澳大利亚，非洲
效率导向型	北美洲、欧洲和新兴经济体	美国、德国、日本、俄罗斯、韩国

注：各年度中国对外直接投资统计公报整理和归纳。

根据表 3－4 可知：一是市场导向型投资区位选择主要是与我国邻近或者发展相当的亚洲、拉丁美洲和非洲国家；二是资源导向型投资主要集中在非洲、澳洲和迅速增加的拉丁美洲；三是效率导向型投资主要发生在北美洲、欧洲和新兴经济体国家。为此，我们根据以上全球投资区位分布框架，从典型性和代表性出发，选择亚洲的东盟、欧盟、非洲、澳大利亚、美国和俄罗斯联邦六大国家或地区作为典型区位进行现状分析。

一　中国对东盟投资现状

随着 CAFTA 的建立，东盟国家投资环境日益完善和投资便利性以及中国企业实力的不断增强，东盟已成为中国海外投资的首选地。从历年中国对东盟直接投资的流量表（见图 3－5）来看，2005 年之前，中国对东盟的投资相对较少。从 2007 年开始，中国对东盟的投资呈迅速上涨趋势，当年对东盟的投资达到 9.68 亿美元，是 2006 年投资水平的 2.88 倍。

2008 年，金融危机席卷全球，中国对东盟的投资依然保持强劲的快速增长势头，当年对东盟的投资成倍增加达到 24.84 亿美元。2011 年中国对东盟投资再创新高，达 59.05 亿美元。

从投资领域来看，2011 年，中国对东盟投资主要流向：交通运输、仓储业 10.88 亿美元，占 18.4%，主要分布在新加坡；电力、煤气及水的生产和供应业 10.06 亿美元，占 17%，主要分布在新加坡、柬埔寨、老挝等；批发和零售业 7.53 亿美元，占 12.7%，主要分布在新加坡、印度尼西亚；金融业 6.2 亿美元，占 10.5%，主要分布在菲律宾、泰国、新加坡、印度尼西亚等；制造业 5.69 亿美元，占 9.6%，主要分布在新加坡、泰国、越南、印度尼西亚、柬埔寨、菲律宾等；租赁和商务服务业 5.67 亿美元，占 9.6%，主要分布在新加坡、老挝、马来西亚、越南等；采矿业 4.46 亿美元，占 7.6%，主要分布在缅甸、印度尼西亚、柬埔寨等；建筑业占 7.5%，主要分布在柬埔寨、新加坡、泰国、老挝等。在矿业领域的投资方面，中国对东盟国家在矿业领域的投资既具有区位优势，也具有政策环境优势（刘志雄、高歌，2011）。

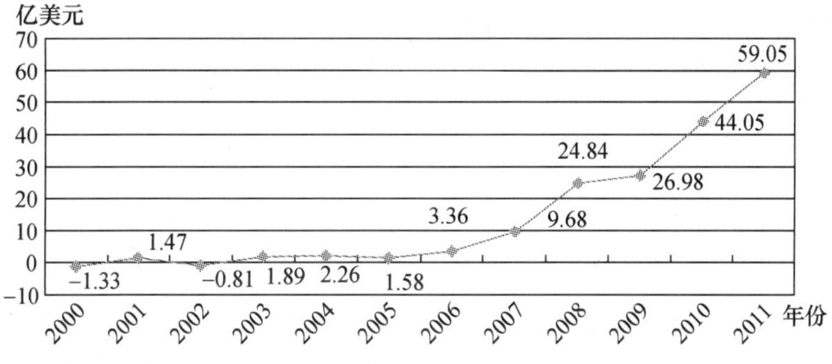

图 3-5 2000—2011 年中国对东盟投资金额流量数据

注：数据来源于中国对外直接投资公报整理。

总之，CAFTA 的建立为中国对东盟的投资提供有利条件。在未来，随着中国与东盟各国经贸合作的进一步深化发展，加强对东盟国家的投资，是中国企业实施“走出去”战略的必然选择。

二 中国对欧盟投资现状

欧盟是我国最大的贸易伙伴，但相互投资发展很不均衡，主要表现为我国对欧盟的投资相对有限，规模尚小，投资目的地集中，领域较窄。以

2011 年为例，中国对外直接投资覆盖了欧盟的全部 27 个成员国，我国对欧盟国家的直接投资流量为 75. 61 亿美元，占总额的 10. 1% ，其存量为 202. 91 亿美元。从投资领域来看，流向采矿业 33. 91 亿美元，占 44. 8% ，主要分布在法国、塞浦路斯、英国等；租赁和商务服务业 22. 7 亿美元，占 30% ，主要分布在卢森堡、英国、西班牙、爱尔兰等；制造业 6. 47 亿美元，占 8. 6% ，主要分布在德国、荷兰、西班牙、法国、瑞典、保加利亚、意大利、英国、奥地利等国家；金融业 5. 2 亿美元，占 6. 9% ，主要分布在英国、德国、卢森堡、法国等；电力生产和供应业 2. 57 亿美元，占 3. 4% ，主要分布在意大利、德国等。

欧盟各国在投资政策上普遍限制较少，相继出台了鼓励投资的政策法规，为此，我国企业对欧洲的投资要结合欧盟经济政策、市场特征、产业结构来调整我国产业结构，选择其优秀高新技术行业，以学习型投资为主，兼顾在欧洲市场有竞争力的传统产业的投资，同时注意处理与欧盟国家有关贸易壁垒，市场准入和知识产权等的争端。

德国经济近年来由于发展规模萎缩，急需外来资本来带动。很多对德国国民经济起支撑作用的家族企业面临公司持续经营停滞问题，这为中国企业收购德国企业提供了难得的机会。英国处于产业结构调整中，制造业因成本过高急需转型或是接管，而在政府大力支持下高新技术行业具有一定的领先优势，无论是制造业还是高科技行业均是我国走自主创新之路的投资行业。投资收购德国或者英国的企业，使中国的企业至少可以获得技术和品牌上的优势。另外，新兴经济区白俄罗斯地处欧洲中心，是俄罗斯及中亚国家联系欧洲的重要通道，有着“交通枢纽国”和亚洲投资走向欧洲的“弹跳板”之称，其优势不仅在于地理，还有矿产资源丰富，工业基础雄厚扎实，设有经济特区，增加企业投资兴趣，投资辐射行业广，所以投资白俄罗斯是打开欧洲市场的借助力量。

三　中国对非洲投资现状

非洲是我国对外直接投资的战略性地区。2003—2008 年，我国一直增加对非洲的投资，2008 年创下最高的年投资流量 54. 91 亿美元，但是由于金融危机的影响，2009 年我国对非洲投资仅为 14. 39 亿美元，2009—2011 年我国对其投资又处于复苏阶段。2011 年，我国对非直接投资总额已达 31. 7 亿美元，占总流量的 4. 3% ，截至 2011 年年底，我国对非洲投资存量为 162. 5 亿美元，占总存量的 3. 8% 。

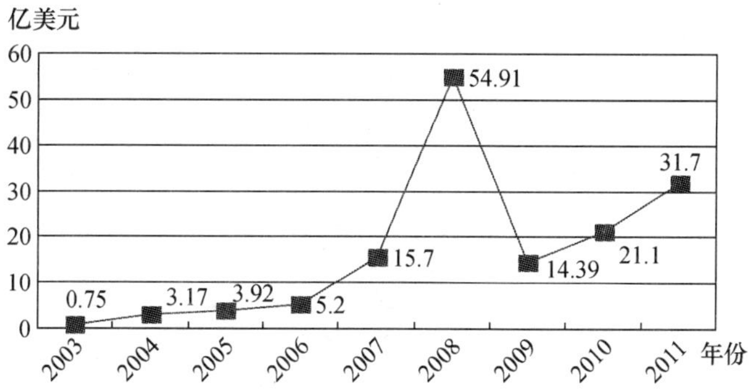

图3-6　2003—2011年中国对非洲投资金额流量数据

注：数据来源于中国对外直接投资公报。

我国和非洲国家投资合作潜力很大。由于非洲工业化水平较低，工业产成品价格相对较高，产业与技术梯度低于我国，是我国优势产品、技术、剩余资本转移的主要地区。我国对非洲投资的产业战略主要包括以下两个方面：一是充分利用非洲的矿产、农林资源等进行海外投资；二是为适应新的经济挑战，国内成熟产业，生产能力过剩产业可以大量向非洲转移，实现产业结构升级。当前我国能源开发、农业及相关加工产业、日用产品、医药、五金及小型农机具等领域在非投资已形成扎实的基础，在继续推进投资、转移产业过程中，要充分利用非洲国家与欧美贸易的优惠条件，积极实现产业转移，推进我国产业升级。

目前，我国对非洲投资的主要流向苏丹、赞比亚、尼日利亚、津巴布韦、毛里求斯、阿尔及利亚、刚果（金）等。在2011年，我国对南非投资为4477万美元，占对非洲投资的2.89%。南非是非洲大陆上经济较发达的国家，工业基础雄厚，技术先进，基础设施便利，但产业结构发展不均衡，矿业和制造业发达，轻工业发展滞后。当前南非为调整经济结构，在制造业、加工业、电信业、矿产业、建筑业、农业、旅游业等方面都需要经贸投资合作。我国企业应抓住对南非的投资机遇，发挥我国在以上产业中的成熟技术和低成本竞争的优势。

四　中国对澳大利亚投资现状

在经济全球化和区域经济一体化的背景下，中国和澳大利亚的经贸往来日益密切。两国同属亚太国家，经济有很强的互补性，近年来中国对澳大利亚投资发展迅速。2003—2009年，我国对澳投资量逐年递增，但是2010年略有下降，2011年创新高为31.65亿美元。

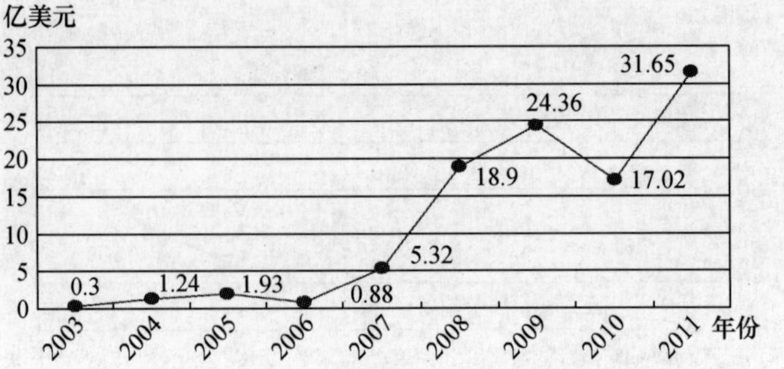

图3－7　2003—2011年中国对澳大利亚投资金额流量数据

注：数据来源于中国对外直接投资公报。

在投资领域中，2011年中国对澳投资主要流向：采矿业、商务服务业、房地产业、金融业、批发零售业、制造业等。从2011年年末中国对澳投资存量的行业分布情况看，采矿业77亿美元，占69.7%；商务服务业16.02亿美元，占14.5%；金融业占3.6%；房地产业占3.7%；制造业占2.7%；批发和零售业占2.4%；建筑业占0.8%；交通运输、仓储业占0.5%；科学研究、技术服务和地质勘查业占0.6%；农、林、牧、渔业占0.4%；居民服务和其他服务业占0.4%；教育以及电力、煤气和水的生产和供应业各占0.3%；其他行业占0.1%。可见投资涉及的领域很广，但是投资流量比较集中于采矿业和商业服务业。由于各自的地理和人口资源分布的差异，中澳投资存在很大的互补性，如矿产资源和科技水平分布互补，劳动力密集性产业互补等说明中澳未来投资的空间很大。

五　中国对美国投资现状

我国对美国投资额总体呈上升趋势，但是受经济环境影响较大。如图3－8所示，2003—2008年，我国对美投资整体呈上升趋势，但是受金融危机影响，2009年降为9.09亿美元，仅为2008年的46.6%，此后，中国对美投资处于复苏阶段。在2011年，中国对美国直接投资18.1亿美元，约占我国FDI总额的2.43%。

从中国对美投资流量的行业分布情况看，制造业7.81亿美元，占43.1%；金融业2.38亿美元，占13.1%；批发和零售业2.22亿美元，占12.2%；交通运输业占6.6%；电力生产和供应业占5%；采矿业占3.4%；商务服务业占3%；文化、体育和娱乐业占2.5%；科学研究、技术服务和地质勘查业占 2.1%；住宿和餐饮业占 2%；建筑业占 1.8%；居民服务和其他服务业占 1.5%；房地产业占 1.3%。近些年，美国对高新技术产业的投资增长迅速，每年将近 3000 亿美元。我国应该抓住这些机遇发展对美国的直接投资，不仅利于国内产业结构升级，也增强我国产业的国际竞争力。

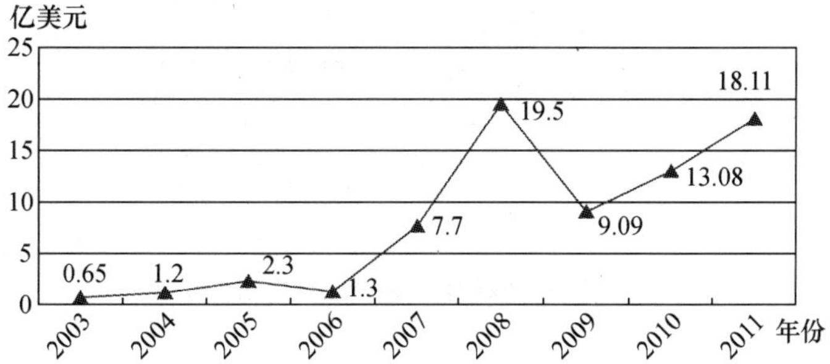

图 3-8　2003—2011 年中国对美国投资金额流量数据

注：数据来源于中国对外直接投资公报。

我国对美国的投资可分为两类：一类是学习型投资，即跟随高科技产业的技术回流式投资；另一类是市场导向型投资，即以科技获益为主要目的。针对我国实际的产业技术能力和科技实力，较长时间内将学习型投资作为主要投资动机。由于美国对我国技术转让管理严密和垄断程度高，我国企业应通过与美国投资交流活动或是以政府名义的合作论坛与美方联合科技开发，借此引进一般贸易下无法获得的新技术，从而促进国内产业结构升级。

六　中国对俄罗斯投资现状

我国与俄罗斯一直是战略合作关系，两国经贸合作密切。我国对俄投资除 2009 年受金融危机影响而略有减少以外，一直都呈稳步增长趋势。根据中国在俄罗斯设立的 800 家境外企业的统计数据汇总显示，2011 年中国对俄的投资流量 7.16 亿美元，同比增长 26%，占对欧洲地区投资的 8.7%；存量 37.64 亿美元，占对欧洲地区投资存量的 15.4%。

从 2011 年中国对俄投资流量的行业分布情况看，投资主要集中在采矿业（42.4%），农、林、牧、渔业（20.6%），批发和零售业（11.4%），房地产业（10.7%），制造业（6.2%），商务服务业（5.9%），建筑业（1.7%）等。

从2011年中国对俄投资存量的主要行业分布情况看，农、林、牧、渔业占23.5%；房地产业占16.1%；商务服务业占14.5%；采矿业占15.6%；批发和零售业占11.6%；制造业占9.5%；建筑业占5.4%；金融业占2.2%。

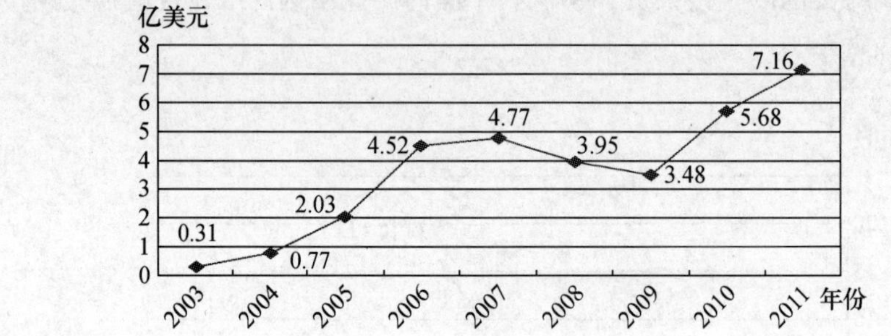

图3-9　2003—2011年中国对俄罗斯投资金额流量

注：数据来源于中国对外直接投资公报。

俄罗斯于2012年8月正式加入世界贸易组织，其国内市场更为开放。俄罗斯鼓励外商投资的主要是传统产业，如石油、天然气、煤炭、木材加工、建材、建筑、交通和通信设备、食品加工、纺织、汽车制造等行业，但是对战略性企业并购有较为明确的法律限制。

第五节　对外投资的微观生产组织问题分析

著名的英国跨国公司问题专家、雷丁大学国际投资教授Dunning（1977）提出了著名的国际生产折中理论，他认为一个企业只有同时具备所有权优势、内部化优势和区位优势时才能进行对外直接投资。根据这一理论观点，对我国对外投资的微观企业条件进行现状分析，厘清当前存在的微观生产组织问题。

一　企业所有权优势及其培育问题

按照海默（1960）的研究，所有权优势是指一国企业已具备或能够取得的，而海外其他企业不拥有或无法取得的资产所有权，包括技术优势、专利优势、品牌优势和规模优势等。

（一）技术优势及其培育问题

技术优势是所有权优势中的最重要的一项，发达国家的跨国企业多凭借独特的技术优势，来推动本国对外直接投资的发展。随着国际市场竞争加剧，对外投资企业更加重视技术创新，通过加强对研究开发机构和技术研究的投入，不断研发新技术新产品来获得垄断优势或说企业所有权优势。近年来，我国企业开始注重对自身技术的开发改进，积极吸取外资进入中国后带来的先进技术，政府也逐渐加大对技术创新的投入。

如图 3－10 所示，2011 年，全国 R&D 经费总支出为 8687 亿元，比 2010 年增加 1624.4 亿元，增长 23%；R&D 经费投入强度（与国内生产总值之比）为 1.84%，比 2010 年的 1.76% 有所提高。其中，各类企业经费支出为 6420.64432 亿元，比 2007 年增长 26.81%。结合《中国统计年鉴（2012）》与《中国统计年鉴（2011）》可知：政府部门所属研究机构经费支出 1882.96556 亿元，增长 11%；高等学校经费支出 390.2 亿元，增长 24%。

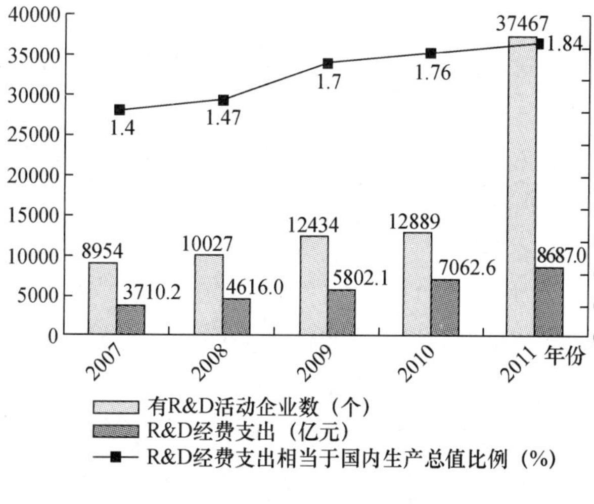

图 3－10　2007—2011 年中国 R&D 投入情况

资料来源：根据《中国统计年鉴（2012）》与《中国统计年鉴（2011）》整理。

然而，与发达国家的平均水平相比，我国的研发企业数量和研发强度都存在相当差距。2011 年，在我国工业企业中仅有 3.6 万家企业展开了研发活动，只占总量的 8%，当年有申请专利的企业是 25375 家，在总量中仅占 5.9%，当年有申请发明专利的企业不到 1.3 万家，约占总量的 3%。2012 年，中国企业 500 强中只有 423 家企业填报了研发数据，共投入研发资金为5115.84亿元，较上年增长了16.5%；平均研发费用为12.09亿元，较上年的10.4亿元增长了16.26亿元。但是，这423家企业的平均研发强度（研发投入占营业收入的百分比）仅为1.33%，低于前两年的1.44%、1.40%。与平均研发强度4%的发达国家相比，我国的研发水平低得多。这充分反映了我国对外投资企业技术优势不足、创新基础薄弱，在国际市场上与发达国家竞争时总处于不利地位，将会制约我国对外投资的进一步发展。

（二）专利优势及其培育问题

专利是企业的无形资产和技术信息源，通常反映了一个国家的生产力水平和综合国力，它能有效促进产品的更新和技术的改进，让企业在国际市场上更具竞争力。其重要性体现在：其一，专利是受法律保护的发明创造成果，在进入其他国家之后能更快地独占市场，以此换取更大的利益。其二，在海外并购协商过程中，专利更能代表企业的优势与特色，为自己争取到更多主动权，还能在生产和销售过程中确保自身的权利，避免不必要的纠纷。同时，我国对专利有着一定的扶持政策，且在国外发生纠纷时，政府能够通过法律手段有效帮助企业解决纠纷。其三，专利是一种无形资产优势，也是企业资源的重要组成部分，在并购中更能让目标企业了解到我国企业的实力。

近年来，我国政府和企业对专利的重视程度在不断加深，对专利的投入也在逐渐增加。如图3-11所示，2007—2011年，我国的专利申请授权数和发明专利基本呈上升趋势，2011年发明专利为172113项，比2007年增加了153.3%，专利申请授权数也增长了173%。2012年，中国企业500强拥有的专利数量达25.84万项，比上年同期增加了17.03%。

然而，尽管我国的有效专利数量在不断增加，但与国外发达国家相比，还存在较大差距。如表3-5所示，2011年，我国的有效专利数量为2739906件，与2010年有效专利的数量相比增加了23.63%。其中，国内2303015件，国外436891件，分别占总量的84.05%和15.95%；发明、实用新型和外观设计有效量分别为696939件、1120596件和922371件，分别占总量的25.44%、40.89%和33.66%。但在国内的有效专利总量中，代表较高的技术创新水平的发明专利所占比重仅占14.13%，相比较，国外发达国家有效发明专利所占比重却达81.8%。特别是发明专利更能体现创新能力，但我国的有效专利数量中，实用新型和外观设计占了很大的部分，发明专利仅在13%左右。

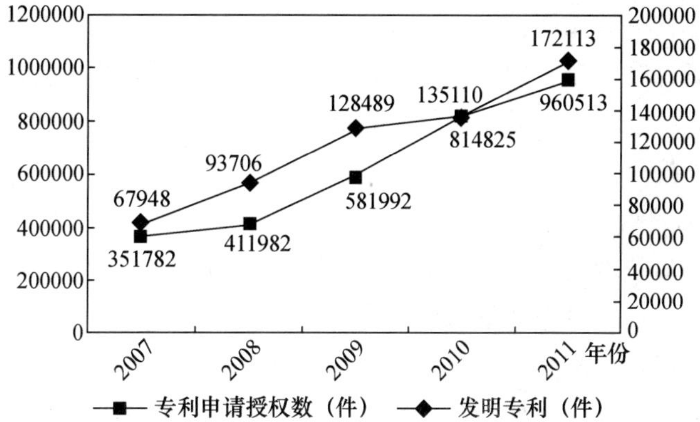

图3－11　2007—2011年中国专利数量趋势

资料来源：根据《中国统计年鉴（2012）》与《中国统计年鉴（2011）》整理。

表3－5　　国内外三种专利有效状况　　（单位：件）

	年份	发明专利	实用新型	外观设计	合计
合计	2007	271917	299242	278884	850043
	2008	337215	469729	388252	1195196
	2009	438036	565804	516183	1520023
	2010	564760	857968	793354	2216082
	2011	696939	1120596	922371	2739906
国内	2007	95678	294463	232268	622409
	2008	127596	463342	332859	923797
	2009	180042	558791	454277	1193110
	2010	257893	849454	718056	1825403
	2011	351288	1109958	841769	2303015
国外	2007	176239	4779	46616	227634
	2008	209619	6387	55393	227634
	2009	257994	7013	61906	271399
	2010	306867	8514	75298	326913
	2011	345651	10638	80602	436891

数据来源：2011年《中国国家知识产权局专利统计年鉴》。

如表3－5中所示，在2007—2011年，我国有效的发明专利的数量占总量的比例都低于20%，与实用新型和外观设计相比，发明专利数量少，而发达国家的有效发明专利占绝大部分。这充分反映了我国对外投资企业所有权优势严重不足，缺乏技术创新和发明创造，没有形成自己的专利技术，在国际市场竞争中处于非常不利地位，严重制约我国跨国公司的发展壮大和对外投资的可持续发展。

（三）品牌优势及其培育问题

品牌是消费者对单个产品或是一系列产品的认识程度，代表着一个企业和产品的形象，是企业最重要的无形资产与资源优势。由于海外投资中双方信息不对称，品牌就具有特别重要的意义。如果投资企业具有自主品牌，表明其在东道国市场竞争中具有比较优势，可降低并购的难度，更能被目标企业及东道国政府接受。回顾我国近年来发生的海外并购事件，可以发现，多数并购企业都具有自主品牌，例如，吉利汽车收购沃尔沃之前，浙江吉利控股集团有限公司采取多品牌战略，拥有吉利、全球鹰、帝豪、华普、上海英伦等子品牌，为吉利成功收购沃尔沃增加了有利筹码。

我国对外投资的品牌模式主要有三种（卢进勇、闫实强，2005）：第一种是自主品牌海外投资模式，这一模式是指我国企业在海外并购或绿地投资过程中，坚持采用自主品牌，依靠消费者认同自己的品牌来开拓海外市场。海尔集团、华为集团等是该模式的代表企业。如海尔集团在海外投资办厂时，坚持打海尔的牌子，中方投资方是海尔，企业的名字是海尔，生产和销售的产品是海尔牌的。

第二种是并购品牌海外投资模式，这一模式是指通过并购国外知名品牌，借助其品牌影响力开拓当地市场的海外投资模式。其主要特征：一是“买壳上市”，即先收购国外当地知名品牌这个“壳”，然后借助这个“壳”对产品进行包装，获得或恢复当地消费者的认同，快速进入当地市场；二是由于所并购的多是经营不善或破产的海外公司现成的知名品牌，仍具有一定的影响力和销售渠道，所以该模式省去了海外品牌塑造和品牌推广的时间与费用；三是该模式适用于具有一定资金基础、信誉较好、有能力收购和驾驭海外知名品牌的大型企业。

第三种是品牌输出海外投资模式，这一模式是指我国那些具有品牌优势的企业，在开展海外投资时不投入太多的资金，而是以品牌入股的合资形式或采取特许加盟与连锁经营等其他方式进行，如北京同仁堂海外投资是采用这种模式的典型代表。不过，采用这一模式的前提条件是企业需拥有知名品牌和自主知识产权，而这正是当前中国大多数企业的“软肋”。因此，目前中国大多数企业还不具备采用这一模式的条件。

在这三种模式中，我国企业采用最多的是第二种模式——并购品牌海外投资模式，但与其他国家不同的是，如日本、韩国等国当年是收购成功后将自己的品牌打了出去，而我国是用本土的低端品牌收购海外的高端品牌，是“以小吃大”或说“蛇吞大象”，在并购时这些品牌一般经营状况已经不佳。如 2012 年 5 月，光明食品有限公司收购英国著名品牌食品企业 Weetabix 公司 60% 股权；2012 年 5 月 21 日，大连万达集团宣布以 26 亿美元并购全球排名第二的美国 AMC 影院公司，包括购买 AMC100% 的股权和承担债务的风险等。实际上，中国企业海外并购后的经营绩效并不理想，如联想以 12.5 亿元收购了 IBM 个人电脑业务，但有数据显示，联想在国内市场业绩辉煌，但在欧美市场却表现不佳。TCL 最初先并购了法国家电巨头汤姆逊旗下的彩电和 DVD 业务，随后又控制了阿尔卡特的全球移动电话业务，但最终在欧洲不断亏损以至于以并购失败而告终。

实际上，中国企业在国际竞争中一直处于缺乏自主品牌优势的不利局面。2004 年 1 月 31 日，世界五大品牌价值评估机构之一的世界品牌实验室编制的《世界最具影响力的 100 个品牌》报告揭晓，中国大陆只有海尔集团一家入选，排在第 95 位。另外，中国企业在海外并购过程中，缺少对外国企业进行整体的系统评估，对外国产品的品牌没有进行完整价值的评估，也是导致并购后失败的一个重要原因。

（四）规模优势及其培育问题

近年来我国对外直接投资发展迅速。2012 年，我国境内投资者共对全球 141 个国家和地区的 4425 家境外企业进行了直接投资，累计实现非金融类直接投资 773.2 亿美元，同比增 28.6%。2013 年第一季度，我国境内投资者对全球 138 个国家和地区的 1621 家境外企业进行了直接投资，累计实现非金融类直接投资 238 亿美元，同比增长 44%。然而，相对发达国家和新兴工业化国家来说，我国对外直接投资水平仍然相对较低。

从平均水平上看，发达国家单一目的跨国投资的平均金额是 600 万美元，发展中国家为 450 万美元，而我国在 2011 年中，境外企业中方投资 500 万美元以下仍然占 68%，1000 万—1 亿美元的只占 10%，即目前投资规模仍然是以中、小型为主。这种投资规模水平不仅远远低于发达国家，而且也低于发展中国家的平均水平。这些数据表明，中国进行对外直接投资的企业不但少而且经营规模小，我国进行较大规模的对外投资企业只有少数。

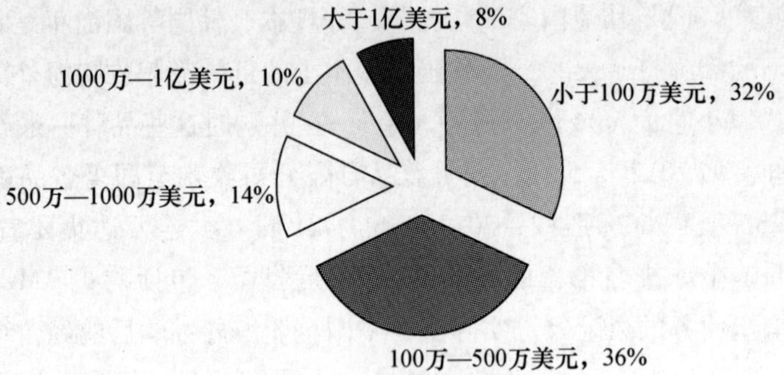

图 3 – 12　我国对外投资规模水平分布

注：统计数据来源于联合国贸发会议《2011 年世界投资报告》。

从对外投资存量上看，2011 年我国对外投资存量仅相当于美国对外投资存量的 9.4%，英国的 24.5%，德国的 29.5%，日本的 44.1%。换言之，在总体规模上，我国与发达国家还存在明显的差距。企业投资规模小，意味着对外直接投资不能发挥规模经济的作用。另外，投资企业不能在产品生产、开发、搜集信息等方面分享规模经济的好处。没有规模经济，就没有成本的优势，从而导致对外投资和海外并购的经济绩效难以提升。

综上所述，尽管近十年来，中国企业在对外直接投资的存量、流量等方面取得显著成就，但在拥有技术、专利、品牌、规模经济等企业所有权优势条件方面，与发达国家和工业化国家相比，仍然存在较大的差距。实际上，对外直接投资本质上是一个国家的企业行为所为，微观企业的自身条件至关重要。当国内外一些学者认为，由于长期处于较封闭的商业环境，中国企业并不具备技术、专利、管理和品牌等方面的突出优势，或说企业所有权优势不足，这实质上决定了中国企业其实在很大程度上并不具备真正的跨国投资与经营的条件，直接制约了微观生产组织控制的能力。

二　区位优势及其选择问题

Dunning（1977）认为，区位优势是决定一国对外直接投资在何处落脚的关键因素。它是指跨国企业只有在东道国投资生产时，才能拥有的区位选择优势，包括直接区位优势和间接区位优势。所谓直接区位优势，是指东道国的某些有利因素所形成的区位优势。如广阔的产品销售市场、低廉的要素成本、政府的各种优惠投资政策等。所谓间接区位优势，是指由于投资国和东道国某些不利因素所形成的区位优势。如商品出口运输费用过高、难以逾越的贸易壁垒等。在分析海外投资区位选择时，需要综合考虑以下三大因素：经济性因素、政策性因素和其他商业或非商业因素。以下为具体因素分析：

（一）区位经济性因素分析

在企业海外投资过程中，区位经济性因素的作用是最大的，它几乎决定了投资的动机、目的和企业经营的基础条件。经济性因素常分为三种类型：市场导向型、资源导向型和效率导向型。其中，市场导向型侧重于海外投资看重的是东道国的市场规模、结构及发展空间；资源导向型说明海外投资企业都为国有能源和科技资源追求企业，投资区位均是能源和科技资源富有，劳工充足的区域；效率导向型体现的是投资区位的生产效率水平比较高，与外界市场接入紧密，区域经济一体化程度高的地区。根据文献资料和数据分析，将我国海外投资的区位分布按照三类导向型因素分类整理如下：

表3-6　　我国海外投资区位因素代表性国家和地区分布

经济因素类型	区位选择国家或地区	代表性国家或地区
市场导向型	亚洲、拉美、非洲主要国家	印度、印度尼西亚、墨西哥、南非
资源导向型	非洲、澳洲、拉丁美洲、欧洲	阿尔及利亚、澳大利亚、德国
效率导向型	主要发达国家和新兴经济体	美国、日本、俄罗斯、韩国

注：根据联合国贸易和发展会议和《1998年世界投资报告》整理。

根据表3-6分布可知：一是市场导向型投资区位选择主要是与我国临近或者发展相当的亚洲和拉丁美洲国家；二是资源导向型企业主要体现了区位能源资源和科学技术及创新能力较高，主要集中在欧洲、非洲，澳洲和迅速增加的拉丁美洲；三是效率导向型影响的是与发达国家和新兴经济体的投资区位选择，主要是源于发达国家高生产效率和管理效率以及新兴经济体的效率互补性借鉴。

(二) 区位政策性因素分析

政策性因素决定了企业长久的发展战略，它主要包括经济准入和管理政策的开放化、保障政策的完善程度、经营管理的成本、服务体系的完善、各类管制放宽性等。金融危机后全球的政策体制总体上是开放化的结构。开放化的政策体制通常包括：经济政治及社会稳定，各类市场、政府、行业管制政策和贸易政策以及金融保障政策，税收制度等。综合这些因素考虑，目前中国在投资各地区东道国的区位选择因素总结如表3-7所示。

表3-7　　中国投资东道国的区位因素分析

地区分布	区位选择的优势类因素	区位选择的劣势类因素
欧洲	经济政治及社会稳定、先进技术、市场开放度高	语言文化差异因素，经营管理成本高
美洲	自然资源丰富，先进技术，市场开放度高	政治干预，投资壁垒、人力资源整合风险高
亚洲	产品市场成熟，距离小，文化差异小	政治风险，宗教、民族矛盾
非洲	经营管理成本低，资源丰富，金融市场成熟	保障政策和服务体系不完善，市场体制风险高
大洋洲	资源丰富，政治局势稳定	银行汇率不稳定、投资壁垒

资料来源：根据《世界经济年鉴编辑委员会》(2012—2011）整理。

实际上，尽管近些年来我国对外直接投资保持持续快速增长态势，但从投资的区位分布来看，当前投资企业对境外投资区位选择的影响因素没有厘清，不仅存在盲目、趋同特点，更是在走投机性的国际投资。如2010年中国对外直接投资的前五大投资地是：中国香港385.05亿美元，占当年中国对外直接投资总量的56%；英属维尔京群岛61.2亿美元，占8.9%；开曼群岛34.96亿美元，占5.1%；卢森堡32.07亿美元，占4.7%；澳大利亚17.02亿美元。这五个投资地占中国对外直接投资总额的77.2%。而2011年对外直接投资流向前五位的国家（地区）仍然是中国香港、英属维尔京群岛、开曼群岛、法国、新加坡。换言之，中国有70%左右对外直接投资是流向了中国香港、海外避税天堂之称的开曼群岛和英属维尔京群岛，这部分资本在获取政府政策性激励后又往返投回国内，这并不是真正意义上的对外直接投资。

（三）区位其他商业与非商业性因素分析

在除经济性和政策性因素外，其他商业性因素主要是投资鼓励性措施和服务体系。非商业因素在决定区位选择因素中有着重要作用，它包括地理邻近因素、文化相近因素、国家关系友好因素等，主要从投资环境，资本流动，经营管理，产品销售等影响着投资区位的选择，具体分类如表3－8所示。

表3－8　　非商业因素影响区位分析表

非商业性因素	作用国家或地区	经济分析与结论
地理邻近因素	十四个邻国（含俄罗斯、印度、越南、蒙古、巴基斯坦）、东亚、东盟	“金砖四国”中的俄罗斯和印度，发展迅速的越南、巴基斯坦，资源丰富的蒙古、东亚、东盟，均与我国贸易有着紧密联系；东盟贸易自由化、中日韩合作日趋紧密化，这些组合成为我国地理邻近国投资网络体系，表明这些国家经济水平相当、地理相近、心理距离相近，是我国对外投资的主要区域
文化相近因素	日本、韩国、新加坡、印尼	文化相近性体现国家民族之间的感情元素对于海外投资的促进作用，如与日本、韩国，基本上有相同的文化根源和类似的风俗习惯，新加坡、印度尼西亚即是华侨集聚地，这些在很大程度上促进了人员和信息、资本的交流，也有利于投资关系结构的紧固稳定，拉近母国与东道国的心理距离
国家友好因素	巴基斯坦、俄罗斯、缅甸	与我国结为友好邻邦的国家均有很大程度的历史渊源，这些情感因素的作用促使贸易的自由化和稳定化。贸易相关协定的促进作用，民族情感的深厚交流在很大程度上鼓励相互间的投资

注：根据联合国贸易和发展会议《1998年世界投资报告》整理。

综上所述，从区位经济性与政策性因素分析中可知，我国投资主体对外投资的政策性趋向很强，相对集中于金融保障体系、市场和政府管制、税收等均很开放的区位；从区位经济性因素中分析，我国对外投资是以资源能源性导向为主，并且具有国有战略性，市场导向型为辅，而效率型与学习型投资主要面向发达国家投资，并处于逐步增加中；从非商业因素上看，我国投资具有追求情感心理上的稳定，多投资于地理相近，文化相近等地区和发展相当的地区。综观我国海外投资区位选择上的现状和特点，目前主要存在以下问题：

（1）海外投资在区位选择上存在盲目、趋同特点。表现在投资额、投资企业数目、投资行业类型等均出现很大程度的集中化现象，这不利于我国企业比较优势的发挥。另外，集中化的生产销售易造成生产要素成本增加、企业效益降低、重置投资资本、资本利用率下降，形成企业间的恶性竞争的现象；从全球投资分布角度上看，过于集中的投资，不利于我国在全球各个生产价值链上的合理布局，容易错失投资机会，造成投资价值损失。

（2）海外投资在各地区产业结构和投资模式不合理。我国的跨国投资过分偏重于对加工、制造初级产品的投资，缺少对日益占据国际投资主流的技术密集性产业和服务业的投资；从投资模式上，收购兼并成为投资的主流模式，很多企业盲目跟从，缺乏理性分析，造成经营危机导致投资失败。

（3）国际投资环境存在障碍性问题。从对美国和欧盟的海外投资分析中可见，我国对发达国家投资出现很多的经济政策障碍、市场准入、贸易壁垒、国际风险、国际资本强势竞争力、国际舆论甚至上升到国家安全性的压制和打击，造成各类并购失败、贸易争端和投资风险，表现在对发达国家或地区的海外投资显得力量单薄、没有底气，产品和管理体系、保障体系、竞争实力均在发达国家之下。

三 企业内部化优势及其整合问题

Dunning（1977）认为，为避免外部市场不完全性对企业经营的不利影响，企业可以将自身拥有的优势资产通过内部化转移给国外子公司，将企业优势保持在企业体系内部，比通过市场交易转移给其他企业，能够获得更多利益，这就是企业内部化优势。海外并购是一种典型的内部化方式，并购企业是通过并购整合将自身与对方拥有的资产有效融合，最终达到利益最大化的目的。

在海外投资中，发挥企业内部化优势也是有条件的，具体地说，一是从组织管理上看，跨国企业本身必须具有良好的公司治理结构；二是从企业能力上看，跨国企业必须具有较好的整合能力。如果缺乏这两大基本条件，即使并购成功，企业的内部化优势难以保持或利用发挥。然而，综观当前中国企业的海外并购，尽管在并购数量、规模等方面取得引人注目的成绩，但在并购绩效、整合收益等方面，与发达国家相比，仍然存在相当大的差距。

（一）跨国企业内部化治理问题

公司治理结构是跨国企业通过组织和制度来协调管理和控制企业在董事会、经理层、股东和其他利害相关者之间竞争合作的制度安排，事关企业自身的生存与发展。然而，在我国海外投资或并购实践中，企业内部化治理存在天然的缺陷。

1. 在企业性质上，国有企业是对外直接投资的主体

我国对外投资的主体以国有企业为主。以2011年为例，中国非金融类对外直接投资685.6亿美元，其中国有企业377.77亿美元，占55.1%；有限责任公司75.42亿美元，占26.4%；股份合作企业为25.37亿美元，占3.7%；外商投资企业为13.03亿美元，占1.9%；其他的为13.03亿美元，占1.9%（见图3－13）。换言之，国有企业占比超过一半，说明到目前为止，国有企业仍是我国对外直接投资中的绝对力量。

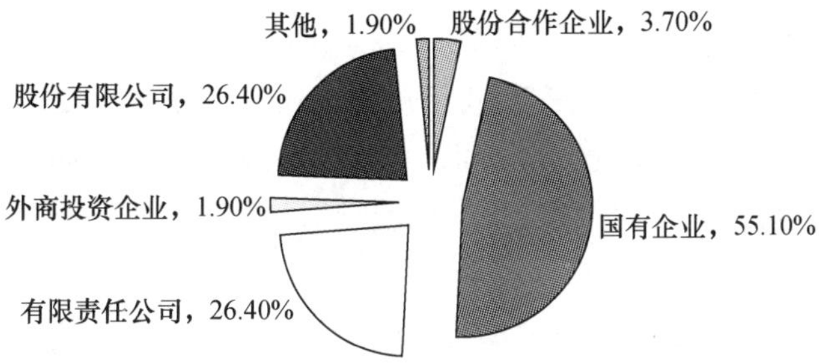

图3－13　中国对外投资规模主体构成情况

资料来源：根据《2011年对外直接投资报告》整理。

注：为了凸显对外投资主体来源构成，本图从不同层面分类，故总和大于100%。

2. 在所有制结构上，国有及国有控股企业占主导

对外投资的企业所有制结构中，国有及国有控股企业占总数占绝大部分。特别是在能源资源类境外投资中，大型国有及国有控股企业一直占主导地位，从已经发生的并购案例看，国有大型企业发起的并购案例占据了绝大比重，规模以上投资几乎由央企垄断。在能源矿产领域主要由中国石油、中国石化、中海油三大油企主导，而中国五矿、中钢等则引领着金属矿产资源领域的并购。在2011年中国非金融类跨国公司100强的前50名

企业中，能源资源类企业就有20个，占比40%，且全部是国有企业，其中中石化、中石油、中海油、国家电网等都是排名前十位。

由于我国对外投资是以国有企业为主体、国有及国有控股为主导，国有股股东在海外经营决策中起决定作用，而国有股东和国企经营者之间的委托—代理关系，是通过国务院的特设机构国资委实现，国有企业经营者的经营行为对国资委负责。但是，国有企业除了对国资委负责外，还受到政府部门的管理，甚至有些任命权仍在国家机关。因此，对外投资主体企业在治理结构上存在产权不清、政企不明的天然局限性，难以建设成国际化的现代企业治理制度，严重制约了企业内部化优势的发挥。

（二）跨国企业海外投资整合问题

在政府推动和扶持下，企业实现海外并购或组建境外经贸合作区并非难事，难的是能否处理好并购后的整合竞合问题（洪联英、张云，2011）。实际上，大部分跨国并购都会碰到各种各样的问题，尤其是在整合环节，许多公司在整合中遭遇严峻的挑战甚至失败，有一些深层次的整合问题甚至在并购两三年后才显现出来。[①] 如上汽于2006年收购双龙51.33%的股份，以期取得其全球销售网络以及柴油发动机和SUV平台相关技术。但是，结果令人失望，双龙在2008年销售出现衰退并面临破产，上汽从韩国撤回外派员工，在双龙的破产保护申请中损失惨重。再如，联想集团收购IBM计算机，当时在中国引起巨大反响，中国企业跃跃欲试，但是这个项目现在步入艰难时期。

企业的海外并购不仅是并购现有的物质资产和实体，而且要融合东道国的经营理念和民族文化，因为海外经营是要进入到不同的地区、不同的企业情境，需要抢占不同的国外市场。换言之，不仅需要企业自身拥有技术、品牌、规模等企业所有权优势，而且更需要微观生产组织层面拥有良好的治理结构和治理能力、先进的经营理念和较强的整合能力。然而，当前我国企业“走出去”不仅总体上企业规模小、技术偏低，民营企业普遍缺乏企业所有权优势，国有企业或央企普遍存在治理结构不完善等先天缺陷，而像境外经营合作区建设这样抱团“走出去”的企业园区普遍缺乏龙头企业担当起境外生产经营体系的有效调控者，协调跨国经营业务功

① 柯安德、庞复兴：《海外并购成功整合之道》，新浪网，http://www.sina.com.cn，2009年9月11日。

能，控制境外园区加工生产良性运行。因此，多数企业确保自身盈利和可持续发展已是难事，蛇吞大象后的整合竞争问题更是难事，严重制约了企业“走出去”健康有序发展。

四　行业商会的组织作用不凸显

在境外投资生产经营过程中，行业商会是不可或缺的中间环节。然而，在实践中，我国的行业商会并未得到企业的真正重视，以至于过于依赖政府。行业商会在中国对外投资上，并没有完全发挥其职能，也没有充分地与政策制度相结合。目前行业商会组织不健全，在连接企业、政府以及市场方面的号召力弱，中国没有建立境外资源信息系统，对于境外投资的资源潜质和投资环境缺乏本质的了解，矿业公司和石油集团获得信息的主要方式是竞标，获取信息的渠道较单一。因此，在行会、商会真正发挥了自身的作用，完善了自身的职能建设，由行业商会与民营资本所构建的网络，将会使中国经济在境外蓬勃发展。

第六节　本章结论

一　总体态势发展概括

本章从总体上对中国企业对外直接投资的发展现状及特点、创新方式以及存在的企业组织控制问题进行现状考察。研究结果表明：一在总体格局上，自 2004 年以来，我国对外直接投资得到迅猛发展，成为仅次于美国和日本的世界第三大对外投资国。投资区域目前遍布亚洲、美洲、欧洲、非洲及大洋洲的 180 多个国家和地区，其中中国香港、开曼群岛、英属维尔京群岛、澳大利亚、新加坡和美国是近年来对外直接投资流量一直都处于前几位的国家或地区。然而，尽管我国对外直接投资增长速度较快，但是投资规模仍然偏小，投资流向仍然是以发展中国家为主，而且投资流量占比很重的开曼群岛和维尔京群岛是著名的避税天堂，其投资主要源于税负和经营成本的转移需要，而不是真正的对外投资经营活动，或说真正的投资目的地被掩盖了。

二在行业分布上，中国九成对外投资流向租赁和商务服务业、批发和零售业、金融业、采矿业、制造业和交通运输业；其中，制造业聚集了对外投资存量的九成，表明对外投资产业集聚化现象明显。目前，主要投资行业正由第一、第二产业向第三产业转型，产业结构逐步升级。然而，海外投资主要的15个行业中，有6个行业的对外投资额是出现负增长态势，表明部分主要投资行业正在萎缩。

三在企业主体上，目前中国8500多家境内投资者在全球174个国家（地区）设立境外直接投资企业13000多家，经过近十年的快速发展，目前已经形成了多层次、多元化的对外投资经营主体。但从企业性质和股权结构上看，国有企业仍然占投资主体地位，有限责任公司仍然占主体地位。不过，从变化趋势上看，国有企业占整个境内投资者的比重下降、私营企业占比不断上升；有限责任公司占境内投资者的比重上升相对较多，表明我国海外投资企业主体结构不断改善。

四在投资方式上，我国探索和起步阶段，对外投资模式主要采用绿地投资。新的经济形势下，海外投资方式形势上有新的创新途径，其中海外并购已经成为海外投资的主流。目前主要创新方式有以下三种：一是跨国并购；二是战略资源型投资，以资本换资源的模式；三是开展境外中国经济贸易合作区建设。

五在组织控制方式上，当前主要有三种：一是等级制（股权控制，如兼收并购或绿地FDI）；二是契约制（契约控制，如战略联盟或外包等）；三是混合制（如复杂的一体化，境外经贸合作区建设）。当前，中国企业较注重对企业所有权的绝对控制权，即等级制的组织控制方式，而如何策略选择战略联盟、契约制和混合制组织控制方式，还是一个新的课题。

二 主要存在问题和障碍

本书从三个层面对我国对外投资发展现状进行问题分析：一是从总体上对中国对外投资的发展进程、总体规模、主要特点、创新方式、区位分布、企业主体特征、行业商会的组织作用等进行现状考察；二是对东盟、欧盟、非洲、澳大利亚、美国和俄罗斯联邦六大典型区位的投资现状进行分析；三是根据Dunning（1977）国际生产折中理论，对我国对外投资的微观企业条件进行现状分析。结果表明，当前中国对外投资发展主要存在以下关键问题：

（1）在对外投资进入方式上，近十年来，中国企业在对外直接投资的存量、流量等方面取得了显著成就，我国对外直接投资规模发展迅速。但相对于发达国家和新兴工业化国家来说，我国对外直接投资水平仍然相对较低，目前存在境外企业盲目投资、自向竞争、产业定位不明确、区位选择扎堆、重复建设严重等组织问题。

（2）对外直接投资本质上是一个国家的企业行为所为，微观企业的自身条件至关重要。然而，与发达国家和工业化国家相比，我国企业在拥有技术、专利、品牌、规模经济等企业所有权优势条件方面，仍然存在较大的差距。体现在：一是我国对外投资企业技术优势不足、创新基础薄弱，在国际市场上与发达国家竞争时总处于不利地位；二是我国有效发明专利的数量占总量比例都低于20%，而且发明专利数量少，而发达国家的有效发明专利占绝大部分；三是企业在国际竞争中一直处于缺乏自主品牌优势的不利局面；四是在海外并购过程中，由于企业自身能力等条件限制，缺少对外国企业进行整体的系统评估，对外国产品的品牌没有进行完整价值的评估，也是导致并购后失败的一个重要原因。这些充分反映了我国对外投资企业所有权优势严重不足，缺乏技术创新和发明创造，没有形成自己的专利技术，在国际市场竞争中处于非常不利地位，严重制约我国跨国公司的发展壮大和对外投资的可持续发展。

（3）在海外投资中，企业内部化能力是国际企业管理水平和治理能力的重要标志，但发挥企业内部化优势也是有条件的，具体地说：一是组织管理上看，并购企业本身必须具有良好的公司治理结构；二是从企业能力上看，并购企业必须具有较好的整合能力。然而，在我国海外投资或并购实践中，企业内部化治理存在天然的缺陷。在企业性质上，国有企业是对外直接投资的主体；在所有制结构上，国有及国有控股企业占主导，对外投资主体企业在治理结构上存在产权不清、政企不明的天然局限性，难以建设成国际化的现代企业治理制度，严重制约了企业内部化优势的发挥。

（4）区位优势是企业投资东道国市场的必要条件，需要综合考虑经济性因素、政策性因素和其他商业或非商业因素。然而，我国在选择海外投资区位时，目前主要存在以下问题：一是在投资各地区东道国的区位选择上，中国有70%左右对外直接投资是流向了中国香港、海外避税天堂之称的开曼群岛和英属维尔京群岛，这部分资本在获取政府政策性激励后又往返投回国内，这并不是真正意义上的对外直接投资；二是海外投资在区位选择上存在盲目、趋同特点，多投资于地理相近，文化相近等地区和发展相当的地区，市场导向型和面向发达国家投资较小；三是海外投资在各地区产业结构和投资模式不合理；四是国际投资环境存在障碍性问题。

（5）行业商协会的组织作用不凸显。我国的行业商协会并未得到企业的真正重视，以至于过于依赖政府，行业商会在中国对外投资上，并没有完全发挥其职能，也没有充分地与政策制度相结合。目前，行业商会组织不健全，在连接企业、政府以及市场方面的号召力弱，没有发挥组织的功能和作用。

这些结果表明，当前我国创新对外投资发展普遍存在微观组织障碍，而企业“走出去”能力偏低、政企又未形成合力，难以破解困境问题，是中国企业对外投资发展陷入“增而不强”困境的关键因素。

三　依托国际生产组织破解困境的必然性和可行性

综上所述，当前中国在新“走出去”战略下，政府大力推动并加快对外投资步伐：海外并购盛行，而且为了鼓励中小企业“走出去”战略发展，政府创新性地创建了境外经贸合作区、集群式 OFDI 等创新对外投资方式，为 OFDI 创造了新的平台。换言之，当前对外投资主要创新方式呈现海外并购、产业集聚和园区建设特点，这些境外生产网络或企业体系的良性运行，迫切需要企业权威或组织控制协调功能。

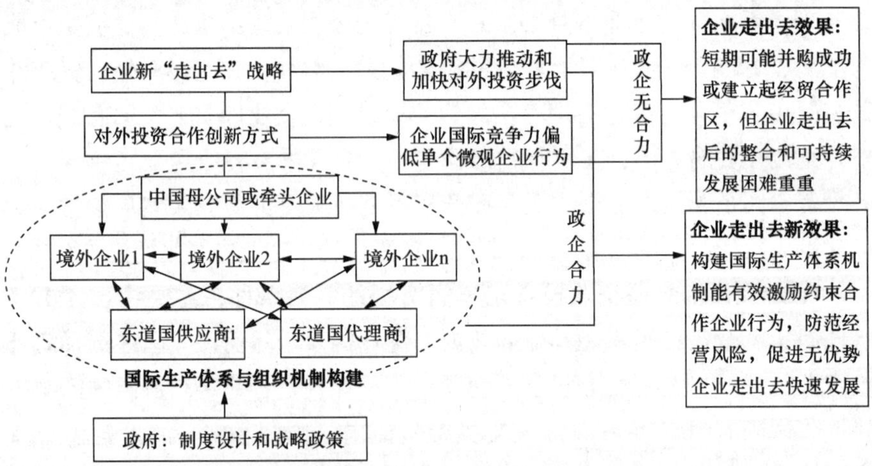

图 3－14　依托国际生产组织推进对外直接投资的逻辑分析框架

然而，当前我国企业“走出去”面临的突出问题有二：一是企业自身治理能力偏低，所有权优势缺乏，国际化经验不足；二是政府的推动与企业的行动又未形成合力。体现在对外投资效果上：（1）在投资方式上存在境外企业盲目投资、自向竞争、产业定位不明确、区位选择扎堆、重复建设严重等组织问题；（2）在投资经营中并购企业或牵头企业与众多中小企业之间既没有形成以资产为纽带的新型企业关系，又缺乏整合手段，企业体系或产业集群内部缺乏良好的整合竞合机制，直接影响创新对外投资的可持续发展；（3）在处理与当地供应商或代理商的投资合作行为上，缺乏强有力的外部合作机制和组织机制控制，制约着境外多元稳定可靠的能源资源供应保障和投资合作效果。这些结果表明，当前我国创新对外投资发展普遍存在微观组织障碍。

大量研究表明，组织是联结单个企业行为和政府政策的纽带，在对外投资过程中注重国际生产组织的作用，就有可能摆脱这一陷阱。如图3－14所示，以中国母公司或牵头企业为中心，与境外子公司、分公司或附属机构，以及东道国代理商、供应商、其他合作伙伴等，通过合理的制度设计和战略政策，构建起中国国际生产网络及其组织机制。通过网络和组织机制协调充分发挥主导企业和行业商会的中心作用，可以导向企业理性选择对外投资方式、激励约束境外整合竞合行为、保障境外伙伴努力合作，有效防范经营风险，促成企业与政府合力，就有可能破解上述困境问题，推进我国无优势企业对外投资稳步快速发展。

第四章　国际生产组织与对外直接投资：理论分析框架的构建

本章基于现代企业理论、全球生产组织理论、全球价值链理论、FDI与跨国公司理论，将从国际生产网络下企业的本质及其权力内涵，提出一个国际生产体系下的企业权力理论，并与 OFDI 的组织控制方式联结起来，从整体上构建对外直接投资与国际生产组织控制的理论分析框架，为后几章的研究提供理论基础。

第一节　关键概念

一　国际生产组织的内涵

在企业“走出去”对外投资活动中，国际生产组织代表着新型国际分工方式的组织单位，是理解全球经济一体化和生产全球化的关键概念。具体地说，自 20 世纪 90 年代以来，随着全球生产组织方式的深刻变化，国际生产分工深入到生产环节和工序层面。采用产品内分工和中间产品贸易方式组织生产，构成了过去十几年来国际贸易快速增长以及国际资本流动明显变快的主要原因。相应地，国际生产组织的形态也发生了深刻变化，企业组织的功能由过去从“研发、设计、试生产、营销以及售后服务的全过程”的全能型单体企业，分解到“只保留核心业务、将非核心业务剥离出去”的专业型企业和网络型企业体系。由此，本书的国际生产组织是指对外直接投资与合作过程中，围绕国际生产与投资活动而构成的相关部门、行业和企业，包括政府服务部门、行业商会与境内主体企业、牵头企业、境外整合企业、东道国代理商、供应商及其他合作伙伴等。其中，微观企业组织具有主导地位和中心作用。

国际生产组织的兴起对于发达国家和发展中国家的重要意义，这不仅有利于发达国家依托全球资源进行重新布局和分段设置，而且有利于发展中国家广泛融入国际分工体系，成为全球经济一体化进程中的参与者、推动者和获益者。

二　国际生产体系及其网络的内涵

按照 Porter（1985）的思想，国际生产体系是跨国企业对国际经济环境作出反应的产物，是国际生产在新的生产方式和组织条件下的制度表现。具体地说，国际生产体系是以跨国公司为中心，几个国家参与一个特定产品的不同生产阶段的生产与制造过程，最终形成国际化生产网络。在这个过程中，跨国公司将不同的生产阶段分布在最有效率和成本最低的区位，利用不同区位上成本、资源、物流和市场的差别来获取利益，即是在跨国公司控制下的国际价值增值活动的区位安排。这里的“生产”是指广义的增值过程，体现在制造业领域，增值过程包括从研发、制造、销售到售后服务的各个环节；在服务业领域，增值过程更是贯穿于服务提供的全部阶段。与早期的跨国公司组织结构和战略不同，在地区和全球两个层面上，国际生产体系的一体化程度更高，而且更强调整个生产体系的效率。

“国际生产网络”的概念是“国际生产体系”概念的另一种表达方式，本书将国际生产网络界定为：以母公司或牵头企业为中心，通过投资合作方式，与政府、行业商会与境内主体企业、牵头企业、境外整合企业、东道国代理商、供应商及其他合作伙伴所形成国际生产体系及其组织关系，从事实特定产品的研发、制造、销售及服务，实现国际价值增值活动的区位安排。

三　国际生产体系下企业权力内涵

“权力”一词在中西方文化中都是一个古老的概念。在中国古代典籍中，“权”的概念有两个：一是衡量审度之义，如孔子说：“谨衡量，度法度，修废官，四方之政行焉。”孟子说：“权，然后知轻重。”二是制约别人的能力，如早期法家人物慎到认为：“贤而屈居于不肖者，权轻也。”后来的法家著作《管子》也指出：“欲用天下之权者，必先布德于诸侯。”在西方，英语中的“权力”（power）一词来自法语的 pouvoir，法语的该词源于拉丁语的 potestas 或 potentia，意指能力，它们都是从拉丁语的动词 potere 即“能够”引申而来的。在古罗马人那里，potentia 指一个人或物影响他人或他物的能力。Potestas 还有一个更为狭隘的政治含义，是指人们通过协调一致的联系和行为所具有的特殊能力。此外，在英语中，“权力”一词通常用作能力（capacity）、技巧（skill）或禀赋（talent）的同义语，这种用语包含从事某种表演的能力，严格地讲是“技巧”，对外部世界产生某种效果的能力，以及潜在一切人的表演中的物理或心理能量，即“行动权”（power to act）。而《不列颠百科全书》认为，权力是“一个人的行为使另一个人或其他人的行为发生改变的一种关系”。

从这些原词释义中可知，权力本质上是一种能力，在行使权力过程中未必含有强制的成分，但一定会对他人产生某种预期的效果。

作为组织中权力现象在全球生产网络中的逻辑延伸，国际生产与贸易中的企业权力也必须符合权力的本质内涵，即企业权力具有预期性、相关性、双向性、不平衡性等普遍特征。但是，国际生产网络是以企业为基本主体的经济活动的协调与控制体系，体现了国际生产与投资中母公司与分支公司、互相关联的独立企业与企业之间的网络关系。显然，这与现代企业理论中企业内的权力内涵也是有区别的。换言之，国际生产体系下企业的本质特征和组织形式又赋予其权力内涵的特殊属性。

从企业的本质来说，国际生产体系下企业的本质特征已经发生了变化。演进经济学派和基于资源的企业能力理论都认为，企业是以自有资源存量为基础，并通过流量的增加借以形成异质性能力，企业是能够提供超额租金的唯一资源组合（Barney，1991）。据此，我们认为，企业的本质是一组有组织特征的独特资源与能力组成的集合体，而不仅是一组物质资产集（Grossman & Hart，1986）或关键物质或人力资产集（Rajan & Zingales，1998）。或者说，全球生产网络下的企业之所以存在，是因为它具有异质性的物质资产、组织资源（机制或制度）和无形资产（核心能力）。值得指出的是，在全球生产网络下，物质资产仍然是企业所有权的基础，但企业的组织资源（机制或制度）和无形资产（核心能力）是企业本质的两个重要特征，特别是企业核心能力，是一种内嵌于组织体中间的不可转移的企业特性，主要体现为知识、经验和技能（Richardson，1972）、旨在提高其他资源生产率的特殊资源（Makadok，2001）。

通过企业的本质，我们可以看出，对特定资源和异质性能力的占有关系必然引致相应的权力关系和权力地位，表现在拥有较多的稀缺资源和异质能力的企业，相应地拥有较高的讨价还价能力，因而处于核心地位并能够对其他企业施加影响，而其他企业则常常是围绕这些核心企业来确定自己的战略和行动。这就是说，在全球生产网络下，企业权力的产生是基于对特定资源或异质性能力占有优势。换言之，物质资产、组织资源和无形资产（核心能力）是构成企业权力的三个来源。

企业的权力关系总是要依托一定的组织形式来实现，比如，等级企业天然承载着企业内权威关系。但是，当前企业组织形式已经突破了传统意义上的“企业—市场”两分法，企业间网络也成为一种新的组织形式。这就是说，全球生产网络中的企业组织形式包括等级制（企业内）和网络制（企业间）两种形式，而且与等级企业组织形式相比，现在越来越多的企业转向采用网络（企业间）协调方式来组织交易和生产活动。与此相关的问题是，这种组织协调是属于市场协调还是权力协调？在我们看来，这种企业间协调方式本质上也是通过权力约束和影响进行的。具体地说，由于价值链条是企业间网络进行价值创造的共同基础，通过价值链条，企业将生产经营过程分离开来并散布到不同空间区位（Jones & Kierzkowski，1990）。相应地，将由此产生的中间产品或服务的交易过程置于有组织的生产网络中进行，使得每种价值增值活动“有可能受到与企业内外的其他活动之间的联系和相互关系的影响”（波特，1988），尤其是价值链条各节点之间的专业化分工程度很高，而且都是高度互补但不相似活动。这些特性表明，尽管这些增值活动的不相似性，决定了企业间协调不能完全通过企业内的指令方式进行，但是，企业间协调也绝不是市场力量能够完成的，因为“企业之间要就如何利用这些联系和如何分此产生的利益而达成协议就可能困难重重”，而且协调的目标不是平衡某种产品的总供给和总需求，而是在质量上和数量上使各个企业计划相一致。由此，合理的结论是，企业间网络协调也是一种权力协调，但这种权力协调不是通过等级权威关系，而是通过价值链条由粗到细的互利行动和权力影响来进行的，其权力来源于特定的组织资源（制度或机制）和企业核心能力（无形资产）。

依据以上分析，在国际生产网络下，企业是物质资产、组织资源和无形资产的集合，这些要素一起赋予企业组织相应的权力关系和权力地位。不过，控制企业不一定是以所有权为基础，但一定是通过企业权力关系来协调、控制和影响其他参与企业的经济活动。因此，本书将企业权力界定为：一个企业或企业集团凭借和利用组织内特定的资源和能力而形成的对其他主体的一种控制能力（力量）和特殊的影响力，包含了两种不同性质的权力：企业内权威和企业间权力。

根据这一定义，国际生产体系下的企业权力内涵包含以下几对关系：

(1) 企业权威与权力的关系。在国际生产网络中，企业权威与权力并存，但这是两个既有联系又有区别的概念，权力是权威的基础。企业权威是企业内部权力关系下的自愿服从，强调等级观念；而企业权力是一种客观存在的能力或禀赋，强调不对等的地位，但不一定是等级关系。因此，在企业内部，企业权威与企业权力表达相同的内涵；但在企业之间的不对等关系，体现的只是企业权力的内涵。

(2) 契约不完全与企业权力的决定。无论是在企业内或企业间的生产交易活动中，只有在签约有问题的情况下，企业的权力关系才会得到充分展现。换言之，由于契约的不完备性而需要不断地重新界定才使得权力的决定具有意义。因此，不完全契约仍然是全球生产网络下企业权力决定的自然前提。

(3) 企业权力与谈判能力的关系。由于现实中企业内部契约和企业间契约都是不完备的，企业权力体现在处理与先前的契约、惯例和法律所不符的或然性问题的能力，这就需要通过谈判来决定，谈判过程达成的协议本身就取决于谈判的双方所拥有的资源禀赋和企业能力，即体现企业权力的大小。因此，在其他条件不变时，企业权力的大小与谈判能力成正比。

(4) 全球价值链条与企业的权力基础。在国际生产网络下，价值链条将企业内与企业之间的生产与交易活动联结起来，而且在价值创造中存在由粗到细的链条变化，使得各方之间既相互依存相互影响，又具有不平等的地位和不对等的讨价还价能力。因此，全球价值链条是企业权力存在和行使的基础。

(5) 企业权力与组织制度或机制。国际生产网络作为一种较松散的组织结构，其权力生成与行使需要进行组织机制设计和一系列的组织制度来保证的。在企业间，各权力主体以契约、计划、政策法规等制度来调节和配置资源的流向；在企业内，权力主体（如董事会、董事长、企业家）则配置各生产要素，明确投资场所和投资力度等。不过，这其中既有制度化的权力，也有尚未制度化的权力，其中，制度化的权力表现为权力契约。

第二节　国际生产体系下的企业权力关系

如前所述，企业的权力关系总是要依托一定的组织形式来实现，在国际生产网络中，其实现途径有两条：一是通过企业内契约方式进行组织内协调与管理，即企业在共同所有权下的经济协作活动；二是通过企业间契约方式进行组织间协调与合作，即企业在分散化所有权下的经济协作活动。但无论通过哪种途径，跨国公司都扮演了中心角色，因为它们不仅拥有雄厚的物质资产，而且其所拥有与经营、管理、产品特定 R&D 相联系的企业特定资产或说知识资本，是能够被用来为在地理上分散的国外生产工厂服务（Helpman，1984；Markusen，2002）；同时，跨国公司通常作为最终产品商，又是国际生产网络的组织者和主导者，驱动着其他企业参与链条中的生产与交易活动。这就是说，它也是组织资源的最大拥有者。相反，其他参与企业都是为最终产品需求而进行的中间生产和服务，只能在不同节点上利用自己有限的物质资本、人力资本和组织资源来参与相应层次的价值增值活动，这种不对等的占有关系必然引致相应的权力关系，即控制企业对参与企业的支配关系和对价值创造的不对称占有关系。

一方面，在国际生产网络下的等级企业内部，跨国公司仍然是市场作为国际组织交易方式的替代，它们仍然是“……在无意识协作海洋中的有意识权力的岛屿”（Coase，1937）。跨国公司仍然是一个被扩展的现代公司制企业，但比国家公司拥有更多的企业组织权力，而且在更大程度上进行着世界一体化的生产和交易（Hymer，1970）。在契约不完备时，跨国公司总是凭借特定资源优势，通过计划、组织生产交易活动和决定谁为他们工厂内的劳动分工服务，按照自己的意愿进行创造、让渡、支配或控制其国内外的分支公司，行使企业权威的剩余控制权，因此，企业权力关系仍然是一个被精心制作了的企业等级权威的反映。

另一方面，在以价值链条联结的独立企业网络之间，企业权威的内涵发生了实质性演变。在参与价值链条的行为主体的分类中，跨国公司作为居主导地位的行为主体，是链条中的控制企业，它们决定生产什么和让谁生产；处于被动地位的众多供应商只是负责如何生产和为谁生产。尽管供应商都是独立的法人公司，但各供应商、供应商的供应商和用户等，都是位于围绕核心企业（跨国公司）所组成企业间的供求网络关系中，这些企业不是直接进入市场，而是必须通过国际生产价值网络才能进入世界市场。因此，这种价值链条依附关系和不对等主体地位，以及为维持价值网络有序运行的必然要求，都注定企业间权力关系仍然存在，而且跨国公司仍然是拥有强势权力。只是企业间的权力内涵已经演变为一种基于企业能力有意影响其他企业行为的权力，超越了物质资产基础上的企业权威内涵。

第三节　国际生产体系下的企业权力理论：一个新拓展

如前所述，在国际生产体系下，企业权力最终要依赖组织内特定的资源和能力，即物质资产、组织资源和无形资产（核心能力）。在现代经济条件下，物质资产包括货币资本或以物质资本形式体现为资产负债表中的实物，如房地产、设备、原材料、存货等；无形资产包括人力资本、声誉、品牌、文化、技术、专利和商标等，其中企业积累起来的知识、经验和技能等企业核心能力，是企业最重要的无形资产；组织资源主要体现为一种组织能力，是资产与人员、组织投入产出过程的复杂结合，运用到企业的物质生产与交易技术上，其中组织制度或机制是组织资源的重要体现。在此基础上，本书将通过结合 Barney（1991）的基于资源的企业能力理论和 Gereffi（1999）全球价值链理论，提出一个“链接权”（指因专业化分工和企业能力高低而体现在价值链条中所拥有的节点位势权力）理论，并与 GHM 产权理论（Grossman & Hart，1986；Hart & Moore，1990）、Rajan 和 Zingales（1998）的进入权理论相结合，将企业权力的具体形式依次为链接权、财产所有权、进入权；相应的权力机制依次为能力控制、所有权或股权控制、组织机制控制。然后，应用到全球生产体系环境中，构建国际生产体系下的企业权力理论及其分析框架（洪联英，2012）。

一　企业所有权、物质资产与组织控制

Grossman 和 Hart（1986）以及 Hart 和 Moore（1990）的经典文献被合称为 GHM 模型，构成了财产权利理论（property rights theory）原始意

义上的基本框架，后来经过哈特（Hart，1995）的进一步工作而使该理论在体系上趋于完善。由于他们将企业定义为“由其所有者拥有或控制的资产（如机器、存货等）所组成”（Grossman & Hart，1986），即把着眼点放在财产权利上，而财产权利又主要表现为所有权（ownership）结构。这样，在不完全合同条件下，剩余控制权就应该天然地配置给物质资产所有者，并以此定义企业所有权。也就是说，他们的理论并没有对所有权和控制权进行区分，实际上是把所有权定义成了实施控制权的权力（power），即物质资产所有权是企业权力的来源。

由于这一理论在解释拥有物质资产企业的权力来源时，始终是一个强有力的分析框架。本书结合我们的资产分类，依然沿用他们这一理论内核，将这种来源于物质资产的企业权力，或说因作为物质资产所有者而拥有对供应商剩余控制的法定权力，称作企业财产所有权，习惯称为企业所有权。

我们以为，企业所有权之所以仍然能成为国际生产投资中的一个重要企业权力形式，是因为在全球生产网络下，物质资产在企业所有权中仍然占有重要地位，这可以从三方面理解：一是按照物质资产的定义，量化了的无形资产（折算的股权或货币资本）也属于物质资产范畴；二是当跨国企业将资金较为密集的行业向发展中国家进行分段生产时，通常会考虑采用实物资产投资（如机器设备、原材料等）或货币资本投资，在东道国建立分支公司而不是独立企业；三是现代企业制度放大了物质资本所有权作为企业权力的控制作用，依据 IMF 规则，拥有 10% 生产工厂股权的企业投资将被视为 FDI 流动。但在实践上由于知识资本的稀缺特性，实际上低于 10% 的股权投资者也能够对东道国企业施加控制。由此可见，当契约不完全时，企业财产所有权仍然是构成国际生产与贸易中的一个企业权力来源，这是 GHM 产权理论应用到全球生产网络下生产与交易活动中的合理延伸。

在国际生产投资活动中，企业所有权的作用机制仍然类同于现代企业产权理论：（1）企业财产所有者享有对物质资产的剩余控制权。当一个最终产品商一体化某个供应商时，它不仅获得了该供应商的资产，而且当遇到初始契约中难以预料的随机事件时，由于赋予物质资产所有者拥有剩余控制的权力，最终产品商就有权决定这些资产的使用，从而确保他在与供应商的事后讨价还价中仍然能获得尽可能大的支付，这就是所有权成为权力来源的一个含义。(2) 财产所有权是激发专用性投资（relationship - specific investments）的工具。按照 GHM 理论，当契约不完全时，各方都有减少承担关系专用性投资的激励；而且对某一特定方来说，这种投资激励的增加，也会增加他的剩余份额。如果一体化和被一体化的各方都承担关系专用性投资，一体化的收益就是它增加了一体化企业对被一体化企业部分特定投资激励；而一体化的成本是它减少了被一体化企业对一体化企业的部分特定投资的激励。因此，在国际生产投资活动中，企业一体化的成本和收益都是内生的，在关系专用性投资存在条件下，企业所有权配置对各方事前投资激励产生关键影响，并通过影响事后剩余的分享，从而又决定组织租金的大小。由此，事前效率表明，剩余控制权应该分配给对专用性关系投资贡献最重要的一方，这是所有权成为权力来源的另一个含义。

二 网络进入权、组织机制与组织控制

与企业所有权不同，网络进入权是从组织机制角度考察企业权力的具体形式。Rajan 和 Zingales（1998）认为，现代企业中物质资产所有权不是企业内部权力的唯一来源，限制关键资产进入权是一种激发代理人专用性投资的机制，是企业内部权力的另一个来源。在他们看来，通过限制关键资产进入权，委托人赋予代理人一个控制关键资源的机会，这种专业化的人力资本控制关键资源，不仅能够激发代理人进行专用性投资，而且与所有权相比，代理人在进入权机制下做出的专用性投资剩余数量，比从所有权中做出的剩余数量更加具有不安稳性，因而进入权是一种比所有权更能激发代理人进行专用性投资的机制。尽管 Rajan 和 Zingales 仍然是从关键资源本身来考察企业权力的来源，但他们的理论在一定程度上阐明了内部组织在强化企业价值的作用。本书正是借鉴这一思想，来构建国际生产体系下的进入权理论。

与 Rajan 和 Zingales 的理论相比，本书更强调从组织机制角度而不是从代理人的能力角度出发，将网络进入权定义为：控制企业通过组织制度或规则设计，获得因限制供应商进入生产网络而产生的规制权力。这里，网络进入权包含了两层含义：其一，这是一种与组织机制或制度相联系的权力，是控制企业凭借其组织控制（能力）人为设计出来的规制权力，因而组织规则的设计者拥有进入权的比较优势；其二，控制企业通过组织控制进入权的机制，一方面获得了来自所有权之外的机制权力，另一方面也赋予了供应商进入生产网络参与价值增值活动的机会，并发展其进行关

系专用性投资的能力。由此可以看出，国际生产体系中的网络进入权是通过组织机制设计和组织规制来保证控制企业的权力生成与行使，这种组织机制或规制，构成物质资产和无形资产之外的权力来源。此外，控制企业和供应商在进入权中不对等的权力关系，也为控制企业进行生产性“寻租”活动提供了“合法”的权力机制。

进入权作为一种企业权力，在国际生产体系中的主要作用表现在：（1）赋予控制企业对参与生产价值增值活动的机会控制权。由于控制企业（如最终产品商）凭借对生产价值增值活动的组织控制能力，可以通过设计“进入权”机制来决定谁（供应商）有机会进入，以及以何种企业组织形式进入。这样，供应商即使有很好的资源禀赋，得不到控制企业“进入权”的机会和进一步学习“专业化”知识，它的能力将无法发挥，也不可能获取国际企业的权力。特别是一个生产商（主动企业）可以选择与多家供应商合作，而一个供应商一般只能选择为一个或有限几个生产商提供产品和服务，这样，“进入权”机会控制强化了控制企业可以按照自己的意愿选择和控制供应商的权力。

（2）激发供应商专用性投资的工具。在投入品生产过程中，最终产品商为了最大化获取供应商的专用性投资激励，从而合作组织租金，可以通过充分使用进入权的组织控制，一方面，促使多个供应商为争夺进入生产网络中参与生产价值增值活动的机会，而支付更多的前期关系专用性投资；另一方面，由于进入权自身蕴含的机会性，进入权的再配置过程充满了不确定性，促使在位供应商为了保持持续的契约关系，不得不加大其专用性投资的努力程度，最大化地创造组织租金价值。

三　价值链分解权、无形资产与组织控制

本书所要提出的“价值链分解权”思想，是源于企业能力理论和全球价值链理论的思想演化而来的。企业能力理论认为，企业内部长期积累的能力体系是企业最重要的无形资产，是资源的一种衍生，或说是一种特殊的资源。早在 1972 年，Richardson 在其《产业组织》的经典论文中，将能力看成是企业的禀赋，主要体现为累积的知识、经验和技能，企业的具体活动如生产、营销和研发都是以能力为基础的。后来，Prahalad 和 Hamel（1990）则提出了“核心能力”的概念，即“组织中的积累性学识，特别是关于如何协调不同生产技能和有机结合多种技术流的学识”。而 Barney（1991）进一步发展了 Penrose（1959）的思想，将基于资源的

核心能力看成是异质性的，是企业维持可持续竞争优势和获取组织租金的基础。特别是在最近的一些文献中，能力被定义为一种特殊的资源，如Makadok（2001）把能力定义为一种内嵌于组织体中间的不可转移的公司特性、旨在提高其他资源生产率的资源。这种概念的同一性表明，能力既具有创造价值的功能，也具有配置和运用资源以达到预期目标的本领。换言之，能力本身可以成为企业产生权力的基础，或说可以成为企业权力的一个来源。

特别是全球价值链理论进一步为我们从企业能力视角来理解国际生产与贸易中的权力关系提供现实基础。全球价值链理论一个基本思路就是：在某一产业全球价值链条的众多“价值环节”中，并不是每一个环节都创造等量价值。实际上，不但只有某些特定的价值环节才能创造出很高的附加值，而且某些辅助或支撑环节甚至并不创造价值（这不能说明它们不重要）（Porter，1985；Gereffi，1999）。由此展开的高价值增值环节的竞争，实际上就是企业异质性核心能力的竞争，谁拥有最具有竞争优势的核心能力，谁就抓住了全球价值链上的战略环节，成为整个价值链条的治理者。这样，为了全力打造自己的核心竞争能力，着力加强价值增值环节的建设，企业会尽可能地将链条中的次要环节分离出去，并按照能力特征将链条各个价值环节在不同国家或地区之间进行空间配置（Krugman，1995）。这些分离出去的各价值环节虽然在形式上是被一段段分开的，即片段化（fragment），在空间上一般离散性地分布各地，但整体上却是一个完整连续的全球价值链条，彼此之间存在价值链条依附关系和不对等的主体地位。谁拥有较高的核心能力，谁就处于价值链条的重要环节，其在链条中的影响或控制能力就越高；反之，谁的能力越低，谁就只能处于链条的辅助和次要环节，接受较高环节的影响和控制。由此，本书提出了“价值链分解权”的概念。

在国际生产体系下，价值链分解权是指因专业化分工和企业能力高低而体现在价值链条中所拥有的节点位势权力。它包含以下三个层次的内涵：首先，这是一种与无形资产相联系的权力，这种权力本质上就是能力本身，即企业权力并不体现为企业组织内部的等级权威关系，而是体现为企业的能力水平和能力影响力，本书第二章所述的Markusen（2002）知识资本模型为这一权力思想提供了绝好的注解。其次，这种权力的实现是以专业化分工和全球价值链条的相互依附为前提。由于专业化分工产生了企业权力的协调要求，也将不同链节的企业异质性能力表达或显示出来，而在价值链条中的不对称地位和相互依附关系，又为实现企业能力的权力影响和控制关系提供了现实基础。最后，这种权力天然是一种位势权力，造就了高链节企业与低链节企业之间存在领导与从属的关系，也为高链节企业进行生产性“寻租”活动提供了“合法”的权力机制。

我们以为，价值链分解权之所以能成为国际生产体系中的一种重要的企业权力，从根本上说，它主要与以下两个因素密切相关。一方面，它是全球生产组织方式变化的内在要求；另一方面，它是应对现有企业权力理论的补充。国际生产网络下的企业组织形式已经不再是传统意义上严格的二分法：要么企业，要么市场；而是紧紧交织在一起的，企业间网络也成为一种新的组织形式。面对新的变化，价值链分解权是从无形资产核心能力角度来考察企业权力的具体形式，有助于以下三个问题的解释：

其一，能力和企业内代理。一些经验文献证实，在现代经济条件下，几乎没有企业会去一体化整个价值链，也没有企业会在每一种产品市场都下赌注。当其他企业从其核心企业分离出来后，核心企业面临着越来越多的不相似能力（Richardson，1972），产生越来越多的能力附带型逆向选择和道德风险问题。但是，权威管理已经日益不能有效地监督雇员或提升供应商的人力资本。这样，通过价值链分解权来行使权力影响或制约，使解决能力附带型委托—代理问题成为可能。

其二，能力和不完全合同。演进经济学派认为，企业之所以存在，是因为它具有区别于其他企业的异质性能力，但这并不能通过交易从市场取得。这就是说，企业作为一个交易组织形式，首先应该是一个生产单位。当不完全合同和有限理性存在时，为维护国际生产与投资活动的有序运行，需要的不仅仅是科斯意义上的权威分配。既然企业能力概念已将生产和组织考虑结合起来，则价值链分解权的位势影响完全有可能成为新的协调方式。

其三，专用性资产和能力。对现代经济组织来说，专用性资产是至关重要的。在 Williamson（1985）以及 Grossman 和 Hart（1986）的专用性资产的详尽清单中，包括从致力于物质设备的专利性到场所的专用性。显然，能力作为专用性资产也应该是顺理成章的：它们是特定企业专用化的，几乎很低甚至没有替代使用价值，管理者或所有者在使用中拥有剩余控制权。由此，能力越高的专用性资产，越容易获得较多的剩余控制权，获取更多的组织租金；而其他能力较低的专用性资产，很容易成为高能力专用性资产的依附。这样，价值链分解权有助于解释国际生产体系中新的权力关系。

在现有的企业权力理论中，财产所有权和进入权都是从交易属性来考察企业权力的生成和行使的，体现企业本质的交易特性和组织特性，但都不能反映与企业生产属性相关的企业能力特质，以及由此生成的企业权力及其权力关系。事实上，企业体系的存在不仅在于交易和协调的成本节约，更是在于生产的价值创造，即如何将各投入要素转化成产出、提高生产效率的企业能力。这种以知识为基础的企业能力体系（主要体现为知识、经验和技能，参见 Richardson，1972）在国际生产投资中的作用和影响，已伴随着产品内国际分工的精细化而变得越来越关键。Richardson（1972）对于知识和能力在经济活动中作用的强调，实际上已经成为一种不同于交易成本理论但更具本质特征的经济协调方式。因此，随着企业间网络组织形式日益广泛，价值链分解权控制机制顺应成为国际生产与投资活动的一种协调手段。与所有权和进入权比较，价值链分解权的关注焦点由交易转为能力和资源，由成本转为价值，由协调转为生产、协调和企业间的竞合关系。从而，价值链分解权更能全面地解释企业的产生，以及企业为何能够继续存在和发展。

在国际生产体系中，价值链分解权作为企业权力的一种重要表现形式，其主要作用表现在：（1）赋予高节点企业拥有对国际生产过程的分解权。由于拥有相对优势的专用性资产核心能力，一个高节点企业可以成为其上游分段生产与贸易中的驱动企业，有权选择如何分解国际生产过程。这样，一方面，可以通过创造相应于在公司等级不同水平之间的产品内国际分工，高节点企业可以按照自己的意愿创造世界：不仅可以按照最大利润或降低成本的需要，合理保留优势核心资产，选择合意的下级供应商，而且还可以与其他少数几个高水平企业联合决策行业，从而把世界其余各地限制在低水平的活动和收入；另一方面，可以有效地预防在全球分散生产与交易中发生知识资产和技术被模拟或盗用的风险。由于契约的不完备性，“在保护知识产权上，专利并不总是最好的方式，相反，设计者（生产商）倾向于自己试验和持有设计及技术秘诀，因为有时通过生产过程分段，没有一个代理人（供应商）能够识破（penetrate）（全部）技术”（Landes，1986）。（2）创造和分配超额组织租金的工具。由于高链节企业有权将生产分解成不同的阶段或活动（activities），选择合意的下级供应商，使各种互补性活动都由相匹配的能力支持。这样价值链分解权就充当了“恰当地适应、整合和重新配置内外部的组织技能、资源和职能能质（functional competences）以匹配变化的环境”（Teece et al.，1997）的作用，从而使得国际生产与投资更能利用产品内分工所带来的优势，产生了分工带来的生产能力提升的效果，实现增值和创造价值的目标。同时，由于高链节企业拥有企业分解权，因而也拥有较高的讨价还价权力，由此也赋予高链节企业拥有相应的分配事后组织租金的权力。由此，我们认为：最终产品商作为核心节点企业，能够创造较高的组织租金不仅是因为它们拥有更好的资源，而且是因为它们能够运用价值链分解权这一新工具更好地作用于它们拥有的资源。

四　企业权力体系的构建

综上所述，在国际生产体系中，企业组织是以所有权、进入权或价值链分解权为基础，通过权力关系来协调和控制国际生产与贸易活动。由于企业本质上是一组有组织特征的独特资源与能力组成的集合体，企业权力的来源最终体现在其拥有的独特资产：物质资产、组织机制或制度、无形资产（主要是核心能力）；相应地，我们将企业权力的具体形式或说企业权力的结构依次称之为企业所有权，网络进入权、价值链分解权；而将企业权力的机制依次归类为所有权控制、组织控制和能力控制。

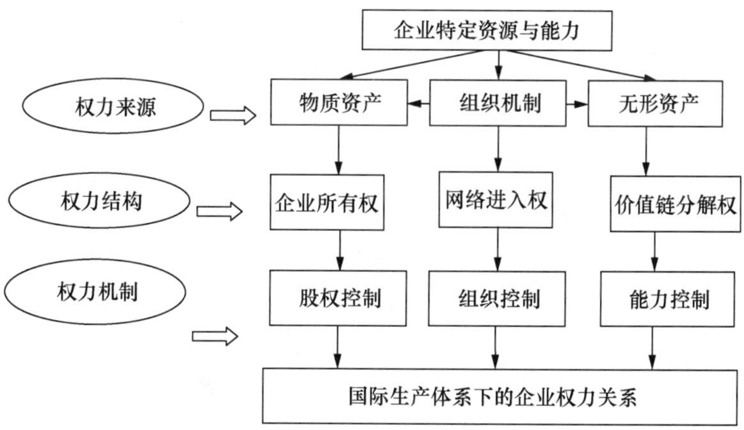

图 4－1　国际生产体系下的企业权力关系

如图 4 - 1 所示，以上三种企业权力形式相互补充，共同构成国际生产体系下的一套权力机制，成为指挥或引导对外直接投资组织方式的“有形之手”。具体地说，母公司或控制企业可以通过综合利用企业股权控制、组织机制控制和企业能力控制三种权力机制，来选择合意的 OFDI 组织控制方式，从而影响跨国企业对外投资的有限分散决策活动。

第四节 对外直接投资与微观生产组织控制分析框架①

一 企业对外投资的组织控制方式

按照联合国贸发会议的定义，与间接投资不同，掌握经营权或经营控制权、实现超额组织租金，是企业进行对外直接投资的根本内涵。这就是说，在对外直接投资过程中，企业不仅是投资者，更是生产经营主导者或控制者；不仅需要企业所有权优势，还需要较强的内部化能力和组织控制机制，否则，即使在政府推动下能够顺利走出国门，但却难以维持可持续发展。

国际市场是不完全的（Hymer，1960），企业“走出去”进行海外直接投资，需要同时解决两大关键问题：一是投资经营决策问题，二是组织控制问题。按照 Hymer（1960）、Markusen（2002）、Helpman（2006）等的观点，在对外直接投资过程中，跨国公司始终扮演中心角色和主导地位。在母公司控制下，跨国公司既可通过独资、控股、参股等企业内组织形式，也可借助于品牌、协议、分包、许可证等企业间契约制组织形式，不仅将各种中间产品频繁地流转于各子公司、分公司的企业内部贸易中，也日益超越企业边界发生在各种企业间外包活动中（Helpman，2006）。换言之，等级制和契约制都是企业对外直接投资的组织控制方式。

此外，跨国公司在随着对外投资的发展而发展过程中，其组织控制方式也会随着企业生产率的变化而发展（Melitz，2003）。1998 年《世界投资报告》发现，近些年来，越来越多的跨国公司采用的既不是单一的垂直型 FDI（等级制），也不是单一的水平型 FDI（契约制），而是既包含水

① 本部分内容公开发表在《财贸经济》2013 年第 10 期上。

平型又包含垂直型在内的复杂一体化战略（Grossman，Helpman & Szeidl，2006），即出现了混合制的组织控制新方式。他们的研究表明，企业的对外投资同出口一样，也存在一个沉淀成本，因此，企业异质性在解释全球化生产和对外投资战略中起着十分重要的作用：一是只有生产率较高的企业从事对外贸易投资经济活动；二是在服务国外市场的企业中，只有生产率最高的企业从事水平 FDI，次高生产率的企业需要在复杂的一体化战略中权衡；三是产业内企业异质程度在决定 FDI 销售份额与出口份额中起关键作用。

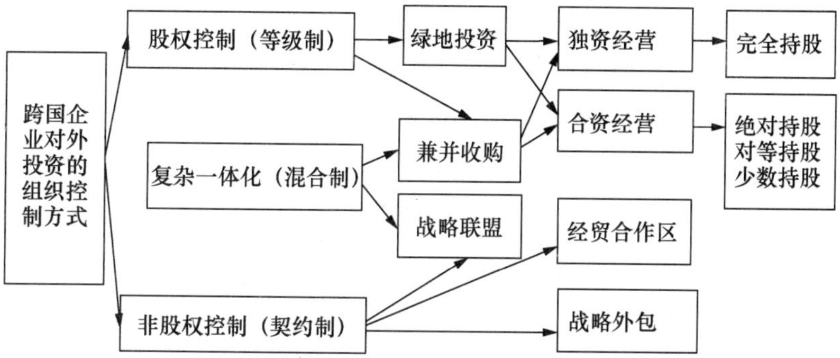

图 4－2　企业对外投资的组织控制方式

如图 4－2 所示，当前创新对外投资的组织控制方式主要有三种：一是等级制（股权控制，如兼收并购或绿地 FDI）；二是契约制（契约控制，如战略联盟、外包等）；三是混合制（复杂的一体化战略，境外经贸合作区）。

二　理论分析框架的构建

图 4－2 表明，对外直接投资活动实际上受到微观生产组织方式的协调与控制。由此产生的问题是，不同的对外投资方式，其微观生产组织控制机制是什么，是市场协调还是权力协调？其权力来源又是什么？

按照 Hymer（1960）、Markusen（2002）、Helpman（2006）等的观点，在全球生产体系下，跨国公司始终扮演中心角色和主导地位。企业权力是协调与控制对外投资活动的内生机制，体现在：对等级制的海外并购或绿地 FDI 来说，其组织控制天然是通过企业权威或权力进行的；对契约制的战略联盟或离岸外包来说，其组织协调与控制也是通过企业权力约束和影响进行的。因为在国际生产体系下，将投资经营过程分散到不同空间区位（Jones & Kierzkowski，1990），每个企业都“有可能受到与企业内外的其他活动之间的联系和相互关系的影响”，“企业之间要就如何利用这些联系和如何分此产生的利益而达成协议就可能困难重 10 重”（Porter，1985）。因此，契约制的组织方式也是一种企业权力协调，但这种权力协调不是通过等级权威关系，而是通过企业间网络的价值链条，由粗到细的互利行动和权力影响来进行的。

关于企业权力来源问题，依据演进经济学派和基于资源的企业能力理论，对外投资体系下企业的本质（nature）已经发生了变化，它不仅仅是一组物质资产集（Grossman & Hart，1986）或关键物质或人力资产集（Rajan & Zingales，1998），而是一组有组织特征的独特资源与能力组成的集合体。换言之，对外投资生产体系之所以存在，是因为它们拥有特定的资源与能力，体现为异质性的物质资产、无形资产和组织资源。这里，物质资产包括货币资本或以物质资本形式体现为资产负债表中的实物，如房地产、设备、原材料、存货等；无形资产包括人力资本、声誉、品牌、文化、技术、专利和商标等，其中企业积累起来的知识、经验和技能等企业核心能力，是企业最重要的无形资产；组织资源主要体现为一种组织能力，是资产与人员、组织投入产出过程的复杂结合，运用到企业的物质生产与交易技术上，其中组织制度或机制是组织资源的重要体现。这就是说，物质资产所有权、组织资源和无形资产是跨国企业的三个权力来源，这些要素一起赋予国际生产组织相应的权力关系和权力地位，依次表现为财产所有权、网络进入权、价值链分解权，相应的权力机制依次为股权控制、组织机制控制、能力控制（洪联英，2012），如图 4-3 所示。

在对外直接投资活动中，企业组织控制是以财产所有权、网络进入权或价值链分解权为基础，不同的对外投资组织方式，可以通过综合利用企业股权控制、组织机制控制和企业能力控制三种权力机制，有效协调与控制、激励与约束境外企业跨国经营和并购后的整合竞合行为。如对海外并购或绿地 FDI 等级制的投资方式来说，可以通过股权控制和组织机制控制，有效激励约束境外 FDI 企业内的生产经营整合行为；而对战略联盟，或外包等契约制的投资方式来说，可通过能力控制和组织机制控制，有效协调海外投资企业间的有限分散决策活动。而对于复杂一体化战略和境外经贸合作区建设等混合制的投资方式来说，可通过股权控制、组织控制和能力控制，有效协调或控制海外投资企业集群的投资活动。

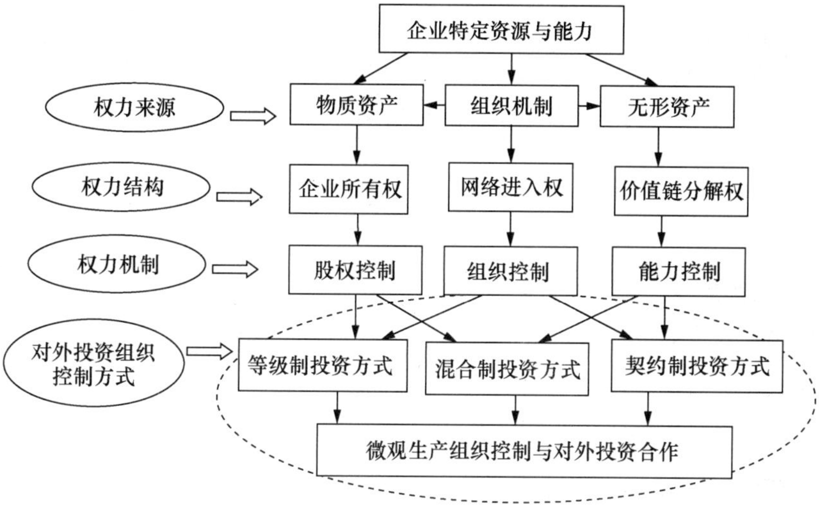

图4-3　对外直接投资与微观生产组织控制分析框架

进一步，本书依据对外投资与国际生产组织控制分析框架，将作用机制划分为三种：（1）投资前导向企业理性选择对外投资方式机制；（2）投资后激励约束网络中企业群的整合竞合机制；（3）经营中确保东道国伙伴努力合作的保障机制。

第五章　企业海外并购与组织控制：理论与实证

本章将从我国最主要的对外投资创新方式——海外并购，论证企业所有权制度安排对海外并购及其整合的组织控制机理，并通过计量模型和经验分析，实证检验企业对外投资方式的选择机制，厘清海外并购后整合及当地伙伴合作机制的组织问题及障碍。

第一节　引　言

自2005年以来，中国企业海外并购的案例数量、投资规模和投资金额都呈快速增长趋势。有数据显示，2008年以来的5年间，中国企业海外并购数量分别为126起、144起、188起、206起和191起，基本保持在数量较大、增长较快的水平；金额从2008年的103亿美元迅速增长至2012年的652亿美元，5年间增加5倍多。从并购行业范围来看，中国企业海外并购涉及行业达到了28个，2012年则在26个行业开展了并购项目。2000年，中国企业只有7起海外并购活动，总交易额仅为8068万美元。2011年，中国企业共完成110起海外并购交易，与2010年相比增长93%；并购金额达到429亿美元，同比增长12%。2012年，中国海外投资实现大幅增长，全年共宣布329起；中国企业海外并购业务总金额达创纪录的652亿美元，同比上升54%。然而，根据商务部研究院对外投资合作研究所的研究，截至2012年年底，中国企业跨国并购的成功率约为40%。换言之，中国企业跨国并购的成功率并不高，在“走出去”过程中面临众多不确定性因素和难以控制的风险，严重影响到我国海外投资的发展进程和“走出去”战略的顺利实施。

然而，如第二章文献所述，现有文献对海外并购的模式、动因、决定因素、整合风险、经营绩效等问题进行有益的讨论和探索，为研究中国海外并购问题提供理论基础和启示，但这些研究主要关注企业海外并购的投资经营决策问题。事实上，国际市场是不完全的（Hymer，1976），企业“走出去”进行海外并购，需要同时解决两大关键问题：一是投资经营决策问题，二是组织控制问题。按照联合国贸发会议的定义，与间接投资不同，掌握经营权或经营控制权、实现超额组织租金，是企业进行对外直接投资的根本内涵。这就是说，在海外并购生产中，企业不仅是交易投资者，更是生产经营主导者或控制者；不仅需要企业所有权优势，还需要较强的内部化能力和组织控制机制，否则，即使在政府推动下能够顺利走出国门，却也难以维持可持续发展。因此，本节尝试从微观生产组织控制新视角，构建海外并购生产模型，厘清海外并购的微观生产组织控制机理，并对中国企业的海外并购实践进行经验实证，分析当前中国海外并购过程中存在的微观企业问题与组织障碍，从而为加快推进海外并购经营整合问题研究，提供新的理论依据和政策启示。

第二节　企业海外并购发展的经验描述

一　海外并购发展历程

如图 5－1 所示，中国企业的海外并购开始于 20 世纪 80 年代，自并购活动开始到 2002 年以前发展都比较缓慢，无论规模还是数量都是寥寥无几。2002 年之后，随着中国的对外开放程度进一步深入，我国企业掀起了一股海外并购浪潮。因此，以并购活动的活跃程度和规模为标准，我们将中国企业的海外并购发展历程分为两大阶段：

一是起步阶段（1986—2002 年）。1986 年 9 月，中信公司在加拿大利用当地银行贷款以参股 50% 的形式投资 4700 万加元与加拿大一家公司合资收购了塞尔加纸浆厂，由此揭开了中国企业跨国并购的序幕。1997 年后，中国企业海外并购开始了较为稳定的起步发展阶段。2001 年 8 月，万象集团以 280 万美元收购美国 UAI 公司，成为国内第一家涉足海外并购的民营企业。2001 年 6 月，海尔集团收购了意大利迈尼盖蒂集团的宜家电冰箱厂，成为中国第一家到欧洲并购工厂的企业。

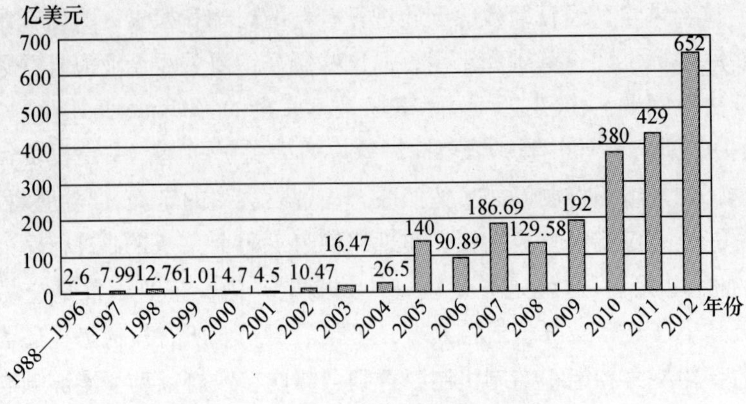

图 5－1　中国海外并购发展变化趋势

资料来源：根据中国统计年鉴、历年对外直接投资统计公报和清科数据库整理。

这一阶段，中国的海外并购活动实际处于探索阶段，并购动机大多基于国家战略规划和自身发展需要，具有以下四个特点：一是并购规模小，数量少。1997—2001 年上半年，中国国内共发生海外并购 26 项，交易金额也只有 9 亿元人民币。二是海外并购的目标地区以亚洲地区为主，其次是北美，主要集中在中国香港、印度、美国、加拿大等地。三是所涉及的行业主要是航空、矿产资源等少数垄断性行业，但逐渐扩大到机电、医药和网络行业。四是海外并购的主体大多为大型国有企业，如中化、中信、首钢集团、海尔等，民营企业、乡镇企业也逐渐参与到海外并购的浪潮中来，并购主体呈现多元化趋势。五是行业和产品主要集中在受目标国家欢迎的机电和纺织等产品上。

二是发展阶段（2002 年至今）。2000 年我国在“十五”计划中明确提出了“走出去”战略。2002 年被称为“中国并购元年”，当年并购交易总额达 10.47 亿美元。2002 年以后，中国企业海外并购才开始步入正常轨道，2005 年达到 14 亿美元的历史高点，被国外称为中国海外并购年。2006 年起中国企业海外并购进程开始加快。其间，虽然经历了由美国次贷危机引发的全球性金融危机的影响，但中国企业的海外并购无论从交易的数量还是交易金额来看都展现了上升发展的良好趋势，成为我国对外投资的主要方式。

较之前一阶段，中国企业的海外并购与发生了明显的变化。主要体现在以下几方面：一是规模和数量都达到了前所未有的发展程度。2004 年，仅联想收购 IBM 个人业务一项交易金额即达 17.5 亿美元；2005 年高达 140 亿美元，被称为中国海外并购年；2009 年仅中国铝业集团注资澳大利亚力拓集团一项资金金额就达到 195 亿美元。二是民营企业快速增长，海外并购活动日益频繁。三是中国企业海外并购主要以横向并购为主，2001 年以后的海外并购事件中，几乎所有都属于横向并购。四是行业领域相对集中，主要发生在以下领域：一是资源类企业并购，如中石化、中海油、中石油三大企业对境外油气田权益的收购；二是国内煤炭的等矿产企业对境外矿区权益的收购；三是机械、家电、石化、电信等优势产业的国内名牌企业，对国外同类型企业开展的纵向并购。

二　海外并购主要特征及发展趋势

（一）总体规模呈现上升趋势

自 2005 年海外并购高达 140 亿美元至今，我国海外并购总体在规模和数量上都一直呈现出上升趋势。如图 5－1 显示，2006 年当年并购事件共有 17 起，并购交易额达 90.89 亿美元。2007 年共发生海外并购 37 起，同比增加 117.6%，交易总额则达到了 188.69 亿美元，较前一年增加了 105.4%。2008 年在金融危机的影响下，海外并购交易数量同比减少了 18.9%，为 30 起，交易金额为 84.69 亿元，同比减少了 54.64%。2009 年，海外并购交易共有 38 起，披露的交易总额为 192 亿美元，同比增长 90.1%。2010 年我国共完成海外并购 57 起，同比增加 50%，披露的总金额达 380 亿美元，同比增长 98%。2011 年海外并购交易数量达 110 起，同比增长 93%，并购交易金额达到 429 亿美元，同比增长 12%。2012 年中国海外投资实现大幅增长，全年共宣布 329 起，交易业务总金额达到创纪录的 652 亿美元，同比上升 54%，相当于国内及海外并购交易活动总金额的 1/3，创下了历史最高纪录。

（二）并购主体以国有企业为主，多元化趋势明显

我国市场化经济改革实施 30 多年来，政府对经济活动的主导依然强大。在海外并购方面主要表现在并购主体以国有和大型、超大型企业为主。在我国企业海外并购之路开始之初，一批带有垄断色彩的国有企业依靠政府的支持和雄厚的资本最早涉入海外并购。

表 5－1 显示，2012 年前三个季度发生的海外并购案例中，国有大型企业、超大型企业占据了总体并购数量的 54.3%，并购金额占到了总并购金额的 85.9%；中央企业的平均并购金额达到了 1398.04 美元，远远

超过民营企业。不难看出，现今并购主体仍以国有企业为主，在并购当量和金额上占据绝对优势。但也应看到，随着“走出去”战略的深入实施，越来越多的民营企业、乡镇企业得到政府的政策支持和鼓励，开始积极参与到海外并购活动中去，我国的海外并购主体呈现明显的多元化趋势。例如：比亚迪在荷兰设立欧洲总部；万达集团斥资31亿美元收购全球排名第二的美国院线AMC全部股权。2012年，中国民营企业交易活动总额较2011年增长了171%，民营企业越来越多地进行更大规模的并购交易，标志着民营企业将成为中国企业海外并购活动的重要推动力。

表5-1　　中国企业海外并购主体类型分布统计

企业类型	案例数（总起）	占比（%）	案例数（披露金额）	并购总额（USMYMM）	占比（%）	平均并购金额（USMYMM）
中央企业	35	13.2%	32	44737.34	58.2%	1398.04
国资企业	109	41.2%	89	21270.91	27.7%	239，00
民营企业	118	44.5%	83	10569.03	13.8%	127.34
未披露	3	1.1%	1	235.85	0.3%	235.85
总计	265	100%	205	76813.16	100%	360.63

资料来源：根据清科研究中心2012年8月数据整理。

（三）并购行业领域相对集中，但分布趋于广泛

中国“十二五”规划能源行业建议中明确提出加强国际能源合作，能源行业跨境并购持续升温对中国企业开拓海外市场奠定了良好的发展基础。据权威资料统计，近年来，许多大型并购案例都出现在能源行业。2011年5月11日，兖州煤业股份有限公司以37.9亿美元的价格收购Whitehaven Coal Limited（WHC. ASX）的案例是当年交易金额最大的一起案例。为保证我国能源安全供应，中央型国有企业海外并购集中于矿业。非中央型国企和民营企业海外并购则主要集中在制造业：2012年1月，三一重工斥资26亿收购普茨迈斯特；2012年9月，潍柴动力斥资7.38亿欧元入股德国凯傲集团。

图5-2显示，从并购交易数量看，能源及矿业海外并购占比达28%，居于首位。制造业和IT行业分别以占总体并购数量的21%和10%，居第二和第三。此外，汽车行业、连锁经营、互联网、金融行业

等也逐渐在海外并购活动中崭露头角，表明海外并购的行业分布越发广泛。

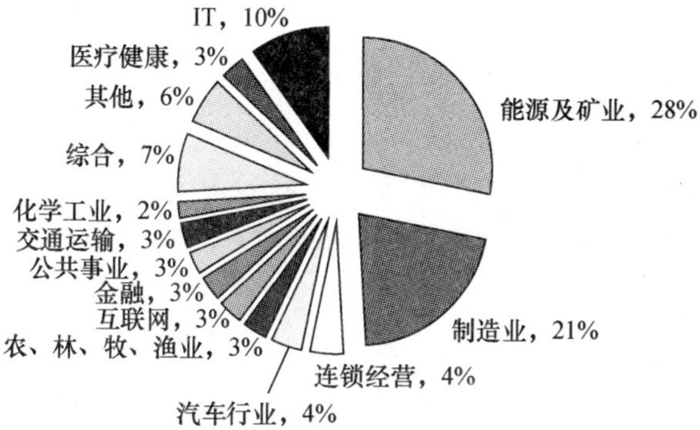

图5-2　2006—2011年中国企业海外并购交易数量按行业分布

资料来源：根据CV Source 2011年11月的数据整理。

图5-3显示，从并购金额来看，能源及矿业行业更是拥有绝对优势，占比达72%。因此，无论是从案例数量还是交易规模上，能源矿业海外并购在海外并购市场中居于主导地位。

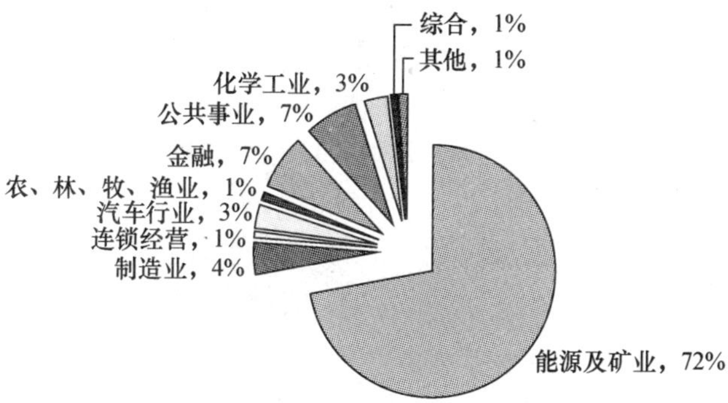

图5-3　2006—2011年按行业分布的中国企业海外并购交易规模

资料来源：根据CV Source 2011年11月数据整理。

在国内经济转型、消费升级拉动背景下，中国企业出境并购也逐渐转向海外市场的化工、IT、消费品等行业，以寻求新技术引入或产业链的补充，如2011年6月1日，联想集团以2.31亿欧元收购德国消费电子制造企业Medion AG（MDN.ETR）的36.66%股权；2012年11月2日，光明食品以约67.7亿元人民币的总金额完成了收购英国著名食品企业维他麦60%的股权交割，创造了中国食品行业海外并购最大规模的纪录。由此我们看到，除了资源类企业，其他行业也开始广泛地涉足海外并购，中国的海外并购活动行业分布日益广泛。

（四）目标国以亚洲为主，但区位选择趋向合理

中国企业海外并购的目标国主要集中在亚洲和西方发达国家。如在统计2011年的91起海外并购事件中，42.11%的并购发生在北美洲国家，其中主要是美国；其次是欧洲，在统计的事件中占27.63%；再次是亚洲，在统计的并购事件中占17.11%。2012年则发生了变化，欧洲仍是主要目标国地区，占46.15%，而亚洲排名从第三升为第二占了23.08%，然后是大洋洲占15.38%，南美洲和北美洲各占了约7.69%。

图5-4显示，在2003—2012年期间，从并购金额来看，35.4%的海外并购案例发生在亚洲；29.1%的并购案例发生在北美洲；20.3%的并购案例发生在欧洲。最少的地区是在南美洲，仅占1.9%。

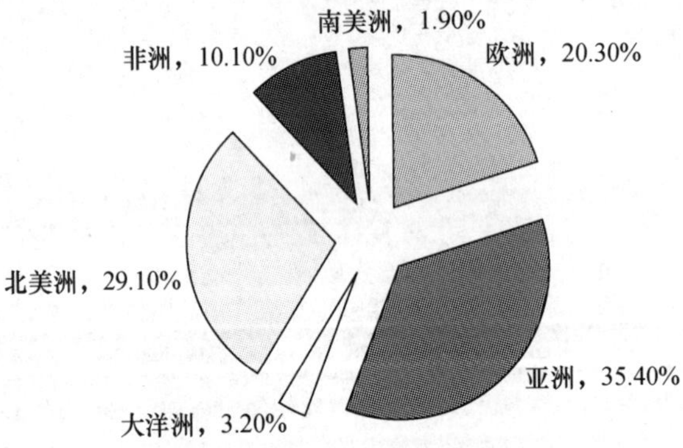

图5-4 2003—2012年中国企业海外并购投资区位分布（按金额划分）

资料来源：根据Unctad，World Investment Report（历年）整理所得。

图5-5显示，从并购数量来看，亚洲地区占比达36.4%，在海外并购活动中仍然占据主导地位。北美洲次之，占到总体并购数量的34.7%。大洋洲以28.7%的比例位居第三。

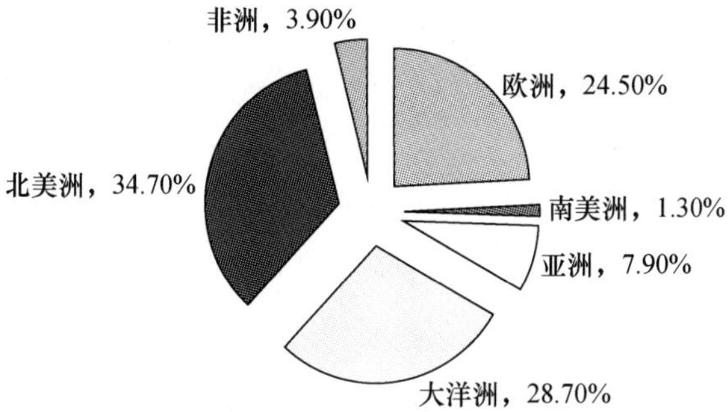

图5－5　2003—2012年中国企业海外并购投资区位分布（按数量划分）

资料来源：根据Unctad，World Investment Report（历年）整理所得。

图5－4和图5－5表明，无论是从并购金额还是并购数量，目前我国企业海外并购的目标国主要是以亚洲为主，但对北美洲、欧洲和大洋洲的投资发展迅速。近年来，欧美等发达国家以广阔的市场、先进的技术吸引了中国企业的海外并购，尤其是制造业和信息技术产业。以2009年完成的海外并购事件为例，有12起的投资对象是美国的服装、消费行业，5起是澳大利亚的采矿业。这表明中国企业海外并购的区位选择开始具有与行业选择相结合的特征，不再集中于某一个特定地区，选择趋向合理和均衡。

（五）海外并购方式注重股权控制，以横向并购为主

（1）按照并购方与被并购方的行业关系，可将并购分为横向并购、纵向并购及混合并购。目前，我国企业主要以横向并购为主、纵向并购次之，混合并购较少。如图5－6所示，2003—2012年我国发生的280件海外并购案例中，其中横向并购所占比例高达79.61%，纵向并购约为13.59%，而混合并购仅为6.8%。

2011年11月25日中国石化用51.8亿美元收购Galp能源30%的股权，双方同属于能源行业，是典型的横向并购；2009年3月27日吉利汽车以4.74亿澳元收购澳大利亚自动变速器公司DSI，则属于典型的纵向并购；而神州通信（电信）收购奥美（游戏）51%的股权，两者虽行业不同，但都是各自行业中的佼佼者，它们的结合属于混合并购。

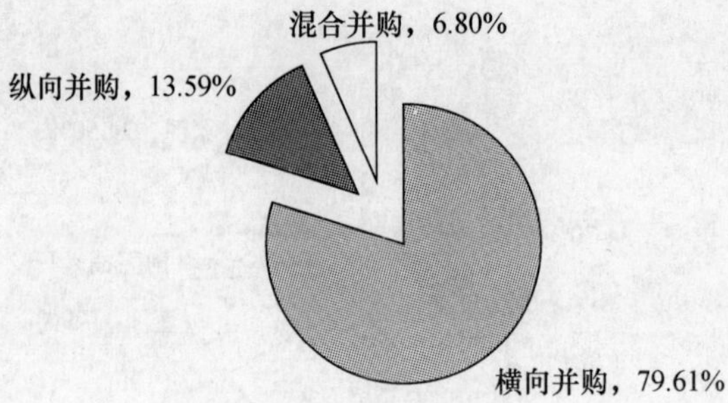

图5-6　2003—2012年中国海外并购方式（按行业关系）

资料来源：根据 Zero 2 IPO Database 数据库中跨国并购数据整理。

（2）按照并购中使用的法律和税收框架，可将其分为资产收购、股权收购和兼并。如图5-7所示，2003—2010年期间，我国海外并购数百案例中，以股票形式进行收购的约占57.28%，以资产直接收购的为33.98%，而采取兼并形式的仅为8.74%。

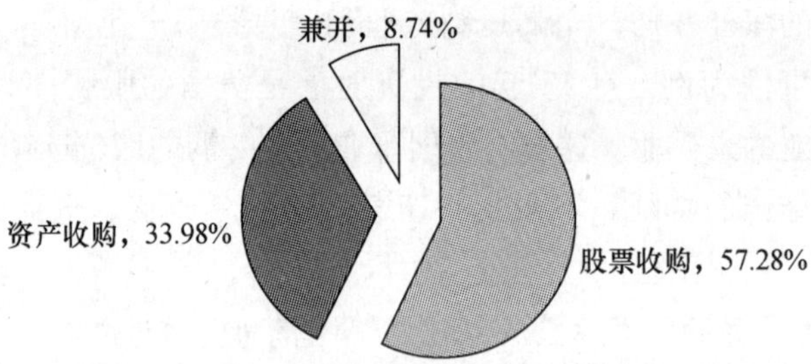

图5-7　2003—2010年我国海外并购方式（按法律和税收框架）

资料来源：中国企业海外并购案例库。

以中海油为例，2003年11月4日，中海油以价值300亿澳元的协议，中海油购买在 GORGON 未来25年间高达1亿吨的液化天然气，这属于资产收购，除能得到对方的资源之外，还能直接取得技术方面的优势。2012年2月1日腾讯斥资2695万美元购进游戏公司 Level Up 49%的股权，则是通过与在当地的新兴市场有一定优势的网络公司合作，以股票收购的形式达到更快深入巴西以及菲律宾的网络市场，寻觅到更多的机会的目的。而阿里巴巴首次在美国成功兼并电子商务软件和服务供应商 Vendio 公司，则属于第三种方式。三者中，兼并收益最快但风险最大。

（3）按照并购活动的直接与否可分为直接并购和间接并购。直接并购是指参与并购的企业向目标企业直接提出要并购要求，并签订协议达成交易的方式。间接并购是指企业并不直接向对方提出并购的要求，而是通过购买目标企业的股票方式来达到控制目标企业的目的。

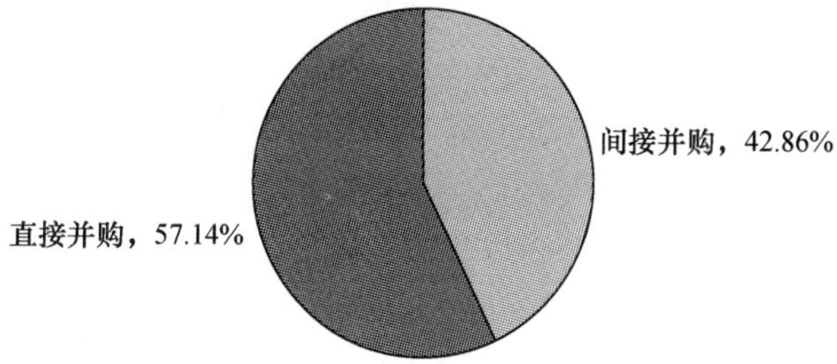

图5－8　2002—2010年机床制造业并购方式分布

资料来源：2002—2010年《中国工业报》。

如图5－8所示，在2002—2012年期间中国机床制造业中发生的14次重大并购事件中，其中57.14%为直接并购，42.86%则为间接并购，直接并购数量占比较高的事实表明，我国现阶段企业越来越重视对并购资产和经营活动的直接控制。

在这些并购案例中，我国企业多为规模较大的机床企业，如大连机床集团公司、沈阳机床集团公司、哈尔滨量具刃具集团有限公司、北京第一机床厂。而目标公司多集中在发达国家，其中德国最多，可见发达国家的机床业的门槛不高，开放度较高。

（六）海外并购发展势头好，但失败率高

根据Thomson ONE Banker数据库，我们整理得出图5－9，我国1982—2012年海外并购案例中失败与成功的案例比较情况。1982—1991年中国对外开放程度不高，此时对外投资不为大家所接受，所以仅发生33件并购事件，其中成功27件，失败5件。1992—2001年企业开始逐步走出国门，将目光投向海外，期间共发生341件并购案例，其中成功225件，失败116件。2002—2012年中国企业海外并购事件明显增加，共发生1745件并购事件，其中成功1007件，失败738件。这些表明我国并购势头好，但失败案例高发。

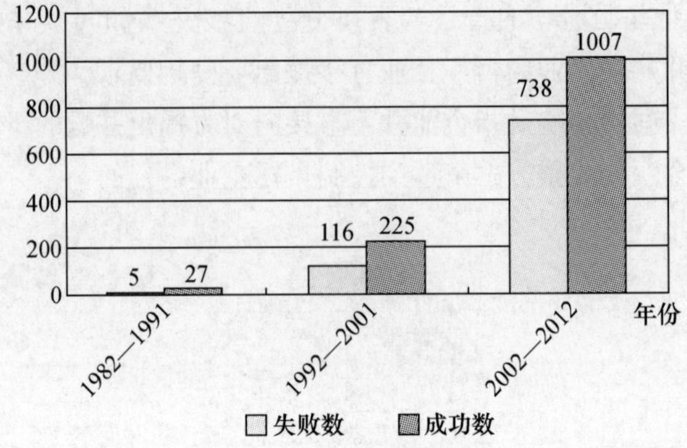

图5-9　1982—2012年中国企业海外并购成功与失败数量比较

资料来源：Thomson ONE Banker 数据库。

第三节　海外并购的微观生产组织控制机制分析[①]

一　基本模型与假定条件[②]

我们假设在一个由母国N和东道国S经济组成的世界经济体系中，存在两个由n个连续变体所构成的差异产品行业Y和Z，其中Y为资本密集性，Z为劳动密集性，劳动和资本可以无弹性供应且在行业间自由流动，但只有母国的最终产品商拥有生产最终产品的整套生产技术。假设母国和东道国的工资水平分别为w_N和w_S，消费者对差异产品的消费偏好满足Dixit-Stiglitz函数，即：

$$U = \left\{\int_0^{nY} y(i)^\alpha di\right\}^{\mu/\alpha} \left\{\int_0^{nz} z(i)^\alpha di\right\}^{(1-\mu)/\alpha},\ \alpha,\ \mu \in (0,\ 1). \tag{5.1}$$

两国的行业支出分别为$E_S = \mu E$，$E_N = (1-\mu)E$。在偏好条件约束下，两国对Y、Z行业第i种差异产品的最终需求为：

$$\begin{aligned} y(i) &= A_j p(i)^{-1/(1-\alpha)} \\ z(i) &= A_j p(i)^{-1/(1-\alpha)} \end{aligned} \quad 其中\ A_j = E_j \Big/ \int_0^n p(j)^{-\alpha/(1-\alpha)} dj,\ j \in (N,\ S) \tag{5.2}$$

① 本部分内容拟公开发表在《管理世界》2015年第8期。

② 本节基准模型是笔者发表在《经济学》（季刊）（2010年第1期）成果基础上的修正。

式中，p 为商品价格、$\varepsilon=1/(1-\alpha)>0$ 为需求弹性，A_j 代表 j 国家的需求水平。对企业来说，A 可视为一个给定的外生变量。

假设最终产品 $y(i)$ 和 $z(i)$ 的生产都需要一个特定的投入品 $X_k(i)$，$k\in\{Y,\ Z\}$，如果生产的投入品是高质量的，最终产品商不需要进一步的成本，则有 $y(i)=X_Y(i)$，$z(i)=X_Z(i)$；反之，如果生产出来的投入品是废次品，最终产品商的产出为 0。假设每种中间投入品的生产都需要资本和劳动两种要素，生产技术满足 Cobb - Douglas 生产函数：

$$X_k(i)=\theta_k\left(\frac{K_{x,k}(i)}{\beta_k}\right)^{\beta_k}\left(\frac{L_{x,k}(i)}{1-\beta_k}\right)^{1-\beta_k},\ 0<\beta_k<1,\ k\in\{Y,\ Z\} \tag{5.3}$$

式中，$K_{x,k}(i)$ 和 $L_{x,k}(i)$ 表示资本和劳动的投入数量，θ_k 表示 $X_k(i)$ 的生产率水平，β_k 表示 $X_k(i)$ 的资本密集度，$(1-\beta_k)$ 为劳动密集度。由于假设 Y、Z 分别为资本、劳动密集性行业，故存在 $\beta_Y>\beta_Z$。

假设生产技术可分，$X_k(i)$ 为可贸易品，即可安排在母国生产，也可以分解到东道国生产，但需要一个固定成本，并且随着 $X_k(i)$ 规模增加而增加（Antràs，2003），即用 $fr^{\beta_k}w^{1-\beta_k}$ 表示，r 表示资本租金率，而 w 表示工资率，且 $f_O<f_E$（下标"O"表示母国，"E"表示东道国）。此外，设 $X_k(i)$ 的运输成本为 $\tau_k(i)\geqslant 1$［国内贸易 $\tau_k(i)=1$］。这样，按照式（5.3）技术条件进行高质量生产，通过交易流通，最终产品商按照式（5.2）销售产品后，企业所得收入为：

$$R_k=\tau_k^{-\alpha}\theta_k^{\alpha}A_k^{1-\alpha}\left(\frac{K_{x,k}(i)}{\beta_k}\right)^{\alpha\beta_k}\left(\frac{L_{x,k}(i)}{1-\beta_k}\right)^{\alpha(1-\beta_k)},\ k\in\{Y,\ Z\}. \tag{5.4}$$

按照 Grossman 和 Hart（1986）以及 Hart 和 Moor（1990）产权理论，企业所有权赋予了资产所有者剩余控制的权力，"可以按任何不与先前的合同、惯例和法律相违背的方式决定资产使用方法的权力"（哈特，1998）。这就是说，如果最终产品商选择等级制 FDI 生产控制模式来获取 $X_k(i)$ 时，能够减少双边套牢问题，降低资产分散化所带来的风险。但是，最终产品商在实施所有权控制的同时，也会产生一个边际治理成本 $\lambda>1$，而且同可变成本一样，是随规模的增大而增加。相反，如果最终产品商放弃所有权控制，选择契约制外包生产控制模式来获取 $X_k(i)$ 时，可以节省因所有权控制所发生的代理问题和相关治理成本（取 $\lambda=1$），但不能降低因不完全契约所产生的套牢问题，而且由于国外契约环境通常比国内复杂，也面临更大资产分散化风险。因此，最终产品商需要在所有权控制收益与治理成本之间权衡，表现在微观生产组织结构选择上，是安排在母国（简记O）还是东道国生产（简记E）、以等级制FDI生产模式（简记V）还是契约制外包生产模式（简记O）来实现对$X_k(i)$的获取。设φ，$(1-\varphi)$分别为最终产品商与供应商讨价还价所得的剩余份额，则企业最优化问题可以写成：

$$K^l_{x,k,g}(i)=\text{argmax}_{K_x}\{\varphi^l_g R_{k,g}(\theta_k,\ K_{x,k}(i),\ L^l_{x,k,g}(i))-rK_{x,k}(i)\}$$
s. t.
$$L^l_{x,k,g}(i)=\text{argmax}_{Lx}\{(1-\varphi^l_g)R_{k,g}(\theta_k,\ K^l_{x,k,g}(i),\ L_{x,k}(i))-wL_{x,k}(i)\} \tag{5.5}$$

显然，在利润函数$X^l_{k,g}(\theta,\ \beta,\ \lambda)$中，生产率水平$\theta_k$代表企业特征，资本密集度代表行业特征，治理成本系数λ_k表示国际市场经营环境特征。

二　企业行为与海外并购的组织控制方式选择

按照式（5.5），最终产品商选择组织租金最大化的国际生产组织安排。此外，为了简化起见，本书将混合制组织控制方式看成是等级制和契约制的组合，故以下主要讨论等级制和契约制两种组织控制方式。

（一）选择等级制生产控制方式

在这种生产组织结构中，最终产品商选择自己拥有加工企业所有权，X_k（i）的生产与贸易是在一体化企业内部进行。即使双方合作关系破裂，最终产品商有权选择解雇供应商经理和决定资产的使用权，由此获得的机会收益为$\delta^\alpha R$（·）①，其中，$\delta\in(0,\ 1)$表示最终产品商拥有的剩余权份额。但对被一体化的供应商来说，在关系专用性投资条件下，被解雇时其外部选择机会是0，其机会收益也为0。双方预期收益份额分别为：最终产品商为$\varphi_{V,k}=\delta^\alpha+\varphi(1-\delta^\alpha)>\varphi$，被并购的供应商为（$1-\varphi_{V,k}$）。按照这一预期比例，最终产品商选择资本投入的数量将满足$\varphi_{V,k}R(\cdot)-rK_{x,k}(i)$，供应商提供的劳动投入将满足$(1-\varphi_{V,k})R(\cdot)-wL_{x,k}(i)$。结合式（5.4），可得出行业中双方的最优投入水平：

$$\begin{aligned}K_{V,k}(i)&=\alpha\varphi_{V,k}\beta_k R(\cdot)/r\\ L_{V,k}(i)&=\alpha(1-\varphi_{V,k})(1-\beta_k)R(\cdot)/w\end{aligned} \tag{5.6}$$

---

① 按照Helpman（2006），一体化最终产品商的外部选择收益为δ^α而不是δ，是由于销售商品的收益函数具有凹性，收益作为数量x的一个函数和x^α成比例，其中，α决定了需求弹性$\varepsilon=1/(1-\alpha)$，$0<\alpha<1$。

在这一模式下，最终产品商虽然拥有对一体化供应商的所有权控制，却得承担对供应商的事前固定资本投资支付 f_V 和相应的治理成本 λ_k，由此，生产均衡时的价格和最终产品商的预期利润为：

$$
\begin{aligned}
p_{V,k} &= \frac{\tau_k \lambda_k \theta_k r^{\beta_k} w^{1-\beta_k}}{\alpha \varphi_{V,k}^{\beta_k} (1-\varphi_{V,k})^{1-\beta_k}} \\
\pi_{V,k} &= A_k \theta_k^{\alpha/(1-\alpha)} p_{V,k}^{-\alpha/(1-\alpha)} [1-\alpha\gamma_{V,k}] - f_{V,k} r^{\beta_k} w^{1-\beta_k}
\end{aligned}
\tag{5.7}
$$

式中，$\gamma_{V,k} = \varphi_{V,k}\theta_k\beta_k - (1-\varphi_{V,k})(1-\theta_k)(1-\beta_k)$。

（二）选择契约制生产控制方式

在契约制生产控制模式的组织结构中，最终产品商将所有权安排给加工企业，$X_k(i)$ 的投资生产是在外包的独立企业之间进行。双方都拥有对投入品自主投资生产的控制权力。一旦契约关系破裂，双方的外部选择均为0，结果纳什均衡实现时，各方获得的联合剩余仅由关系准租金来决定。由于最终产品商在契约制外包模式下的谈判能力较一体化模式要弱，在讨价还价中获得的预期收益份额为 $\varphi_{O,k} = \varphi(<\varphi_{V,k})$，外包供应商获得预期收益份额为（$1-\varphi_{O,k}$）。与等级制模式情形类似，按照这一收益份额进行最大化要素投入，可得契约制生产控制模式下的双方最优投入水平：

$$
\begin{aligned}
K_{O,k}(i) &= \alpha\varphi_{O,k}\beta_k R(\cdot)/r \\
L_{O,k}(i) &= \alpha(1-\varphi_{O,k})(1-\beta_k) R(\cdot)/w
\end{aligned}
\tag{5.8}
$$

在这种所有权安排下，虽然最终产品商放弃对供应商的剩余控制权收益，却节省因所有权控制产生的治理成本。因此，国际生产均衡时的价格和最终产品商的预期利润为：

$$
\begin{aligned}
p_{O,k} &= \frac{\tau_k \theta_k r^{\beta_k} w^{1-\beta_k}}{\alpha \varphi_{O,k}^{\beta_k} (1-\varphi_{O,k})^{1-\beta_k}} \\
\pi_{O,k} &= A_k \theta_k^{\alpha/(1-\alpha)} p_{O,k}^{-\alpha/(1-\alpha)} [1-\alpha\gamma_{O,k}] - f_{O,k} r^{\beta_k} w^{1-\beta_k}
\end{aligned}
\tag{5.9}
$$

式中，$\gamma_{O,k} = \varphi_{O,k}\theta_k\beta_k -$（$1-\varphi_{O,k}$）（$1-\theta_k$）（$1-\beta_k$），$f_{O,k}$ 为契约制生产模式下事前固定投入成本。

三　均衡条件分析

（一）母国与东道国的均衡选择

按照 Melitz（2003）的生产率异质性理论，生产率作为企业的主要特征，是企业升级和产业发展的根本，生产率差异是企业异质性产生的根源。最终产品商自由进入国际市场条件 $\theta \geqslant \underline{\theta}_k$，$\underline{\theta}_k \in (0, \infty)$ 为企业生产率水平的进入门槛值。此时，最终产品商退出并购市场需要承担的沉淀成本为进入国际市场的前期固定成本，则有：

$$\int_{\underline{\theta_k}}^{\infty} \pi(\theta,\beta,\lambda)\, dG(\theta) = wF_E \tag{5.10}$$

从国际生产组织控制方式上考虑，这一均衡只需要在母国契约制生产控制方式与在东道国等级制生产控制方式之间进行比较，结合式（5.10）和式（5.7）得：

$$w_S^{(1-\alpha\beta_k)/(1-\alpha)} = A_k\left[\frac{\tau_k \lambda_k r^{\beta_k}}{\alpha\varphi_{V,k}^{\beta_k}(1-\varphi_{V,k})^{(1-\beta_k)}}\right]^{-\alpha/(1-\alpha)} \frac{[1-\alpha\gamma_{V,k}(U(\infty)-U(\theta_{V,k})]}{F_E+f_{V,k}[1-G(\theta_{V,k})]} \tag{5.11}$$

式中，$U(\theta)=\int_0^{\theta} y^{\alpha/(1-\alpha)}dG(y)$，$G(\theta)$ 表示生产率$\bar{\theta}_k\in(0,\infty)$服从 G 分布。

结合式（5.10）和式（5.9）得：

$$w_N^{(1-\alpha\beta_k)/(1-\alpha)} = A_k\left[\frac{\tau_k r^{\beta_k}}{\alpha\varphi_{O,k}^{\beta_k}(1-\varphi_{O,k})^{(1-\beta_k)}}\right]^{-\alpha/(1-\alpha)} \frac{[1-\alpha\gamma_{O,k}U(\infty)-U(\theta_{O,k})]}{F_E+f_{O,k}[1-G(\theta_{O,k})]} \tag{5.12}$$

通常情况下，只有当 $w_S<w_N$，投入品才将安排在东道国投资生产，取 $f_{V,k}=f_{O,k}$，$\tau_{O,k}=1$ 时，结合 $\varphi_{V,k}=\delta^{\alpha}+\varphi_k(1-\delta^{\alpha})$，$\varphi_{O,k}=\varphi\ (<\varphi_{V,k})$，通过式（5.11）/式（5.12）相比，并由 $\partial B(\cdot)/\partial(\theta_k)=0$ 可知，可得这一比率为：

$$B(\theta,\beta,\lambda,\tau)=\theta^{\alpha/(1-\alpha)}G(\theta)[1+(1-\delta^{\alpha})(\beta-\varphi)]\left(\frac{1-\delta^{\alpha}}{\tau\lambda}\right)^{(1-\alpha)/\alpha}\left(1+\frac{\delta^{\alpha}}{\varphi(1-\delta^{\alpha})}\right)^{\beta(1-\alpha)/\alpha}>1 \tag{5.13}$$

由于 G 分布是一种第 I 型极值分布，为 S 形单调上升曲线。从 B（·）表达式可以看出，$B(\cdot)$ 是随τ和 λ 的增大而递减，但随 θ 和 β 的增大而增加；特别是，当$\tau\lambda<1$，β 一定，当$\underline{\theta}<\theta_k$ 时，$B(\cdot)$ 为 S 形单调上升曲线，即 $B(\cdot)$ 与 θ_k 变化方向一致，但存在一个拐点 $\hat{\theta}$，当 $\theta_k<\hat{\theta}$ 时，它是凹的下 S 曲线；当 $\theta_k>\hat{\theta}$ 时，它是凸的上 S 曲线。由此可得：

命题 1：当$\tau\lambda$ 和 β 一定时，企业生产率 $\hat{\theta}\in(\bar{\theta},\infty)$ 存在一个临界

点，使得如果 $\underline{\theta}<\theta<\hat{\theta}\equiv B^{-1}(\omega)$，投入品安排在母国契约制生产是最优选择；只有当 $\theta>\hat{\theta}\equiv B^{-1}(\omega)$，投入品安排在东道国等级制生产是最优选择，其中 $B(\theta)$ 由上式给定，ω 为两国的相对工资。

这一命题表明，最大化利润的企业所有权结构和供应商场所的选择依赖海外投资企业的生产率水平。由于生产率水平是企业特征的综合体现，因此，最终产品商在选择海外并购的投资方式时，企业本身的条件或说生产率水平是需要考虑的首要条件。

通常来说，生产率水平越高，海外并购人均规模或母国投资主体企业规模越大，表明在资金、管理、技术以及在他国的运营经验方面的水平越高，在海外投资整合过程中越可能选择控制程度较高的组织方式。相应地，表现在企业性质上，国有企业尤其是中央企业一般由于资本较雄厚、技术较为先进，更偏向采用控制程度较高的组织方式；而民营企业一般规模较小，竞争力不强，可能更偏向采用合资或合作形式。因此，在海外并购的企业因素选择上，提出以下理论假设：

H1a：企业生产率水平越高，在海外并购中更偏向选择等级制生产控制方式，而不是契约制控制方式。

H1b：国有企业更偏向采用独资或绝对控投权的等级制并购方式，而民营企业一般可能更偏向采用等级制合资或契约制合作的并购方式。

（二）东道国的组织控制方式选择

（1）考虑 $f_{V,k}>f_{O,k}$ 情形。如果 $f_{V,k}>f_{O,k}$，在等级制控制方式中，全部固定成本都由最终产品商承担；而在契约制控制方式下，资本固定投入由最终产品商和供应商共同分担，供应商承担了国外固定转移支付 f_S 部分。这时，要使 $\pi_{V,k}>\pi_{O,k}$，必有：

$$\nabla\pi=(1-\alpha\gamma_{V,k})A_k\theta_k^{\alpha/(1-\alpha)}p_{V,k}^{-\alpha/(1-\alpha)}-(1-\alpha\gamma_{O,k})A_k\theta_k^{\alpha/(1-\alpha)}p_{O,k}^{-\alpha/(1-\alpha)}-(f_{V,k}-f_{O,k})r^{\beta_k}w^{1-\beta_k}>1 \tag{5.14}$$

结合 $\varphi_{O,k}=\varphi(<\varphi_{V,k})$，$\varphi_{V,k}=\delta^{\alpha}+\varphi_k(1-\delta^{\alpha})$，由 $\partial\nabla\pi/\partial\varphi_k=0$ 可知，要使 $\pi_{V,k}>\pi_{O,k}$ 必有满足两个条件，一个是下述 Θ（λ_k，β_k，θ_k）>1，另一个就是 φ_k 要满足：

$$\varphi(\beta_k)=\frac{1-\alpha\left(\frac{\beta_k(1+\delta^{\alpha})}{2}\right)+(1-\beta_k)\frac{(1-\delta^{\alpha})}{2}}{1-\frac{\alpha}{2}}\cdot\{(1+\delta^{\alpha})^{\beta_k}(1-$$

$\delta^{\alpha})^{1-\beta_k}\}^{\alpha/(1-\alpha)} > \frac{1}{2}$ (5.15)

由式（5.15）可知，存在 $\varphi(0)<1$，$\varphi(1)>1$，$\varphi'(\beta_k)>0$，这表明，当 $0<\beta_k<1$ 时，$\varphi(\beta_k)$ 随着 β_k 的增加而增加，并且可能存在一个拐点 $\hat{\beta}$，当 $\beta_k<\hat{\beta}$ 时，它是凹的，$\nabla\pi\{\varphi(\beta_k)\}$ 与 β_k 变化方向相反；当 $\beta_k>\hat{\beta}$ 时，它是凸的，此时 $\nabla\pi\{\varphi(\beta_k)\}$ 与 β_k 变化方向一致（Helpman，2006）。由此可得：

命题 2：当 $f_{V,k}>f_{O,k}$ 时，在满足命题 1 条件下，行业资本密集度 $\hat{\beta}$ 存在一个临界点，使得当 $\beta_k>\hat{\beta}$ 时，海外投资企业选择等级制生产控制模式是最优选择；相反，当 $\beta_k<\hat{\beta}$ 时，选择契约制生产控制模式最优选择。

命题 2 表明，行业特征是影响到海外投资组织方式选择的又一重要因素。一般来说，海外投资行业的资本密集度越高，表明其属于知识密集性或资本技术密集性行业，其知识或技术水平越高或越先进，为了防止知识和技术外溢或并购风险，越可能选择控制程度较高的组织方式；相反，海外投资行业的劳动密集度越高，表明技术含量或知识含量越低，越可能选择控制程度较低的组织方式，因此，在海外并购的行业因素选择上，我们提出理论假设 2：

H2：越是资本密集度高的行业，在海外并购整合中更偏向选择等级制控制方式。相反，越是劳动密集的行业，更偏向选择契约制控制方式。

（2）考虑 $f_{V,k}=f_{O,k}$ 情形。如果 $f_{V,k}=f_{O,k}$，无论是在等级制还是契约制控制方式中，资本投入都由最终产品商承担，劳动投入都由供应商提供。通过构造新函数 $\Theta(\lambda_k,\ \beta_k,\ \theta_k)=\dfrac{\pi_{V,k}-f_{V,k}r^{\beta_k}w^{1-\beta_k}}{\pi_{O,k}-f_{O,k}r^{\beta_k}w^{1-\beta_k}}$ 可得，这一比率为：

$$\Theta(\lambda_k,\ \beta_k,\ \theta_k)=\left\{\frac{\theta_k(1-\delta^{\alpha})}{\lambda_k}\right\}^{\alpha/(1-\alpha)}\left\{1+\frac{\delta^{\alpha}}{\varphi_k(1-\delta^{\alpha})}\right\}^{\alpha\beta_k/(1-\alpha)}\left\{1+\frac{\alpha\delta^{\alpha}(1-2\beta_k)(1-\varphi_k)(1-\theta_k)}{1-\alpha(1-\beta_k)+2\varphi_k\theta_k(1-2\beta_k)}\right\} \tag{5.16}$$

显然，要使得投入品安排在等级制企业内部进行，当且仅当 Θ（λ_k，β_k，θ_k）>1 时，$\pi_{V,k}>\pi_{O,k}$ 才能得到满足。

从 Θ（·）表达式可以看出，Θ（·）是随 λ 的增大而递减，但随 β

和 θ 的增大而增加，特别是，当 β 和 θ 一定时，$\lim_{\lambda\to 1}\Theta(\cdot)>1$，而 $\lim_{\lambda\to\infty}\Theta(\cdot)<1$。由此可得：

命题 3：当 $f_{V,k}=f_{O,k}$ 时，企业组织治理成本 $\hat{\lambda}\in(1,\infty)$ 存在一个临界点，使得当 β 和 θ 一定时，如果 $\lambda>\hat{\lambda}$，最终产品商选择以等级制生产控制模式是最优选择；如果 $\lambda<\hat{\lambda}$，选择契约制生产模式是最优选择。

命题 3 表明，在东道国进行并购经营活动时，对于治理能力特定的并购企业来说，企业治理环境是一个重要的衡量尺度。只有在较好的国际经营环境下，市场交易成本较低，最终产品商才愿意选择契约制生产控制模式。否则，在一个较高的企业组织交易成本环境下，最终产品商可能会通过选择等级制生产控制模式来降低治理成本。通常来说，东道国的政治经济、进入市场竞争程度、文化距离等，都是影响东道国总体治理环境的重要因素，因此，在海外并购的区位因素选择上，提出以下理论假设：

H3a：在经济发展水平较高或说经济市场化程度较高的国家或地区，相对于等级制生产控制方式，海外并购主体偏向选择契约制生产合作方式。

H3b：在文化、法律差异较小的国家或地区，海外并购主体偏向选择契约制控制方式；反之，偏向选择等级制控制方式。

第四节　海外并购与组织控制方式选择实证分析

一　计量模型的构建与变量测度

（一）计量模型构建

本节研究目的是为了说明企业海外并购生产控制方式选择的影响因素。理论模型的命题 1 显示，企业生产率越高的企业主体越偏向于等级制生产控制方式；命题 2 认为，行业资本密集度越高的企业主体在海外并购中更偏向选择等级制控制方式；命题 3 进一步指出，企业治理成本越高的企业主体越偏向于选择契约制生产合作方式，对于治理能力特定的并购企业来说，企业治理环境是一个重要的衡量尺度。因此，企业生产率、行业资本密集度和东道国治理环境是影响企业生产控制方式的主要因素，计量模型设定为：

$f = F$（lp，mjd，$dgdp$，sj，wh，θ）

式中，f 为企业生产控制方式选择；lp 为企业生产率、kjd 为行业密集度、$dgdp$、sj、wh 分别为东道国经济发展水平、市场竞争程度和地区文化差异，用以表示东道国治理环境；θ 为影响控制方式的其他变量。根据因变量的离散性质，避免线性概率的误差项的异方差，本书将使用选择二元 logit 模型进行估计，具体公式如下：

$$\ln p/(1-p) = \alpha + \beta \times X_i = Z \tag{5.17}$$

$$p(i,\ j|X) = \exp Z/(1+\exp Z)\ i=0,\ 1\quad j=0,\ 1\quad i \neq j \neq 1 \tag{5.18}$$

其中，式（5.17）和式（5.18）分别为 Logit 基本模型和概率模型，p 为因变量的选择概率，α 为常数项，βi 为待估参数，Xi 为包含企业生产率、行业资本密集度和东道国治理环境等因素在内的解释变量向量。此外，根据跨国公司投资理论和现有文献论述，影响企业等级制控制方式的因素还包括企业性质、海外企业规模和企业规模等，我们在方程中也对这些变量进行控制。Z 为不同自变量选取的表达式，i 为企业选择等级制独资方式，j 为企业选择等级制合资方式，各自取值 0 和 1，$i=0$ 表示企业不选择等级制独资方式，$i=1$ 表示企业选择等级制独资方式；$j=0$ 表示企业不选择等级制合资方式，$j=1$ 表示企业选择等级制合资方式，$i \neq j \neq 1$ 表示企业不能够同时选择等级制独资方式和合资方式，但是可以不被同时选择时则为契约制合作方式。

（二）变量测度

依据前面的理论命题，本节从企业生产率因素、行业资本密集度因素以及东道国治理环境因素三个方面，分析我国海外并购组织控制方式的选择问题，以下是本节变量的测度说明。

1. 企业生产率变量

由于海外并购从并购投资、整合生产到价值增值，各阶段都需要一个较长的时期，因此，结合我国实际，本节对生产率水平的度量，按照陈景华（2014）的企业劳动生产率进行刻画，企业的劳动生产率（记为 lp）计算公式为 $lp = lp$（Q/L），其中，Q 为企业的产出，L 为企业员工数。

另外除了本节理论模型指出的企业生产率之外，可能还有企业性质，海外企业规模和企业规模。首先，并购企业主体的性质也是影响我国企业在海外选择组织方式的重要因素（张建红等，2010）。一般地，国有企业尤其是中央企业资本较雄厚、技术较为先进，更愿意采用控制程度较高的组织方式；而民营企业一般规模较小，竞争力不强，可能更愿意采用合资或合作形式。以国有企业为基准，其他为1进行虚拟变量分析。其次，海外的企业规模对企业的对外投资形式也有影响（史宇鹏等，2012）。我们用年均从业人数表示。如果企业生产率越高，企业往往会进行更多的投资和雇用更多的员工。规模较大的企业较之于规模较小的企业，往往更有能力从事研究、开发、营销、广告等对其“所有权”优势具有重要影响的经济活动，而企业员工数就是学术界通常采用的衡量企业规模水平的一个重要指标。与此同时，企业员工数在一定程度上还可以反映企业层面的分工水平。换言之，对于员工数越多的企业来说，企业内部的分工效应可能越发明显，从而对企业“所有权”优势同样具有增创作用。为此，我们在计量分析中将纳入企业员工数作为控制变量。最后，对于企业规模而言，企业规模越大意味着资金、管理、技术等在东道国的运营经验越丰富（张建红、周朝鸿，2010；董艳、张大永，2011），在海外投资经营过程中越倾向于采取等级制控制方式，我们用固定资产代替投资规模。

2. 行业资本密集度变量

海外投资组织方式的选择与行业特征相关。一般地，母国投资主体企业的资本密集度越高，其技术水平越高或越先进，在海外投资经营过程中为了防止技术外溢或并购风险，越可能选择控制程度较高的组织方式，本书选择“并购金额与从业人数之比”来表示企业资本密集度。

结合对外直接投资实践，本节以每个企业属性代表行业要素密集度。我们将企业归类为四大类：商贸服务、生产销售、技术研发以及资源开发。其中，技术研发和资源开发属于资本密集性行业，商贸服务和生产销售属于劳动密集性行业。我们采用虚拟变量分析各行业差异，即以生产销售类为基准值，其余为1。

3. 东道国的治理环境变量

由命题3析出东道国治理环境受到东道国经济状况、市场竞争度和制度文化差异的影响，因此从这个三个方面来对东道国的治理环境进行度量，东道国GDP是东道国国内经济发展水平和经济环境的综合反应。东道国GDP越大，表示其经济实力越强，综合投资环境越好，通常会吸引越多的投资，因此以人均GDP的自然对数来反映东道国经济发展水平。市场竞争度用东道国吸引外资流量表示，市场竞争度越大，表示吸引外资能力越大，市场环境越好。制度文化差距（wh）用各个地区的虚拟变量表示，东道国所在地区有欧洲、亚洲、大洋洲、北美洲、南美洲、非洲。以非洲地区为基准，其他为1。

表5-2　　　　各自变量的解释列表

变量名	替代符号	变量解释	衡量方法	假设	检测结果（独资）	假设	检测结果（合资）
企业生产率	*lp*	衡量企业劳动生产率大小	年均产出和从业人数之比的对数	正相关	负相关显著	负相关	正相关显著
企业性质	*my*	衡量投资主体差异	虚拟变量，民营则为1，国有则为0	负相关	正相关显著	正相关	负相关显著
海外企业规模	*hgm*	衡量企业投资整体规模	年均从业人数对数	正相关	负相关显著	负相关	正相关显著
企业规模	*gm*	衡量企业资金能力	固定资产取对数	正相关	正相关显著	负相关	负相关显著
行业资本密集度	*mjd*	衡量并购行业的资本密集情况	并购金额和从业人数之比的对数	正相关	正相关显著	负相关	负相关显著
商贸服务	*sm*	并购行业为商贸服务类	商贸服务行业则取1，否则取0	负相关	正相关不显著	负相关	正相关不显著
技术研发	*js*	并购行业为技术研发类	技术研发行业则取1，否则取0	正相关	正相关显著	负相关	负相关显著
能源资源	*zy*	并购行业为能源资源类	能源资源行业则取1，否则取0	负相关	负相关显著	正相关	正相关显著
东道国GDP	*dgdp*	衡量东道国经济发展水平	取对数	正相关	正相关显著	负相关	负相关显著
市场竞争度	*sj*	衡量东道国市场竞争程度	取对数	正相关	负相关显著	负相关	正相关显著
欧洲	*ox*	衡量与欧洲地区的制度文化差异	欧洲国家取1，否则为0	负相关	负相关显著	正相关	正相关显著
亚洲	*yx*	衡量亚洲地区的制度文化差异	亚洲国家取1，否则为0	正相关	负相关显著	负相关	负相关显著
大洋洲	*dx*	衡量大洋洲地区的制度文化差异	大洋洲国家取1，否则为0	负相关	负相关显著	正相关	正相关显著

续表

变量名	替代符号	变量解释	衡量方法	假设	检测结果（独资）	假设	检测结果（合资）
北美洲	*bx*	衡量北美洲地区的制度文化差异	北美洲国家取1，否则为0	负相关	负相关显著	正相关	负相关不显著
南美洲	*nx*	衡量南美洲地区的制度文化差异	南美洲国取1，否则为0	正相关	负相关不显著	负相关	在相关不显著

二　数据来源与说明

（一）数据来源

（1）关于微观企业因素方面的数据：从业人数、固定资本、实收资本以及企业的性质等，均来自中投数据库CV Source①、清科数据库（Zero2IPO Database）②，《中国对外直接投资统计公报》，《中国工业经济年鉴》中规模以上工业企业数据库，经过笔者整理而成。

（2）关于东道国因素（东道国人均GDP、东道国吸收对外直接投资金额等）的来源据来自国际货币基金组织IMF所公布的数据。

（二）数据库的建立说明

本节选取2003—2012年共十年海外并购案例，使用的微观数据来源于中投数据库、中国工业企业数据库，上市公司年度报表，东道国GDP来源于国际货币基金组织（IMF）。其中海外并购样本来源于中投数据库。结合中投数据库现有的数据指标，先选择并购案例选项，再筛选出位于国外的并购目标企业（均剔除中国香港、中国台湾、中国澳门地区），然后再对企业行为因素：并购股权、并购金额、并购类型（合资、合作、独资）、并购结束日期、是否为跨国并购，买方企业、卖方企业、交易完成状态（是否完成）、是否增资或撤资等指标进行筛选。经过一系列的筛选

① CV Source是ChinaVenture投中集团旗下专业的金融数据产品，为投资经理、证券分析师等金融人士提供市场情报、股权交易、企业财务、行研成果等各个层面的数据、资讯和分析工具。

② 清科数据库（Zero2IPO Database）是中国创业投资暨私募股权投资领域最为全面、精准、及时的专业数据库，它涵盖了绝大部分活跃于中国地区的创业投资与私募股权投资行业的投资机构、基金、管理人员以及其投资组合公司信息，里面包含本研究需要的投资并购和上市企业数据及最新的投资动向等信息。

后，最终将符合条件的并购事件形成最原始的基础数据库，总共为1041起并购事件，起止时间为2003年至2012年，其中指标数据完全披露的有335起。

中投数据库给予我们的贡献在于确定海外并购样本，其提供的微观数据也是有限的，因此结合《中国工业经济年鉴》中规模以上工业企业数据库和上市公司年度报表，对本书使用数据基础指标进行完善。具体来看，根据前文理论模型推出的研究假设，以企业生产率、行业资本密集度和东道国治理环境为研究变量，析出本书的数据基础指标为2003—2012年我国企业海外并购的企业主体产出、企业性质、从业人数、固定资产、并购金额，并购行业类别，东道国GDP，东道国吸收外资和东道国所在地区。从《中国工业经济年鉴》中规模以上工业企业数据库和上市公司年度报表中提取出以上指标，东道国GDP和东道国吸收外资来源于国际货币基金组织（IMF）。在数据建立的过程中，需要注意以下事项：(1) 每个变量的计量单位，企业的数据统一为万元人民币，东道国人均GDP统一为美元；(2) 由于中投数据库中的企业年度报表企业因素中的固定资本和实收资本都是以季度来制定报表，所以这两项资本的数据选取主要是以本企业发生该并购所在的季度作为时间依据。表5-3分别列出了相关变量的均值。

表5-3 变量的均值（按照企业对外并购类型区分）

	等级制独资	等级制合资	契约制合作
样本数 *n*	114	199	24
企业生产率 *lp*（对数）	2.27	2.69	2.76
资本密集度 *mjd*（对数）	-4.09	-4.66	-5.42
商贸服务 *sm*（虚拟变量）	0.19	0.16	0.16
技术研发 *js*（虚拟变量）	0.07	0.01	0.13
资源开发 *zy*（虚拟变量）	0.22	0.44	0.29
东道国GDP *dgdp*（对数）	10.47	10.15	10.54
市场竞争度 *sj*（对数）	5.83	5.73	6.01
欧洲 *ox*（虚拟变量）	0.21	0.22	0.08
亚洲 *yx*（虚拟变量）	0.24	0.23	0.29
大洋洲 *dx*（虚拟变量）	0.05	0.18	0.17

续表

	等级制独资	等级制合资	契约制合作
北美洲 *bx*（虚拟变量）	0.39	0.29	0.38
南美洲 *nx*（虚拟变量）	0.04	0.04	0.08
企业性质 *my*（虚拟变量）	0.75	0.60	0.62
海外企业规模 *hgm*（对数）	7.33	7.79	7.58
企业规模 *gm*（对数）	10.76	11.03	10.84

注：本表中的数据是先对原始数据进行平均然后再取对数，因为这样更能够反映数据的经济意义。例如，投资规模越大，则会选择集中度越高的独资或是合资形式。

三 实证检验结果及讨论

表5-3报告的是验证理论模型推导的三个命题，其中，式（1）和式（3），（2）和式（4）是同一个多元Logit回归模型，分不同因变量的两个方程的估计结果。对企业海外并购的影响因素中，行业密集度和行业属性所表示的含义一样，为消除平行变量的共线性，本模型将两者分开进行估计。式（1）和式（3）是企业生产率、行业密集度和东道国治理环境以及加入了控制变量（企业性质、海外企业规模和企业规模）的回归结果，式（2）和式（4）是企业生产率、行业属性和东道国治理环境以及加入了控制变量的回归结果。表中的估计系数反映出自变量的变化对我国企业不选择契约制合作方式而选择等级制独资或合资方式的概率的影响，因此变量系数为正，表示该变量的增加使得企业选择等级制独资或合资方式（控制权稍低）概率增加，系数为负则概率减小。进一步，我们对Logit模型的边际效应进行估计，如表5-4所示，表中的变量系数表示变量的边际值，即每单位的自变量的变动引起的因变量的概率变化。以上估计结果基本符合检验要求，变量的显著性和符号与我们预期一致，准确预测的百分比都处在67%以上，一定程度上支持了我们的假设。根据估计结果，我们对以下几个方面进行具体分析：

除虚拟变量外，其他变量都使用对数处理，表中的主要变量都通过了显著性检验。进一步，我们对Logit模型的边际效应进行估计，如表5-5所示，表中的变量系数则表示变量的边际值，即每单位的自变量的变动引起的因变量的概率变化，估计结果符合检验要求，其准确预测的百分比都达到67%以上。下面对计量结果进行具体分析：

表 5-4　　Logit 估计结果（验证命题 1-3）

因变量 / 自变量	等级制独资方式的概率（相对于合作）		等级制合资方式的概率（相对于合作 >10% 股权）	
	(1)	(2)	(3)	(4)
lp	-0.158*** (0.055)	-0.148*** (0.054)	0.131** (0.053)	0.133** (0.052)
mjd	0.101* (0.062)		-0.015 (0.058)	
sm		0.001 (0.349)		-0.002 (0.339)
js		1.471** (0.702)		-2.861*** (1.100)
zy		-0.558* (0.342)		0.585* (0.329)
dgdp	0.647*** (0.189)	0.626*** (0.190)	-0.727*** (0.184)	-0.670*** (0.187)
sj	-0.147* (0.089)	-0.183** (0.090)	0.133 (0.086)	0.167** (0.187)
ox	-1.707** (0.755)	-1.608** (0.7575)	1.737** (0.753)	1.554** (0.758)
yx	-0.517** (0.736)	-1.801** (0.733)	1.298* (0.730)	1.450** (0.730)
dx	-3.090*** (0.872)	-2.921*** (0.887)	2.672*** (0.831)	2.421*** (0.857)
bx	-1.249* (0.751)	-1.162 (0.751)	1.158 (0.748)	0.929 (0.751)
nx	-0.882 (0.867)	-.594 (0.893)	0.243 (0.861)	-0.112 (0.886)
my	0.911*** (0.342)	0.542 (0.344)	-0.617** (0.315)	-0.398 (0.328)

续表

自变量＼因变量	等级制独资方式的概率（相对于合作）		等级制合资方式的概率（相对于合作>10%股权）	
	(1)	(2)	(3)	(4)
hgm	-0.189* (0.122)	-0.290** (0.114)	0.231** (0.118)	0.269** (0.111)
gm	0.186** (0.081)	0.211** (0.082)	-0.164** (0.078)	-0.181** (0.079)
n	335	335	335	335
准确预测百分比	69.85%	71.40%	67.64%	69.25%

注：***、**、*分别表示1%、5%、10%的显著性水平，上方的数值为系数，下方括号内的值表示标准差；结果中省去了常数项。

表5-5　Logit估计的边际效应

自变量＼因变量	等级制独资方式的概率（相对于合作）		等级制合资方式的概率（相对于合作>10%股权）	
	(1)	(2)	(3)	(4)
lp	-0.034*** (0.012)	-0.031*** (0.011)	0.031** (0.012)	0.032** (0.013)
mjd	0.022* (0.013)		-0.04 (0.014)	
sm		0.001 (0.074)		-0.001 (0.081)
js		0.350** (0.161)		-0.543*** (0.094)
zy		-0.114* (0.066)		0.136* (0.074)
dgdp	0.137*** (0.039)	0.132*** (0.039)	-0.173*** (0.043)	-0.160*** (0.044)
sj	-0.031* (0.019)			

续表

自变量＼因变量	等级制独资方式的概率（相对于合作）		等级制合资方式的概率（相对于合作＞10%股权）	
	(1)	(2)	(3)	(4)
ox	−0.283*** (0.093)	−0.038** (0.019)	0.040*** (0.111)	0.313*** (0.120)
yx	−0.256*** (0.101)	−0.302*** (0.092)	0.274** (0.130)	0.301** (0.124)
dx	−0.370*** (0.052)	−0.358*** (0.055)	0.418*** (0.070)	0.398*** (0.080)
bx	−0.238** (0.126)	−0.223* (0.128)	0.256* (0.149)	0.210 (0.158)
nx	−0.154 (0.119)	−0.111 (0.144)	0.056 (0.193)	−0.027 (0.215)
my	0.181*** (0.063)	0.111* (0.067)	−0.143** (0.070)	−0.093 (0.075)
hgm	−0.046 (0.026)	−0.061** (0.024)	0.055** (0.028)	0.064** (0.026)
gm	0.040** (0.017)	0.044*** (0.017)	−0.039** (0.018)	−0.043** (0.019)
n	335	335	335	335

注：***、**、*分别表示1%、5%、10%的显著性水平，上方的数值为边际值，下方括号内的值表示标准差；结果中省去了常数项。

（一）对企业层面的分析

实证结果表明，企业生产率对企业海外并购的组织控制方式有显著的影响，且相对于契约制来说，企业生产率越高越倾向于等级制合资方式，而不选择等级制独资方式。与命题1部分相符，生产率越高的企业，其生产技术更为成熟，在面临研发新技术的成本投入以及进入国外市场的巨大风险和高额成本时，企业更倾向于选择等级制合资控制方式，拥有较大但不绝对的控制权力，保障企业稳定利益，弥补进入市场成本，规避风险。因此生产率是决定企业产组织控制方式选择的重要因素。

从控制变量的回归结果来看，企业性质、海外企业规模和企业规模对企业组织控制方式选择有显著的影响，投资主体投资规模越大，投资主体选择等级制独资概率越大，选择等级制合资概率越小；企业海外规模越大，影响企业倾向于等级制合资方式，两者都与预期相符；企业为民营企业时，倾向于等级制独资，不倾向于等级制合资，这与预期部分不符。对此合理的解释是，民营企业虽然不如大型国有企业容易获得政策和资金支持，但实践中的民营企业天然存在产权私有和家族治理特征，只要条件允许，民营企业对外投资控制方式选择，多会选择绝对控股权，也在一定程度上防止技术外溢、实现自主经营，保障企业权益。

通过比较表 5－4 中企业层面因素的变量系数绝对值，可以看出企业层面变量对控制方式选择的影响程度依次为，企业性质、海外企业规模、企业规模、企业生产率。进一步利用 Logit 模型单独对企业层面（企业生产率、企业性质、海外企业规模和企业规模）单独进行估计，数量化企业性质对独资并购的概率。

其概率表达式为：

$$P = f(-1.087 - 0.868 \times lp + 0.790 \times my - 0.252 \times hgm + 0.183 \times gm) \tag{5.19}$$

$Z =$ （－0.16）　（－1.76）　（2.6）　（－2.44）　（2.20）

如图 5－10 所示，my＝1 表示民营企业，my＝0 表示国有企业，由独资并购的估计系数可知，在只有企业因素的条件下，独资并购的概率公式可求得：

my＝0 时，$P = f(-1.087 - 0.868 \times lp - 0.252 \times hgm + 0.183 \times gm)$ (5.21)

my＝1 时，$P = f(-0.297 - 0.868 \times lp - 0.252 \times hgm + 0.183 \times gm)$ (5.22)

Logit 的分布函数为 $F = \exp X / (1 + \exp X)$，由此可以得出图 5－10 民营企业独资并购的概率要大于国有企业。

通过以上分析，我们对假设 1 进行修正，即 H1a：我国企业对外投资组织控制方式选择上，相对于契约制合作方式，企业生产率越大，在海外并购中越倾向于等级制合资方式。H1b：表现在企业性质上，民营企业更加倾向于等级制独资方式。

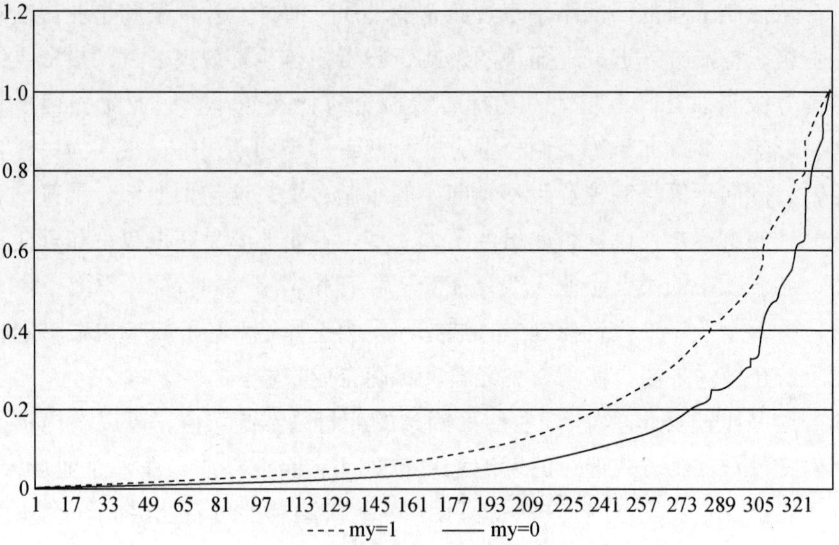

图5-10 企业性质与对投资控制方式选择的概率

（二）对行业层面的分析

回归结果表明，行业资本密集度和行业属性对企业海外并购组织控制方式有显著影响。其中，式（1）和式（3）回归结果显示资本密集度的系数在等级制独资方式时显著为正，在等级制合资方式时显著为负，这说明资本密集度越大，企业海外并购越倾向于等级制独资方式，与命题2相符。式（2）和式（4）是以行业属性为行业资本密集解释变量，回归结果显示，技术研发和资源开发均显著，技术研发更加倾向于等级制独资方式，而不倾向于等级制合资方式；资源开发倾向于等级制合资方式，而不倾向于等级制独资方式，均符合预期。

进一步对表5-4中式（5-2）和式（5-4）的行业属性系数进行比较分析发现，技术研发类对海外并购组织控制方式的影响概率较大。技术研发和资源开发是资本较为密集的行业，为防止技术秘密或技术诀窍外溢或被模仿，或预防市场风险和经营风险，这些行业偏向选择等级制独资或合资并购能够很好地预防这些风险的发生；这些行业一般是我国具备雄厚的资本实力和技术规模的央行和大型国企，偏向于选择等级制控制方式是一种自然选择。在商贸服务类和加工生产销售类等劳动密集性行业，一般为规模偏小、资金技术有限的民企，这些企业与建立国际化的现代企业制度尚有差距，偏向选择合作方式，尤其是战略联盟，是较为合理的选择。

这部分符合传统的微观生产组织控制机理，即越是资本密集度越高的行业，在海外并购中更愿意选择独资或较高控制权的合资方式；相反，越是劳动密集性行业，在海外并购中则越可能选择合作方式。

（三）对东道国治理环境的分析

实证结果表明，东道国治理环境对企业海外并购组织控制方式选择有显著影响，东道国 GDP 越高的国家，相对于契约制合作方式，企业海外并购越倾向于等级制独资方式，东道国市场竞争程度越强，企业越倾向于选择等级合资方式。东道国 GDP 反映一国的经济发展水平，经济发展水平越高，市场越完善，企业进入机会就越多。能够进入 GDP 较高的国家通常都是一些具备雄厚的企业所有权优势，有较强的竞争能力，更偏向于等级制独资的控制方式。市场竞争程度较高的地区，市场越趋于成熟，具有优质投资环境和较强的经济实力，能够吸引较多投资，企业更倾向于等级制合资方式，拥有较强的控制权利。这一计量结果符合命题 3 的理论预期。

从东道国所在地区的虚拟变量回归结果来看，区域的选择也对企业海外并购组织控制方式有显著影响。首先，欧洲、大洋洲和北美洲的估计系数说明企业投资该地区时倾向于等级制合资方式，也有可能选择契约制合作方式，不会选择等级制独资方式。其原因在于中国与这些地区的制度、文化、经济水平差异较大，后期整合困难，面临不确定性因素，需要与当地企业合力规避风险。而且中国进入这些地区的目的一般是市场经济比较完善、GDP 变化较平稳，能够进入这些地区的投资主体一般具备综合实力较强，符合传统的微观生产组织控制机理和命题 3。其次，亚洲的估计系数说明企业投资该地区倾向于等级制合资方式，与预期应该偏向采用“契约制控制方式”不符，而南美洲的估计不显著。合理的解释是：对于亚洲地区，由于进入地域邻近、文化差异较小的亚洲国家的投资主体多为民营或典型的家族企业为主，这些企业一般规模偏小、资金技术有限，与建立国际化的现代企业制度尚有差距，而少数规模较大的国有企业并购主体又存在天然的治理结构缺陷，较难作为主动者或主控者与其他国家企业战略联盟，因而没有偏向选择契约制合作方式；对于法律差异较大但经贸关系友好的南美洲，其估计不显著，主要是因为距离遥远，投资热度相对落后其他地区，在样本期间，发生在南美洲的并购案例数量和规模都有限，2009—2012 年，中国对巴西的并购金额仅为 215 亿美元，在 2005—2008 年期间，中国参与的并购仅占当时全部外资并购额的 0.1%。因此，这一指标不符合预期也是合理的。

第五节　结论与启示

本章通过对我国海外并购发展现状考察，认为当前海外并购规模上升、并购主体多元化、并购行业分布和区位分布日趋合理，总体上呈现出快速发展的良好态势。但是，目前投资主体仍然是以大型央企、国企为主导，且主要集中在能源资源行业；投资目标国主要以亚洲为主，尤其对中国香港、加勒比海的开曼群岛和维尔京群岛的高比例投资流量占比，掩盖了企业真正的投资目的；并购方式过于注重股权控制，并购效果呈现失败案例高发的特征。这些结果表明，微观生产组织特征可能是影响我国海外并购的重要因素。

为此，本章尝试从微观生产组织控制新视角，将“等级制控制方式”和“契约制控制方式”两个关键概念和 Grossman - Helpman - Antras 全球生产组织理论引入海外并购问题研究中，通过构建海外并购生产模型，厘清海外并购及其整合的微观生产组织控制机理，研究表明：等级制和契约制都是企业海外并购的组织控制方式，通常在企业生产率水平较高、资本密集性行业、东道国交易成本较高的治理环境下，海外并购时偏爱选择等级制生产控制模式；相反，偏向选择契约制生产控制模式。

进一步通过对 CV Source、Zero2IPO Database 和 IMF 等数据库进行系统整理，得到 2003—2012 年中国海外并购的行业企业基础数据库，实证检验企业海外并购的组织控制方式，研究结果发现：

（1）企业生产率和企业性质对企业海外并购的组织控制方式有显著的影响。相对于契约制合作方式，在企业生产率较高、并购规模或投资主体企业规模越大，在海外并购整合中更愿意选择等级制独资或合资形式；但从企业性质上看，我国国有企业和民营企业都倾向于采用独资或绝对控投权的组织方式，这与理论假设 H1b 企业性质的选择规律存在偏差。

（2）行业资本密集度和行业属性对企业海外并购组织控制方式有显著影响。技术研发更加倾向于等级制独资方式；资源能源类行业倾向于等级制合资方式，商贸服务类和加工生产销售类偏向选择契约制合作方式，这一结论符合理论假设 H2 行业资本密集度的选择规律。

（3）东道国治理环境对企业海外并购组织控制方式选择有显著影响。东道国 GDP 越高的国家，企业海外并购越倾向于等级制独资方式，东道国市场竞争程度越强，企业越倾向于选择等级合资方式。但从文化、法律差异的影响来看，欧洲、大洋洲、北美洲的组织控制方式选择符合假设规律，但亚洲和南美洲的组织控制方式却与预期假设存在偏差。

上述结论表明，在海外并购整合效率、组织控制与投资方式选择之间存在一定的规律性，但目前中国企业海外并购仅在行业特征上完全符合这一规律，而在企业因素和区域因素两大层面都存在一定的偏差。究其根源，是由于中国企业在海外并购过程中既存在微观企业准备不足（表现在民营企业生产率水平和规模偏低，而国有企业在治理结构上存在委托—代理缺陷），在组织控制方式的选择上又存在盲目偏向等级制独资控股的选择误区。为此，本书研究的政策含义很明显：

（1）企业采用股权并购方式时，需要策略考虑合资、独资与控制权的权衡。独资收购虽然有利于中方掌握控制权，有效规避国际经营风险，但我国收购主体企业多为央企，东道国会敏感地认为包含国家利益成分，结果导致并购失败。相反，在股权控制中注重采用战略联盟的投资方式，或者注重拥有相对控股权而不是独资权，更能提高并购成功率。尤其是在海外投资初期，企业应重视合作与联盟，考虑采取组合方式进行投资，如以股权并购为主，辅助与东道国合资方式，或与东道国实力企业进行战略联盟方式进行，能够有效规避并购风险和经营风险。

（2）在海外并购过程中，要注重拥有剩余控制权而不是形式上的企业所有权。实际上，控股不一定要拥有绝对控制权，剩余控制权比形式上的企业所有权要重要得多。前文分析六大典型地区的失败案例表明，我国偏好采用独资并购方式虽然是导致投资失败的重要原因，但实际上，其内在根源在于面对国际市场的激烈竞争，我国企业因自身能力限制，无力反抗，在国际竞争中缺乏话语权或说剩余控制权。

（3）着力提升中国企业的企业权力层次，因为企业控制不一定是以所有权为基础，但一定是通过企业权力关系来协调、控制与影响其他企业的投资合作行为；在海外并购整合竞争过程中，政府相关部门要积极扶持、督促投资主体企业通过有效行使价值链分解权的组织机制和层级租金制度安排，担当起境外生产经营体系的有效调控者，解决海外并购后的企业整合竞合行为，协调跨国经营业务功能，控制境外加工生产良性运行。

第六章　能源资源行业海外投资与组织控制：基于典型地区案例比较研究[①]

本章将从我国典型的对外投资创新方式——境外能源资源开发，论证网络进入权机制安排对境外能源资源开发投资与合作的组织控制机理，并通过多案例分析企业组织方式选择和投资合作机制问题，从组织层面找出影响当地合作伙伴专用性投资和资源供应保障的关键因素。

第一节　引　言

自20世纪90年代以来，我国出台了一系列专项支持资源能源类境外投资的政策措施，鼓励企业通过海外投资获取石油、金属矿产等重要战略资源。2005—2012年上半年，能源、资源类行业境外投资达2390亿美元，占我国对外直接投资总额的71%，成为境外投资主导。然而，随着国际社会对能源资源争夺的不断加剧，我国境外投资企业问题凸显：近三成央企海外投资矿山亏损，整体仍呈下滑态势；境外并购不断增加，但并购后集团内部并未形成以资产为纽带的新型企业关系，集团总部对境外分支公司的经营和发展既缺乏财力支持，又没有控制手段，失败案例并不少见；建立了境外能源资源合作联盟，但缺乏有力的激励约束机制来保障多元稳定可靠的能源资源供应；境外经贸合作区建设为我国对外投资合作打造了新的平台，但如何协调区内中小企业跨国经营、控制境外加工生产良性运行，仍需探究。总之，在微观企业组织层面上出现的诸多问题，使能源资源类行业对外投资可持续发展面临着严重挑战。

---

① 本章主要内容公开发表在《财贸经济》2013年第10期上。

从组织控制视角研究对外投资与合作问题，一直是西方国际经济学家关注的焦点。如 Buckley 和 Casson（1976）、Rugman（1982）发展的内部化理论，Dunning（1977）发展的跨国公司理论，对企业服务外国市场的方式——出口、FDI 还是非股权转让问题进行研究，认为只有具备 OLI 三种优势，企业才能采取 FDI 方式。特别是，对于国际生产体系变革对现有理论提出的挑战，Grossman 和 Helpman（2002、2004、2005）、Antràs（2003、2005）、Feentra 和 Hanson（2005）、Marin 和 Verdier（2002、2005）等，分别运用产权理论、激励机制、交易成本、控制权授权等方法，将新制度经济学与贸易、FDI 理论相结合，提出了全球生产组织理论来解释控制企业在国外选择 FDI 与外包的组织方式问题。如 Antràs（2003）运用产权理论方法分析美国企业倾向在资本密集性产品、发达国家间采用 FDI 方式；而在劳动密集性产品、欠发达国家间，多采用外包方式。而 Feentra 和 Hanson（2005）结合产权理论与激励机制方法，发现在中国从事加工出口的跨国企业倾向将工厂所有权与投入品控制权分开，采用合资或合作方式；但当投入品搜寻比激励问题更敏感，采用 FDI 或外包更有效率。特别是近年来，Helpman 等（2008）；Antras 和 Helpman（2008）；Antràs 和 Hansberg（2009）等进一步完善了这一新的理论体系。总之，组织控制问题是企业服务外国市场必须考虑的一个内生决策变量（Antràs，2006）。

国内相关研究主要从两大方面展开：一方面，针对跨国公司在中国的 FDI 和外包活动，国内一些学者从不同视角研究跨国公司的国际生产组织控制行为。如王怀民（2006）、洪联英（2012）认为，独占或分治是跨国公司在中国加工装配活动中的两种典型生产控制模式；王耀中等（2009），洪联英、刘建江（2012）等则从企业所有权、价值链分解权等国际生产组织安排视角探讨了我国外贸发展长期失衡、外向产业转型升级陷阱的外部根源。另一方面，围绕创新对外投资和合作方式问题，国内学者从多层次多视角进行经验分析和探讨。如围绕境外投资并购方式，赵伟、古广东（2006），姚淑梅（2008）等认为独资和并购不是目前民营企业“走出去”获取能矿资源的主要方式；围绕新型国际工程和劳务合作，贾福新（2008）、金锐（2013）等认为，国际承包商兼并重组盛行，但总部功能建设存在管理错位缺位和越位、管理方法粗放、激励与监督机制缺失，国际合作中的控制力是中国企业必须关注的重要问题。杜群阳、项丹（2013），张国胜（2014）等分析了能源资源产业“走出去”的国际经验，并基于2001—2011年沪深两市上市公司数据，运用因子分析法和数据包络法建立资源获取型海外并购绩效的二次相对评价模型，分析和检验影响资源获取型海外并购事件的影响因素。

上述研究一定程度上揭示对外投资和合作中企业总部、分支机构、准市场企业之间的组织关系问题，为本书研究能源资源类行业境外投资问题提供有益的启示。为此，我们进一步尝试从微观生产组织控制新视角，探讨我国对外直接投资的微观传导机理，分析当前我国能源资源行业对外投资过程中存在的微观企业问题与组织障碍，从而为顺利推进我国能源资源企业“走出去”稳步发展，提供新的理论依据和政策启示。

第二节　能源资源行业海外投资的总体特征

一　投资总量特征

近年来，中国能源企业海外投资活动非常活跃，三大石油公司频繁出现在国际石油市场并购项目的大名单中，参与并购的资金数量也逐年放大。2009年，中国三大石油公司海外并购占据了全球并购买卖的13%。2010年，三大公司大规模的并购行动金额超过300亿美元，占同期全球上游并购的20%。2011年，中石油海外油气权益产量达到5170万吨，海外业务营业额已占公司总营业额近三成。2012年中国海外油气权益产量达到9200万吨，同比增长3%。

除了传统的石油行业外，有色金属行业也成为资源领域并购规模较大的行业，如江西铜业、中钢集团、宝钢集团等公司在2006年、2007年的海外并购规模都超过了60亿美元。以资源类行业为例，截至2011年年底，我国境外资源类投资总额为621.0327亿美元（见表6-1），占对外直接投资净额的比重平均高达19%。但逐年来看，中国对资源类的投资占比正在下降。2003年资源类年投资额占总境外投资的份额达52%，2006年为42%，2011年跌至23%。

二　投资行业特征

境外能源资源类投资的种类多样化，由原来单一的上游勘探开发，扩宽到目前上下游一体化合作，从油气合作到煤炭开采以及电力、新能源合作的迅速发展。例如，目前中石油苏丹项目涵盖了勘探开发、管道运输、

表 6-1　　　　2003—2011 年资源类行业投资分布量

单位：万美元,%

年份	农、林、牧、渔业	采矿业	电力、燃气及水的生产和供应业	资源类总额	对外直接投资净额	资源类行业占对外直接投资净额比重
2003	8136	137866	2196	148198	285465	52
2004	28866	180021	7849	216736	549799	39
2005	10536	167522	766	178824	1226117	15
2006	18504	853951	11874	884329	2116396	42
2007	27171	406277	15138	448586	2650609	17
2008	17183	582351	131349	730883	5590717	13
2009	34279	1334309	46807	1415395	5652899	25
2010	53398	571486	100643	725527	6881131	11
2011	79775	1444595	187543	1711913	7465404	23
总计	27784	5678378	504165	6210327	32418537	19

数据来源：笔者根据中国统计年鉴（2012—2003）相关数据整理。

炼油化工和油品销售等石油行业的各个环节。投资的行业分布主要以采矿业为主，如图 6-1 所示，在三大类行业中，农、林、牧、渔业和电力、燃气及水的供应业等两类行业在 2003—2011 年期间，境外投资一直较为稳定，而且占资源类总投资的比例很小，到 2011 年，两大类行业境外投资额都没有超过 20 亿美元，不及总额的 1/9。而采矿业在样本期间，一直呈快速增长态势，2011 年采矿业境外投资将近 150 亿美元，占资源类投资总额的 80%之多。

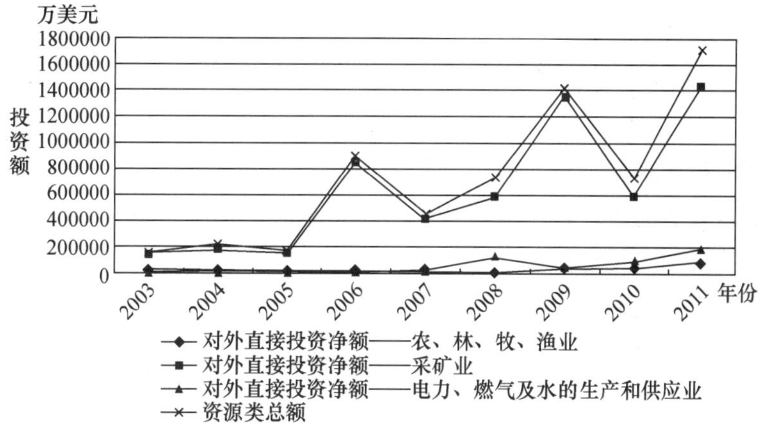

图 6-1　2003—2011 年三大资源类投资额及占比变化趋势

资料来源：根据中国统计年鉴（2003—2011）相关数据笔者整理。

三　投资地区分布特征

经过多年的发展尤其是近年来的大力推动，中国境外能源资源投资地区分布已经从局部零星投资到全球化地区布局。如6－2图所示，图中Ⅰ为2003—2007年的资源类对外投资分布地区，其余阴影区域为2008—2012年资源类对外投资分布地区，即主要由对中东以及少部分拉美的投资拓展到新兴市场：亚洲的中国香港地区、菲律宾、伊拉克；欧洲的俄罗斯、挪威、瑞士、葡萄牙、西班牙、英国、德国以及法国；非洲的利比亚、埃及、安哥拉、塞拉利昂；美洲的加拿大、美国；拉美的秘鲁、巴西、智利、阿根廷等。目前，已经形成了北美洲、大洋洲、亚洲、欧洲、非洲和拉丁美洲六大投资区域，覆盖了世界主要能源消费国和生产国，其中以对拉美、欧洲部分地区及非洲地区的能源资源类投资增长速度最快。

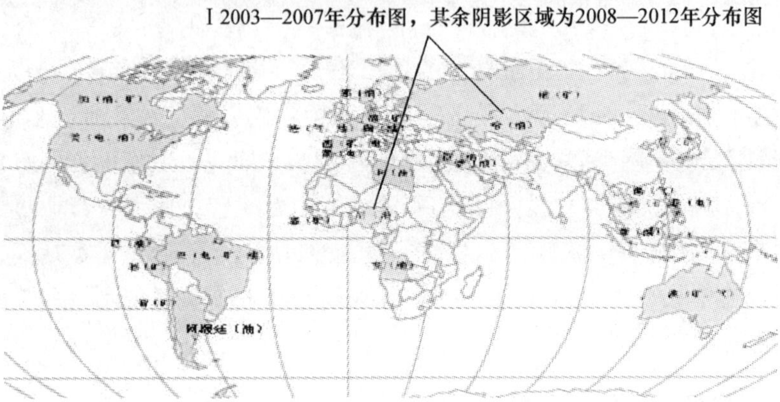

图6－2　2003—2012年中国境外能源资源类投资地区分布

资料来源：笔者根据清科、资讯行数据库整理。

四　投资企业主体特征

尽管现有的文件、政策等都鼓励中小型企业“走出去”，但境外能源资源类投资主体仍然是以大型国有企业为主导。从已经发生的并购案例看，国有大型企业发起的并购案例占据了绝大比重，规模以上投资几乎由央企垄断。在能源矿产领域主要由中国石油、中国石化、中海油三大油企主导，而中国五矿、中钢等则引领着金属矿产资源领域的并购。如表6－2所示，在2011年中国非金融类跨国公司100强的前50名企业中，能源资源类企业就有20个，占比40%，且全部是国有企业，其中中石化、中石油、中海油、国家电网等都是排名前十位。究其根源，主要是由于境外能源资源项目投资的大型性，以及矿产资源生产的高投资与高风险性，决定了只有大型国有、央企才能负担规模较大的资源开发，中小型企业因资金、技术、管理经验等局限，难以与大型国有企业竞标。

表6-2　　2011年中国非金融类跨国公司100强的前50名

序号	企业名称	序号	企业名称	序号	企业名称
1	中国石油化工集团公司	18	中国外运长航集团有限公司	35	武汉钢铁（集团）公司
2	中国石油天然气集团公司	19	中国海运集团总公司	36	中国水利水电建设集团公司
3	中国海洋石油总公司	20	中国华能集团公司	37	鞍钢集团公司
4	中国移动通信集团公司	21	中国兵器工业集团公司	38	长沙中联重工科技发展股份有限公司
5	华润（集团）有限公司	22	广东粤海控股有限公司	39	湖南华菱钢铁集团有限责任公司
6	中国远洋运输（集团）总公司	23	中国冶金科工集团公司	40	中国重型汽车集团有限公司
7	中国五矿集团公司	24	国家电网公司	41	中国航空工业集团公司
8	招商局集团有限公司	25	联想控股有限公司	42	中国长江三峡集团公司
9	中国铝业公司	26	中国电力投资集团公司	43	宝钢集团有限公司
10	中国中化集团公司	27	华为技术有限公司	44	中兴通信股份有限公司
11	中国联合网络通信集团有限公司	28	中国交通建设集团公司	45	广州越秀集团有限公司
12	中国中信集团公司	29	中国有色矿业集团有限公司	46	美的集团有限公司
13	中国建筑工程总公司	30	兖州煤业股份有限公司	47	中国广东核电集团有限公司
14	中国化工集团公司	31	浙江吉利控股集团有限公司	48	广东广晟资产经营有限公司
15	中粮集团有限公司	32	深业集团有限公司	49	中国国际海运集装箱（集团）股份有限公司
16	中国航空集团公司	33	中国港中旅集团公司	50	北京控股集团有限公司
17	中国中钢集团公司	34	海航集团有限公司		

资料来源：商务部合作司。

说明：按年末对外直接投资存量排序。

值得注意的是，受矿产资源战略性特征，以及海外对中国市场经济的理解等因素影响，中国企业在海外并购矿产资源时，很难并购到规模特大、质量特高的矿产资源。从已经发生的并购案例看，中国企业并购的多是小矿、贫矿或者基础设施非常不完善的矿企，即单个矿产资源并购案例金额不高。

五　对外投资的组织控制方式

根据前面理论框架，对外直接投资的组织控制方式主要有两种：股权控制和契约制约，其中股权控制又包括绿地投资和股权并购两种投资方式，契约制约主要采用战略联盟方式。如表6－3所示，2003—2012年8月期间，我国境外规模以上能源资源类投资频数共79起，其中绿地投资0起，股权并购56起，战略联盟33起，有10起属于混合方式（即有股权并购与战略联盟两种组合）。这些数据表明，在境外能源资源类行业投资中，我国企业主要采用股权并购和战略联盟两种方式，几乎没有采用绿地投资方式。

表6－3　　2003—2012年境外能源资源类投资的组织控制方式分布

投资时间	投资情况（亿美元）		股权控制		契约制约	混合控制
	投资频数	成功频数	绿地投资	股权并购	战略联盟	
2003	3起	1起	0	3起	0	
2004	2起	0	0	2起	0	
2005	6起	5起	0	3起	3起	
2006	5起	5起	0	2起	4起	1起属于混合控制
2007	2起	2起	0	2起	1起	1起属于混合控制
2008	11起	9起	0	9起	5起	3起属于混合控制
2009	19起	14起	0	13起	8起	2起属于混合控制
2010	13起	11起	0	7起	8起	2起属于混合控制
2011	10起	9起	0	9起	2起	1起属于混合控制
2012年1月—8月	7起	7起	0	6起	1起	

资料来源：笔者根据清科、资讯行数据库整理。

总之，中国海外采掘业投资已经历了30年的发展，无论从投资规模还是从投资地区分布，抑或是投资矿产资源的种类，都发生了巨大变化，并形成了具有全球化布局等方面的投资特征，但是，在投资方式、组织控制与投资成功比率之间是否存在一定的规律性，还需要对不同区位、不同主体进行分析。

第三节　理论模型的构建与机理分析①

一　基本假设

考虑在一个由母国和东道国构成的世界经济体系中，本国作为母国，考虑在东道国进行能源资源类投资开发。假设母国作为产品的最终产品商，其工资水平为 w_h；东道国承担产品的供应商角色，即为母国的最终产品商提供原材料等中间投入品，其工资水平为 w_m。假设劳动是唯一的生产要素，各国消费者都具有相同的消费偏好，即：

$$U = x_0 + \frac{1}{\mu}\sum_{j}^{J} X_j^{\mu},\ 0 < \mu < 1. \tag{6.1}$$

式中，x_0 代表同质商品的消费量，X_j 代表 j 行业总体消费的一个变量；μ 是一个参数；j 代表行业的总体消费是差异变体；$x_j(i)$ 代表消费量的一个常替代弹性函数，可表达为：

$$X_j = \left[\int x_j(i)^{\alpha} di\right]^{1/\alpha},\ 0 < \alpha < 1. \tag{6.2}$$

假设在一个特定行业里，任意两个变体之间的替代弹性均为 $1/(1-\alpha)$，并且 $\alpha > \mu$，α、μ 在同一个产业内是相同的，这样一个行业内的变体之间比其对同质商品 x_0 或不同行业间的变体，具有更大的相互替代性，这样导致对 j 行业内的每个变体 i 的反需求函数为：

$$p_j(i) = X_j^{\mu-\alpha} x_j(i)^{\alpha-1}, \tag{6.3}$$

假设各国的劳动供应充足，每个国家都可以生产同质产品 x_0，但只有母国拥有生产最终产品技术。差异变体 $x_j(i)$ 的生产需要两种特定投入品：总部服务 $h_j(i)$ 和零部件 $m_j(i)$，并且每个变体的产出依照行业特定的 Cobb－Douglas 生产函数。根据引言假设，在差异变体的生产过程中，通用性投资没有被“锁定”风险，核心问题就是供应商的专用性投资水平。我们参照李国学（2009）方法，在 Antràs 和 Helpman（2008）模型中引入专用性投资变量，即供应商对投入品的专用性投资努力程度，则差

① 本节内容公开发表在《中国管理科学》2013 年第 3 期上。

异变体的生产函数表达为：

$$x_j(i) = \theta f(e_m) h_j(i)^{1-z} m_j(i)^z, \ 0 \leqslant z \leqslant 1, \tag{6.4}$$

式中，z 为零部件投入品的产出弹性；θ 表示企业通用性资产投资生产率，在一定条件下是特定的；$f(e_m)$表示企业专用性投资生产率（或称专用性投资效用函数），设 $e_m \in [0, 1]$ 为供应商对投入品 $m_j(i)$ 的专用性投资努力程度，且$f(e_m)$具有以下性质：

$$\frac{\partial f(e_m)}{\partial e_m} > 0, \ f(0) = 1, \ 1 < f(e_m) < \infty;$$

$$\frac{\partial^2 f(e_m)}{\partial e_m^2} < 0$$

式（6.4）表示，e_m 越大，表示中间投入品供应商的努力程度越大，最终产品商从供应商处获取到合意的特定中间投入品数量或质量越高。

二　微观生产组织行为与网络进入权设计

为了获得最大利润，跨国企业商实施全球资源寻求战略：母国生产总部服务，并通过等级制股权方式或契约制合作方式来获取东道国的资源类中间投入品 m_j（i）。按照 Antràs 和 Helpman（2008）的观点，无论采取哪种组织方式，合同都是不完全的，最终产品商很难通过企业权威或法律权力或契约条款来治理供应商的机会主义行为，也难以界定和证实对他们专用性投资的努力程度，因此需要激励约束机制。

假设各供应商对生产 $m_j(i)$的专用性投资能力是相互替代的。当供应商参与到跨国公司主导的国际生产价值链中从事生产异质品 $x_j(i)$，比他从事国内同质商品 x_0 的生产，是一种更大的实现价值增值的机会。跨国公司作为关键资产（国际生产价值链）的驱动者，可以利用网络进入权进行组织机制或规则设计，来激发供应商专用性投资努力程度。参照 Rajan 和 Zingales（1998）方法，现假设跨国企业通过使用进入权的组织机制控制，总可以在诸多（设为 M 个）竞争供应商之间，选择专用性投资水平最高（假设为第 m 个）的供应商进入生产链，获得的专用性投资生产率为：

$$f(e_m) = f(\max\{e_{mj}\}_{j=1}^{M}) \tag{6.5}$$

$$\text{s. t} \quad \int_0^1 e_m(i) di = 1$$

这样，通过进入权组织控制，母国最终产品商将授权给某个合意

（第 m 个）的供应商进入生产网络，供应商将选择其相应的专用性投资水平进行投入品的开发与生产，然后双方根据投入品质量讨价还价确定分享比例，待最终产品商生产并销售出合意的最终产品后，结合式（6.3）、式（6.4）、式（6.5），获得的预期最大联合收益为：

$$R(i) = X^{\mu-\alpha}[\theta f(\max\{e_{mj}\}_{j=1}^{M})]^{\alpha} h(i)^{\alpha(1-z)} m(i)^{\alpha z} \quad (6.6)$$

上式表明，潜在联合收益是在网络进入权约束条件下的最大化择优过程。

三　进入权组织控制与专用性投资激励分析

运用上述模型，我们将分析最终产品商是如何通过网络进入权机制控制，选择并激发供应商做出最大化专用性投资水平，达到成功获取合意投入品的目的。

（一）进入权机会控制与事前定制投资激励

按照模型，最终产品商可以利用网络进入权的机会控制，在国际市场上选择满足自己特定需要的供应商。实际上，国际市场结构的不对称性，也为最终产品商实施这一机制提供了现实条件。具体地说，由于东道国政策限制，以及到国外投资开发需要受技术和经济发展水平限制，j 行业最终产品商的市场进入门槛很高，竞争者数目较少，假设为 N 个；而东道国内供应商的技术要求较低，竞争者数目很多，假设为 M 个，显然 $M > N$。这就是说，最终产品商面对的是一个只有少数几家大企业组成的寡头垄断市场，而供应商面对的却是由很多进入者组成的自由竞争市场，两者处在一个不对称的国际市场结构中。如果令 $\nu(N, M)$ 为匹配函数，则双方匹配实现的约束条件为 $\nu(N, M) \leqslant N$，其匹配概率分别为：最终产品商为 $\nu(N, M)/N$，而供应商为 $\nu(N, M)/M$。当双方匹配成功时，表明最终产品商找到能够执行其特定资源提供的合伙人，而供应商有机会参与全球价值链的投资开发中，实现更大的价值增值。

现在令 $r = M/N$ 为供应商与最终产品商进入者数目比率，在匹配规模报酬不变时，有 $\eta(r) = \eta(1, r)$，则匹配概率可以写成：最终产品商为 $\nu(N, M)/N = \eta(r)$，供应商为 $\nu(N, M)/M = \eta(r)/r$。当需求水平不变时，这些概率表明，最终产品商的匹配机会随着 $r = M/N$ 的上升而增加，即 ν_h 曲线向上倾斜；而供应商的进入机会是随着 $r = M/N$ 的上升而下降，即 ν_m 曲线向下倾斜（见图 6-3）。

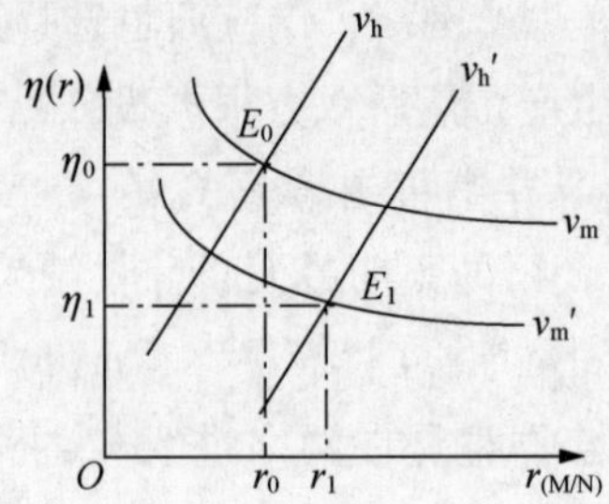

图 6-3　最终产品商与供应商的匹配比例与进入机会

随着投资开放的不断深化，东道国投入品市场厚度（M 数量）不断增加，而最终产品商市场（N 数量）增加有限，即存在 $\nu(N, M)/M < \nu(N, M)/N$。这样，如果初始均衡点为 E_0，则 ν_h 向右上移动至 ν_h'，ν_m 是向左下移动 ν_m'，使得最终产品商与供应商的匹配函数在 E_1 达到均衡，表明最终市场能够成功匹配的机会由初始的 η_0 降低到 η_1。这一结果表明，最终产品商在市场中更容易搜寻到合意的供应商，但是对供应商来说，却只能在有限几个最终产品商之间进行竞争性被选择，网络进入机会变得更为稀缺。为了获得这个进入权机会，潜在供应商不得不进行事前定制专用性投资，如针对这一行业自费培训、学习“专业化”知识、提高职业专长等。而最终产品商还会利用进入权机会限制，“倒逼”供应商加大事前专用性投资，接受最终产品商提出的各种参与约束条件。换言之，投入品市场厚度效应（thickness of the market effect）（Grossman & Helpman，2002）是直接影响供应商做出事前专用性投资的重要参数。因此，存在以下命题：

命题 1：供应商的专用性投资效用函数 f（.）是 η（r）的递减函数。

按照模型，对东道国供应商来说，只要存在 $\pi_{Sk} \geqslant \pi_0$，即大于国内生产同质商品时获得的预期利润，供应商就有动力去相互竞争差异产品 $x_j(i)$ 的国际化生产，接受最终产品商的进入权机会控制。假设最终产品商获得的剩余分享比例为 φ_k，这 $k \in (V, O)$ 里表示等级制股权方式和契约制合作方式。按照 Antràs(2003) 的方法，当为契约制合作组织方式时，由于双方在合同破裂时的外部选择都为 0，事后最终产品商讨价还价获得的分享比例为 $\varphi_O = \varphi$；当为等级制股权方式时，由于他的外部选择收益为 $\delta^{\alpha} R(i)$，$\delta \in (0, 1)$ 表示最终产品商拥有的剩余控制权收益份额，事后最终产品商讨价还价获得的分享比例为 $\varphi_V=\delta^\alpha+\varphi(1-\delta^\alpha)>\varphi$。$h_j(i)$ 的单位可变成本为 C_R，$m_j(i)$ 的单位可变成本为 c_m，T_k 表示没有进入权限制时，最终产品商一般会向当地供应商预先支付的固定专用性投资。由于一体化供应商的 T_V 是为获得进入权而进行的事前专用性投资，但外包供应商的 T_O 还包括一笔机器设备和定制模具等固定专用性投资，因此，通常有 $T_O>T_V$。这样，当地供应商的参与约束条件表达为：

$$(1-\varphi_k)R(i)-c_m\int_0^1 m(i)d(i)+T_k\geqslant w_m \tag{6.7}$$

假设在没有网络进入权限制条件下，供应商提供的专用性投资水平为 e_0，且 $e_0\in[0,1]$。按照式(6.5)和命题 6.1，在行使进入机制后，最终产品商对潜在供应商的专用性投资激励效用 $f(e_m)$ 可以改写为：

$$f(e_0\cdot\eta(r))\equiv f\{e_0[1+f(e_0)^{\eta(r)-1}]\} \tag{6.8}$$

式（6.8）表明，最终产品商使用进入权机制产生的专用性投资激励效用大小，与供应商投入品市场厚度（thickness of the market）相关。$r=M/N$ 的值越大，或者 N 一定，M 越大，表示投入品市场越厚，$\eta(r)$ 越小，成功匹配的概率越稀缺，供应商为获得进入权机会，需要付出的事前专用性投资努力程度越大，最终产品商使用进入权机制产生的激励效用越大。

结合命题 1，可得以下推论：

推论 1：在一个投入品厚度市场，最终产品商通过行使网络进入权的机会限制，不仅很容易找到一个能够执行其所需特定定制活动专长的供应商，而且还能激发潜在供应商做出事前专用性投资。

（二）进入权机会控制与事前分摊投资激励

实际上，通过进入权机会限制，最终产品商不仅能够挑选出合意的供应商，激发供应商做出事前定制专用性投资，而且还使得一部分原本属于最终产品商支付的事前专用性固定投资成本，转移给供应商来承担。

具体来说，在事前双方专用性关系未形成之前，最终产品商针对投入品市场的厚度效应，专门设计一份合同，要求进入供应商必须事前承担一笔很大的固定投资成本或说转移支付 ΔT_k，其大小随着企业组织形式不同而不同。由于市场上存在大量可相互替代的潜在供应商，这些供应商为了获得稀缺的进入权机会，相互之间的竞争使得供应商承担这笔事前固定投资 T_k 成为现实（Helpman，2006），即将式（6.7）中的 T_k 进行分摊，部分甚至全部分摊给东道国供应商承担［此时式（6.7）中的 T_k 符号变负]。因此，对供应商来说，参与生产单位 $x_j(i)$ 的投资成本 C_{Sk} 增加，变为：

$$C_{Sk} = c_m\int_0^1 m(i)d(i) + w_m + \Delta T_k,\ 0 < \Delta T_k \leqslant T_k \tag{6.9}$$

对最终产品商来说，此时生产单位产品的投资成本 C_{Fk} 则降低，变为：

$$C_{Fk} = c_h\int_0^1 h(i)d(i) + w_h + T_k - \Delta T_k,\ 0 < \Delta T_k \leqslant T_k \tag{6.10}$$

只要供应商参与者约束 $\pi_{Sk} \geqslant \pi_0$ 成立，最终产品商就会不断地去提高这一转移支付 ΔT_k，降低对供应商的关系专用性投资风险，由此可以得出：

推论 2：最终产品商通过网络进入权机会限制，可以成功地将事前专用性固定投资，部分分摊或全部转移给供应商来承担，增加供应商的事前专用性投资水平。

（三）进入权数量控制与事后最优投资激励

当最终产品商授权给供应商，供应商做出特定定制投资和分摊固定投资后，双方形成一种关系专用性投资（relationship - specific investments）。但是，由于事后供应商专用性投资努力程度难以观察和证实，仍然不能保证这些进入者在生产交易过程中的“偷工减料”和“敲竹杠”（hold - up）问题。

如果最终产品商只选择与生产规模相匹配的供应商数目($K = [x_j(i) \cdot n]/\bar{m}_j(i)$，[其中，$n$ 表示在 j 行业生产单位 $x(i)$ 中需要投入 $m(i)$ 的数量；$\bar{m}(i)$ 表示供应商的平均生产能力]来提供其所需要的零部件时，双方之间的关系专用性投资很容易发生“套牢”“偷工减料”等问题。按照 Helpman(2006)，一体化最终产品商的外部选择收益为 δ^{α} 而不是 δ，是由于销售商品的收益函数具有凹性，收益作为数量 x 的一个函数和 x^{α} 成比例，其中 α 决定了需求弹性 $\varepsilon = 1/(1-\alpha)$，$0<\alpha<1$。由此，当是等级制股权组织方式时，“套牢”会使最终产品商损失 $(1-\delta^{\alpha})R(i)$，$\delta \in (0.1)$ 表示最终产品商拥有的剩余权份额；当是契约制合作组织方式时，“套牢”会使最终产品商损失全部收益。因此，理性的最终产品商不会在东道国只选择与生产规模相匹配的供应商数目来生产，而会选择多于 K 的数目，因此存在：

假设 1：最终产品商选择供应商的进入数目通常不会为 K，而是大于

或等于（$K+1$）。

在这一假设条件下，如果最终产品商与某一个供应商发生“套牢”问题，或者供应商的专用性投资努力程度低，提供不出合意数量或质量的投入品时，会随时面临被最终产品商“踢出去”的风险，被另一家竞争对手所替代。这一机制对在位供应商产生了足够大的威慑和不稳定性，不得不加大其专用性投资努力程度。因为一旦被退出，在位供应商就失去了生产差异变体 $x_j(i)$ 的国际参与机会，转而只能进行同质产品 x_0 的国内生产，他将长期遭受损失 $\pi_{SK}-\pi(x_0)$。但对最终产品商来说，他最多只是暂时损失了 $1/K\cdot(1-\delta^{\alpha})R(i)$，不影响他的长远发展。

此外，通过使用(K+1)的进入权机制，最终产品商还可以动态地选择进入者数目，使进入权配置过程充满了不确定性，在位供应商为了保持持续的契约关系，不得不加大其专用性投资努力程度，最大化地创造组织租金价值。由此可见，我们假设(K+1)进入权机制所产生的专用性投资努力程度为 $\lambda_{(k+1)}$，$\lambda_{(k+1)}\in[0,1]$，则（6.8）式可改为：

$$f(e_0\cdot\eta(r)\cdot\lambda_{(k+1)})\equiv f(e_0)\left[1+f(e_0)^{\lambda(k+1)[\eta(r)-1]}\right] \tag{6.11}$$

上式表明，最终产品商通过行使进入权的（K+1）机制，动态选择供应商的进入数目，不需要做出其他额外投资，就可以产生在位供应商之间拼命的“老鼠竞争”效应，激发供应商的事后专用性投资程度。由此可得：

推论3：在国际生产与贸易过程中，最终产品商通过进入权的数目控制，可最大限度地激发供应商的事后专用性投资水平。

结合式（6.8）、式（6.9）、式（6.10）、式（6.11），供应商的最优专用性投资效用函数式（6.5）得到实现：

$$\begin{aligned} f(e_m)&=f(\max\{e_{mj}\}_{j=1}^{M})=f(e_0\cdot\eta(r)\cdot\lambda_{(k+1)})\\ &\equiv f(e_0)\left[1+f(e_0)^{\lambda(k+1)[\eta(r)-1]}\right]\\ \text{s.t. }&(1-\varphi)R(i)-c_m\int_0^1 m(i)d(i)+T_k\geqslant w_m \end{aligned} \tag{6.12}$$

式中，效用函数 $f(e_m)$ 依赖于 e_0、$\eta(r)$ 和 $\lambda_{(k+1)}$，表示最终产品商通过限制进入、替代竞争来激发供应商做出事前定制投资、事前转移投资和事后最优专用性投资，并在诸多竞争供应商之间，选择专用性投资水平最高者进行合作，确保跨国企业获取合意的投入品。

（四）均衡条件分析

在上述关系专用性投资条件下，最终产品商的最优化问题可描述为：

$$\max_{\{h(i)\}_{i=0}^{e_m}} \varphi_k X^{\mu-\alpha} x(i)^\alpha - c_h \int_0^{e_m} h(i) d(i) \tag{6.13}$$

s. t. $x(i) = \theta f(e_m) h(i)^{1-z} m(i)^z$

相应的，当地供应商的最优化问题可描述为：

$$\max_{\{m(i)\}_{i=0}^{e_m}} (1-\varphi_k) X^{\mu-\alpha} x(i)^\alpha - c_m \int_0^{e_m} m(i) di \tag{6.14}$$

s. t. $x(i) = \theta f(e_m) h(i)^{1-z} m(i)^z$

把等式约束代入（6.13）和（6.14），并对 $h(i)$ 和 $m(i)$ 求一阶偏导，可得出双方的最优投入为：

$$h(i) = \alpha\varphi_k (1-z) R(i)/c_h,\ i \in [0,\ e_m]$$

$$m(i) = \alpha(1-\varphi_k) z R(i)/c_m,\ i \in [0,\ e_m] \tag{6.15}$$

这样，结合式（6.6），我们可以得出均衡时价格：

$$p_k = \frac{c_h^{1-z} c_m^z}{\alpha \varphi_k^{1-z} (1-\varphi_k)^z f(e_m)} \tag{6.16}$$

均衡时以净利润表示的联合租金：

$$\pi_k(e_m,\ X,\ z) = [\theta f(e_m)]^{\alpha/(1-\alpha)} X^{(\mu-\alpha)/(1-\alpha)} \psi_k(z) - (w_h + w_m) F_k \tag{6.17}$$

式中，　$\psi_k(z) = \left\{\frac{\alpha(1-\varphi_k)^z f(e_m) c_h^{z-1}}{\varphi_k^{z-1} c_m^z}\right\}^{\alpha/(1-\alpha)}$

$f(e_m) \equiv f(e_0)[1 + f(e_0)^{\lambda(k+1)[\eta(r)-1]}]$

$F_k = F_{hk} + F_{mk}$，表示生产 $x_j(i)$ 的专用性固定投资。由此可见，最终产品商和供应商在不同组织方式下能够获得的均衡利润分别为：

$$\pi_{Fk} = \{\theta f(e_m)\}^{\alpha/(1-\alpha)} X^{(\mu-\alpha)/(1-\alpha)} \psi_k(z) - w_h F_{hk} - c_h h(i) - c_m m(i)$$

$$\pi_{Sk} = (1-\varphi_k)\{[\theta f(e_m)^{\alpha/(1-\alpha)} X^{(\mu-\alpha)/(1-\alpha)} \psi_k(z) - w_m F_{mk}\} - c_m m(i) - \Delta T_k \tag{6.18}$$

上述结果表明，这些预期收益的实现与供应商的专用性投资努力程度直接相关。从中长期来看，最终产品商与供应商之间的交易均衡实际上是一个动态调整过程。在进入权机制控制下，只有生产价格较低的供应商才有机会被最终产品商选中，随着市场的不断变化，合同期满时，又可能被价格更低的供应商所替代或者压低在位供应商的价格，这种动态性和机会不安稳性进一步加大供应商的专用性投资水平。

第四节　境外投资与微观生产组织控制方式：典型地区的案例比较[①]

一　数据收集与研究对象选择

由于我国较具规模的境外能源资源开发时间较短，可用的大样本数据资料较少，微观数据资料更难获取。本节主要根据资讯行、清科数据库，整理和归纳了2003年1月至2012年8月期间披露的能源资源类对外投资案例进行比较研究，能够有效解决这一难点，而且采用多案例研究可通过案例的复制来支持结论，提高研究的效度（Eisenhardt，1989）。此外，本节尽量将资讯行、清科数据库数据与对外投资专题报告、期刊文献及官方网站资料相结合，以强化证据之间的相互印证，以确保专业资料和数据收集的信度与效度。

如表6-4所示，符合条件的案例共75个，其中，投资频数较多的是北美洲（16起）、大洋洲（15起）、亚洲（15起），较少的是欧洲（8起）。投资金额最多的是北美洲（1045.483亿美元），最低的是非洲（173.672亿美元）；投资失败较多的地区是大洋洲、北美洲、亚洲和非洲，占比都高达20%—30%。目前，投资成功率较高的是拉丁美洲和欧洲。投资方式主要采用股权并购和战略联盟两种方式，几乎没有采用绿地投资方式。结合案例总体特点，本节基于投资方式分布特点，选择以大洋洲、北美洲、非洲以及拉丁美洲四个投资地区为研究对象。主要原因：一是大洋洲和非洲是境外资源投资失败比例较高的国家，中国企业对大洋洲的开发起步较晚，近几年较活跃，拉丁美洲的成功率较高，北美洲投资总量和投资失败比例都很高。二是亚洲地区多为周边国家，非洲地区是我国长期的战略发展地区，大洋洲与中国各方面差异较大但贸易发展较快。拉丁美洲起步虽晚，基础条件相对处于劣势，中企对拉美投资基本采取战略联盟方式，在此作为研究对象的对比对象。

---

① 本节内容公开发表在《财贸经济》2013年第10期上。

表6-4 2003年以来中国境外能源资源类投资案例汇总

单位：起，亿美元;%

投资地区	投资情况				股权控制		契约控制	整体概述
	投资数量	披露金额	失败数量	占比	绿地投资	股权并购	战略联盟	
非洲	10	173.67	3	30	0	4	6	长期战略发展地区，起步较晚、市场竞争激烈，以矿产和石油为主，中石化3起、中海油3起、中石油1起、山东钢铁1起
大洋洲	15	493.02	4	27	0	13	2	以澳大利亚矿业资源为主，资源合作前景广阔，多以股权并购为主，兖州煤业2起
北美洲	17	1045.48	4	25	0	12	5	以加拿大能源资源为主，项目较大，金额较多，以股权并购为主、投资主体以中石化4起、中海油4起，中石油、吉恩各2起
亚洲	15	362.98	3	20	0	7	8	周边国家，多以股权并购方式；石油资源丰富国家、政治环境不稳定，多以战略联盟方式，投资主体中石油5起、中石化2起
拉丁美洲	11	215.68	0	0	0	5	6	与我国经济互补性强、双边贸易发展较快，具有较大文化差异、距离较远、运输成本高，投资以电力、石油为主，中石化3起、五矿2起、国电1起

续表

投资地区	投资情况				股权控制		契约控制	整体概述
	投资数量	披露金额	失败数量	占比	绿地投资	股权并购	战略联盟	
欧洲	8	343.30	0	0	0	5	3	投资地主要集中在德、法、英等国，涉及金额较大项目的多以战略联盟方式，其余为股权并购，中石油、中石化、中海油各2起

数据来源：笔者根据资讯行、清科数据库整理。

二 对非洲的能源资源投资案例

非洲自然环境艰苦，但能源、矿产等资源丰富，近年来中国对非洲的投资活跃，发展势头良好，是长期的战略发展地区。中国对非洲地区的投资和辅助是相辅相成的，20世纪90年代中期以来，我国政府与非洲23个国家签订了投资—贷款协议，将投资主体从政府转向企业。在国家政策高度支持以及当地继续投资机遇的情况下，非洲地区成为我国企业境外能源资源投资的主要目的地，投资重点定在石油、采矿、林业等领域。

如表6-5所示，2003年1月至2012年8月，共有10起规模以上对非洲的投资案例，其中6起是以战略联盟的方式，4起为股权并购方式。在3起失败案例中，投资主体都为中央企业，涉及金额偏大，其中股权并购方式1起，占比25%；战略联盟方式2起，占比33.3%。

表6-5　　2003年以来中国在非洲地区的投资案例

年份	投资主体	投资对象	金额	结果	投资方式	组织控制
2003	中石化	尼日利亚 Stubb Creek 边际油田	1.5亿美元	成功	股权并购	等级制
2005	中石油	加拿大在叙利亚幼发拉底石油公司	10亿美元	成功	战略联盟	契约制
2006	中海油	尼日利亚 AKPO 油田	22.68亿美元	成功	股权并购	等级制
2006	中海油	尼日尔三角洲	40亿美元	成功	战略联盟	契约制
2006	中石化	安哥拉三个深水石油区块	6.92亿美元	成功	战略联盟	契约制

续表

年份	投资主体	投资对象	金额	结果	投资方式	组织控制
2009	中石油	并购加拿大在利比亚的石油资产	4.99 亿加元	失败	股权并购	等级制
2009	中石化、中海油	马拉松安哥拉公司	13 亿美元	失败	战略联盟	契约制
2010	中海油	加纳 Jubilee 油田 23.5%	50 亿美元	失败	战略联盟	契约制
2010	中石化	安哥拉 SSI 公司	24.57 亿美元	成功	股权并购	等级制
2010	山东钢铁集团	非洲矿业公司	15 亿美元	成功	战略联盟	契约制

数据来源：笔者根据资讯行、清科数据库整理。

这些结果表明：

其一，在非洲的境外投资中，采用战略联盟方式比股权并购方式失败率相对较高。

其二，企业主体无论采取何种组织控制方式，都需要考虑投资东道国非洲地区复杂的国际经营环境，如中石油以股权并购方式收购加拿大在利比亚的石油资产失败，主要原因是由于利比亚政府未批准；中海油、中石油联合收购马拉松安哥拉油田项目最终失败，也是由于未能获得政府以及监管机构的批准。

其三，在竞购股权时，中方需要拥有相对控股权。中海油采取战略联盟方式联合加纳国家石油公司出价 50 亿美元，出价高于竞争对手竞购加纳 Jubilee 油田的 23.5% 股权却失败，究其主要原因，被竞购的这部分股权是由美国能源公司 Kosmos Energy LLC 所有，加纳资产远多于竞购价格，中方未拥有控股权。因此，即使中海油出价高于竞争对手同时也联合了加纳国家石油公司，但最终结果是股权仍被保留加纳油田为美国所有。

三　对大洋洲的能源资源投资案例

我国对大洋洲地区的投资较晚，但投资频数较高，主要以澳大利亚矿业资源为主，特别是在石油、煤矿有色金属领域，资源合作前景广阔，目前已经连续三年成为其第三大投资来源国。

如表 6－6 所示，自首钢集团于 2008 年 3 月收购澳吉布森山铁矿公司 9.74% 股权及 9.98% 股权的选择权以来，至 2012 年 8 月，中国共有 15 起规模以上对大洋洲的投资案例，其中只有2起是以战略联盟的方式，其余13起都是以股权并购的方式。在4起失败案例中，投资主体都为中央企业，其中股权并购方式3起，占其投资方式比重达23.1%；战略联盟方式1起，占其投资方式比重达50%。

表6-6　　2003年以来中国在大洋洲地区的投资案例

年份	投资主体	对象	金额	结果	投资方式	组织控制
2008	首钢集团	澳吉布森山铁矿公司	2.3亿美元	失败	股权并购	等级制
2008	中金岭南	澳大利亚先驱资源公司	5亿美元	失败	战略联盟	契约制
2008	中钢集团	澳 Midwest 公司	13亿美元	成功	股权并购	等级制
2009	中色	澳稀土矿业公司	未公布	失败	股权并购	等级制
2009	中铝	澳大利亚力拓	195亿美元	失败	股权并购	等级制
2009	湖南华菱	澳大利亚 FGM 公司	6亿美元	成功	股权并购	等级制
2009	鞍钢	澳大利亚金达必公司	1.6206亿澳元	成功	股权并购	等级制
2009	四川汉龙	澳大利亚 Moly Mines Ltd	2亿美元	成功	股权并购	等级制
2009	五矿	澳 OZ Minerals 矿业公司	12.06亿美元	成功	股权并购	等级制
2010	兖州煤业	澳菲利克斯资源公司	189.51亿元	成功	股权并购	等级制
2010	中石油	澳洲壳牌公司	35亿澳元	成功	战略联盟	契约制
2010	中金岭南	全球星矿业	1.84亿加元	成功	股权并购	等级制
2011	中石化	澳太平洋液化天然气有限公司	17.65亿美元	成功	股权并购	等级制
2011	兖州煤业	澳格罗斯特煤炭有限公司	7亿澳元	成功	股权并购	等级制
2012	紫金矿业	澳大利亚诺顿金田	4亿元	成功	股权并购	等级制

数据来源：笔者根据资讯行、清科数据库整理。

这些结果表明：

其一，在大洋洲的境外投资中，采用战略联盟方式比股权并购方式失败率较高。

其二，采股权并购方式时，需要策略考虑合资、独资与控制权的权衡。独资收购虽然有利于中方掌握控制权，有效规避国际经营风险，但由于我国收购主体企业多为央企，在股权并购中以独资方式进行收购，东道国会敏感地认为包含国家利益成分，结果导致并购失败。如中色集团放弃收购澳稀土矿业，主要源于对方要求中方在交易中的持股比例降至50%以下，且减少其董事会席位等；同样，中铝入股力拓的失败，与力拓股东认为中铝将持股比例翻倍，包含国家利益成分这一因素相关。因此，在海外投资初期，考虑采取组合方式进行投资，如以股权并购为主，辅助与东道国合资方式，或与东道国实力企业进行战略联盟方式进行，能够有效规避并购风险和经营风险。

其三，在境外进行投资过程中，比企业股权控制更重要的是企业自身能力和国际话语权。在股权并购失败案例中，2009 年中铝注资澳力拓失败是最大的一起，金额高达 195 亿美元。从表面上看，中铝入股澳力拓的失败是由于力拓股东认为中铝将持股比例翻倍，包含国家利益成分。实际上，其根本原因在于铁矿石上涨、必和必拓的激烈竞争，我国企业自身水平限制，无力反抗，而且在国际竞争中缺乏话语权。

四　对北美洲的能源资源投资案例

北美洲矿产资源丰富多样，我国对北美洲的投资以加拿大和美国的矿产和石油资源为主，项目较大，金额较多，也是中国能源资源类境外投资数量最多、投资总量最高的地区。2003 年以来，投资总额高达 1045. 483 亿美元，投资主体以中石化、中海油、中石油、吉恩等权威中央企业为主。

如表 6 – 7 所示，2003 年 1 月至 2012 年 8 月，共有 17 起规模以上对北美洲的投资案例，其中有 5 起是以战略联盟的方式，其余 12 起都是以股权并购的方式。在 4 起失败案例中，投资主体都为中央企业，其中股权并购方式 3 起，占其投资方式比重达 25%；战略联盟方式 1 起，占其投资方式比重达 20%。

表 6 – 7　　　　2003 年以来中国在北美洲地区的投资案例

年份	投资主体	投资对象	投资金额	结果	投资方式	组织控制
2004	五矿	加拿大诺兰达	60 亿元	失败	股权并购	等级制
2005	中海油	美国优尼科石油公司	185 亿美元	失败	股权并购	等级制
2008	中石化	加拿大石油公司 Tanganyika Oil	17 亿美元	成功	股权收购	等级制
2009	吉恩镍业	加拿大皇家矿业	未知	成功	战略联盟	契约制
2009	中石油	加拿大 MacKayRiver 和 Dover 油砂项目	116. 11 亿元	成功	股权并购	等级制

续表

年份	投资主体	投资对象	投资金额	结果	投资方式	组织控制
2009	铜陵有色	加拿大考伦特资源公司	44.11 亿元	成功	战略联盟	契约制
2009	中石油	加拿大 Verenex 能源公司	4.99 亿加元	失败	股权并购	等级制
2010	中化集团	加拿大钾肥公司	500 亿美元	失败	战略联盟	契约制
2010	中投	加拿大重油资源	12.52 亿加元	成功	战略联盟	契约制
2010	中石化	美国康菲加拿大 Syncrude	46.5 亿美元	成功	股权并购	等级制
2010	中海油	美国切萨皮克能源公司	10.8 亿美元	成功	战略联盟	契约制
2011	中海油	加拿大 OPTI	21 亿美元	成功	股权并购	等级制
2011	中石化	加拿大 Daylight 能源公司	22 亿加元	成功	股权并购	等级制
2012	中石化	美国 Devon 公司	24.4 亿美元	成功	股权并购	等级制
2012	吉恩镍业	加拿大 GBK 公司	1 亿加元	成功	股权并购	等级制
2012	中石化	加拿大塔里斯曼能源公司	15 亿美元	未知	股权并购	等级制
2012	中海洋	加拿大能源企业尼克森（Nexen）	151 亿美元	成功	股权并购	等级制

数据来源：笔者根据资讯行、清科数据库整理。

这些结果进一步表明：

其一，在北美洲的境外投资中，中方投资方式是以股权并购为主、战略联盟为辅，投资失败比率较高。

其二，采股权并购方式时，不仅需要策略考虑合资、独资与控制权的权衡，而且需要考虑复杂的国际经营环境。五矿集团收购加拿大诺兰达100%的股权失败，既受困于加拿大投资法，也与当地工会认为独资并购会冲击本国利益和劳工利益因素密切相关。同样，中海油股权并购美国优尼科石油公司失败，与中海油收购资金中有60亿美元工商银行的贷款相关，被东道国认为该并购行为偏离了商业行为，包含国家利益成分有关。如果我们在选择投资、融资方式时，适当与东道国采取合资方式，或与东道国实力企业进行战略联盟方式，就能够有效规避并购风险和经营风险。

其三，在4起失败案例中，除了企业股权结构涉及敏感因素、收购价格高涨且中方缺乏国际话语权外，构建境外投资支持体系也是一个重要因素。中化集团并购加拿大钾肥公司失败，其中主要原因是由于资金不足，国内资金无法支援，也凸显了支持境外投融资体制的漏洞。

五 对亚洲的能源资源投资案例

亚洲地区矿产资源丰富且较为集中，并具有得天独厚的地理优势和文化融合优势，是中国非金融类对外直接投资的最大目的地，也是中国境外能源资源投资最具有优势的地区。中国在亚洲的能源资源投资地以中东石油为主，投资主体以中石油、中石化、国家电网等大型央企为主。如表6-8所示，2003年1月至2012年8月，共有14起规模以上的投资案例，投资总额达362.985亿美元。

表6-8 2003年以来中国在亚洲地区的投资案例

年份	投资主体	投资对象	投资金额	结果	投资方式	组织控制
2003	中海油	英国天然气在哈萨克斯坦资产	6.15亿美元	失败	股权并购	等级制
2004	中化	韩国仁川炼油公司	5.6亿美元	失败	股权并购	等级制
2005	中石化	美第一国际在哈资产	1.53亿美元	成功	股权并购	等级制
2005	中石油	哈萨克斯坦PK石油公司	41.8亿美元	成功	股权并购	等级制
2006	中铝	越南越煤集团	未知	成功	战略联盟	契约制
2006	滦河实业	朝鲜惠山青年铜矿	8.9亿美元	未知	战略联盟	契约制
2007	国家电网	菲律宾电网	116亿元	成功	战略联盟	契约制
2008	中五矿	俄罗斯车里雅宾斯钢厂	2.9亿美元	成功	战略联盟	契约制
2009	中石油	新加坡吉宝集团	未知	成功	股权并购	等级制
2009	中石油	荷兰位于哈萨克斯坦资产	50亿美元	成功	战略联盟	契约制
2009	中石油	伊拉克南部的鲁迈拉油田	未知	成功	战略联盟	契约制
2010	中石油	伊拉克哈法亚油田服务项目	未知	成功	战略联盟	契约制
2011	中石化	中国燃气	167亿港元	失败	战略联盟	契约制
2011	中神华	蒙古塔本陶盖煤田	7亿美元	成功	股权并购	等级制

数据来源：笔者根据资讯行、清科数据库整理。

其一，从组织方式看，有6起是以股权并购的方式，占其投资方式比重达43%；其余8起是以战略联盟的方式，占其投资方式比重达57%。表明在亚洲的境外投资中，中方投资方式是以战略联盟为主、股权并购为辅。

其二，从投资结果看，有3起失败案例，2起未被披露，余下9起为成功案例，表明与前三大地区相比，投资失败比率相对较低。

其三，同北美洲一样，采股权并购方式时，需要策略考虑合资、独资与控制权的权衡。在3起失败案例中，有2起为股权并购方式，如中化集团欲借助海外市场来完善自身的产业链，斥资5.6亿美元独资收购韩国仁川炼油公司；花旗银行海外公司提出比我方高2亿美元的价格导致失败，其原因除了石油价格的提高因素外，与中方欲以独资收购方式、难以及时规避风险直接相关。表明以并购的方式独资进行收购，承担的风险更大。

其四，同大洋洲一样，在境外进行投资过程中，比企业股权控制更重要的是企业自身能力和国际话语权。3起失败案例表明，除中方偏好采用独资的股权并购方式是导致投资失败的原因外，实际上，其内在原因在于面对国际市场的激烈竞争，我国企业自身水平限制，无力反抗，在国际竞争中缺乏话语权。例如，花旗银行海外公司提出比我方高2亿美元的价格导致失败，以及2003年中海油收购天然气在哈萨克斯坦项目以失败告终，主要是由于收购金额比市场价值高出许多，且在短期内不能收获回报，在后期也需要大量资金投入。

六　对欧洲的能源资源投资案例

中国对欧洲的能源资源类投资主要发生在2008年以来，是近几年来较为活跃的地区。目前，规模以上投资总额达343.299亿美元，与亚洲投资额相当。投资主体主要有三大石油公司和中铝矿产等央企公司。

如表6－9所示，2003年1月至2012年8月，共有8起规模以上的投资案例，其中只有2起是以战略联盟的方式，其余6起都是以股权并购的方式。和其他地区相比较，中国在欧洲地区的能源资源开发投资是较为成功的，目前还没有出现投资失败案例。

表6－9　2003年以来中国在欧洲地区的投资案例

年份	投资主体	投资对象	投资金额	结果	投资方式	组织控制
2008	中铝	西班牙力拓	140.5亿美元	成功	战略联盟	契约制
2008	五矿	德国HPTec	未知	成功	股权并购	等级制
2008	中海油	挪威Awilco公司	171亿美元	成功	股权并购	等级制
2008	中海油	挪威海上钻井公司AWO	25亿美元	成功	股权并购	等级制

续表

年份	投资主体	投资对象	投资金额	结果	投资方式	组织控制
2009	中石化	瑞士 Addax 公司	72.4 亿美元	成功	股权并购	等级制
2011	中投	法国燃气苏伊士集团	32.4 亿美元	成功	股权并购	等级制
2011	中石油	苏格兰炼油厂	10.15 亿美元	成功	战略联盟	契约制
2011	中长江	葡萄牙电力公司（EDP）	26.9 亿欧元	成功	股权并购	等级制

数据来源：笔者根据资讯行、清科数据库整理。

这些结果表明：

其一，在欧洲这样的市场化程度较高的国家进行境外投资时，我国采用股权并购的投资方式较为有效，可充分利用企业所有权控制来规避经营风险。独资并购案例中例如 2009 年中石化收购了瑞士 Addax 石油公司 100% 的股权，其石油资产主要集中在非洲和中东地区，摒除其各种手续、关卡等程序，归根结底还是中国企业对石油资源地投资，但是其归属股权为发达国家，这样也较易获得成功。

其二，从对欧洲的成功案例中发现，中国企业吸取其他地区投资的教训，采取战略联盟的投资策略，也顺势提升了并购的成功率。较好地选择对外投资的组织方式，对部分难度较大的项目，中国都选择了具有相对规模实力的企业进行联盟，分担风险。2008 年中国铝业通过新加坡全资子公司联合美国铝业获得了西班牙力拓的英国上市公司 12% 现有股份，投资 140.5 亿美元。这笔交易是在欧洲资源投资至今最大的一笔交易。中石油与英力士成立合资公司对苏格兰炼油厂进行了 10.15 亿美元的投资，这也充分证实了战略联盟投资稳定的势头。

值得注意的是，目前虽然还没有出现投资失败案例，但这并不代表中国企业在欧洲地区能源资源类投资的稳定发展，今后可以适当采用战略联盟的投资方式降低经营风险。

七　对拉丁美洲的能源资源投资案例

拉丁美洲与我国具有较大文化差异，民族保护主义意识较强，但经济互补性强，双边贸易发展较快，中国对拉丁美洲的投资大多都在矿产资源开发和输电领域。2003 年以来，规模以上投资总额达 215.676 亿美元，投资主体主要有中石化（3 起）、五矿（2 起）、国电（1 起）等。

如表 6－10 所示，2003 年 1 月至 2012 年 8 月，共有 11 起规模以上对北美洲的投资案例，其中有4起都是以战略联盟的方式，只有4起是以股权并购的方式，3起结合采用股权并购与战略联盟两种方式。和其他地区相比较，中国在拉美地区的资源开发投资是非常成功的，目前还没有出现投资失败案例。

表6－10　　2003年以来中国在拉丁美洲地区的投资案例

年份	投资主体	投资对象	投资金额	结果	投资方式	组织控制
2005	中石油中石化	加拿大石油公司在厄瓜多尔资产	14.2亿美元	成功	战略联盟	契约制
2008	五矿、江西铜业	北秘鲁铜业股份公司	4.55亿加元	成功	战略联盟股权并购	混合制
2008	五矿	巴西COSIPAR公司	3亿元	成功	战略联盟	契约制
2009	顺德日新	智利铁矿	150亿元	成功	股权并购战略联盟	混合制
2009	铜陵有色	加拿大考伦特资源公司	44.11亿元	成功	战略联盟股权并购	混合制
2010	中海油	阿根廷石油公司BEH	31亿美元	成功	战略联盟	契约制
2010	中石化	雷普索尔巴西公司	71亿美元	成功	股权并购	等级制
2010	国家电网	巴西7家输电特许权公司	9.89亿美元	成功	股权并购	等级制
2011	中石化	葡萄牙高普（Galp）巴西公司	未知	成功	股权并购	等级制
2012	中石化	巴西国家石油公司Petrobras	45亿美元	成功	战略联盟	契约制
2012	中石化	西班牙ACS集团下属巴西输电权	9.42亿美元	成功	战略联盟股权并购	混合制

数据来源：笔者根据资讯行、清科数据库整理。

这些结果表明：

其一，在拉丁美洲的境外投资中，我国混合采用股权并购与战略联盟两种投资方式，一定程度上规避了不确定风险，投资成功比率达到100%。

其二，从对拉美投资的成功案例中发现，对拉美的资源投资涉及金额除了2010年中石化并购投资的71亿美元较高外，其他投资金额偏小；在拉美的投资主体也实现了多元化，顺德日新、铜陵有色集团股份有限公司均为非国家标志企业。

其三，在股权控制中注重采用战略联盟的投资方式。在家11起投资案例中，只有3起单独采用了股权并购方式，而且是以经营特许权、许可证的收益方式和参股方式进行，如国家电网投资9.89亿美元，购得巴西7家输电公司及其输电资产30年经营特许权；中石化认购雷普索尔巴西公司的新增股份，认购后的股份比例只有40%，而且在股权收购完成后，双方成立价值177.73亿美元的合资公司，在某种意义上说也是一种战略联盟。

第五节　结论与政策建议

本章尝试从微观生产组织控制新视角，分析当前我国能源资源行业境外投资的总体态势、行业特征和组织控制方式，并依据全球生产组织理论、演进经济学派和基于资源的企业能力理论，将Rajan和Zingales企业理论中的进入权思想融入对外投资合作模型中，尝试在同一框架下又解释了境外能源资源开发投资与合作的组织控制机理。结果表明：当前创新对外投资方式既包括等级制（如海外并购或绿地FDI），也包括契约制（如战略联盟、合作区或外包），但企业的组织控制或协调权力都源于企业的特定资源、组织机制或能力；在网络进入权的机会控制和数量调整机制作用下，最终产品商通过限制进入、替代竞争来激发供应商做出事前定制投资、事前分摊投资和事后最优专用性投资，确保跨国公司获取合意投入品和最大化期望利润。这就是跨国企业激励约束当地合作伙伴专用性投资和资源供应保障的内在机制。

在此基础上，本章进一步针对境外投资方式与组织控制现状，根据资讯行、清科数据库，整理并选取了2003年1月至2012年8月期间规模以上境外能源资源行业投资案例，分六大典型地区进行比较研究。结果表明：

（1）在境外投资方式选择上，我国主要采用股权并购和战略联盟两种方式，几乎没有采用绿地投资方式，这在一定程度上说明我国拥有的企业所有权优势不足。如在日本，一般是实力强的投资者选择绿地投资的方式进入外国市场，实力较弱的投资者选择并购的方式进入外国市场。

（2）境外能源资源投资偏向采用独资模式的股权并购，即更倾向于获得绝对控制权，这是导致大洋洲和北美洲等地区投资失败率较高的一个重要原因。实际上，控股不一定要拥有绝对控制权，但拥有一定的控制权一定得通过企业关系协调与其他企业的投资合作行为，因此在能源资源海外并购中，更要注重拥有剩余控制权而不是形式上的所有权。

（3）在境外能源资源投资中，比企业股权控制更重要的是企业自身能力和国际话语权。六大典型地区的失败案例表明，我国偏好采用独资并购方式虽然是导致投资失败的重要原因，但实际上，其内在根因在于面对国际市场的激烈竞争，我国企业因自身能力限制，无力反抗，在国际竞争中缺乏话语权。

（4）市场化程度、文化差异和政治友好关系是策略组合对外投资方式的三个重要因素。如在拉丁美洲这样文化差异较大但政治关系友好、市场化程度不高的地区进行境外投资，我国混合采用股权并购与战略联盟两种方式，一定程度上规避了不确定风险，投资成功比率达到100%。而在欧洲这样的市场化程度较高但文化差异较大的地区，我国采用股权并购的投资方式较为有效，充分利用企业所有权控制来规避经营风险。在亚洲这样的文化冲突较少但政治环境复杂的地区，我国采用以战略联盟为主、股权并购为辅。相反，由于没有较好地处理好这三种因素，投资失败率相对较高。如在北美洲采用以股权并购为主、战略联盟为辅，投资失败比率较高；在大洋洲采用战略联盟方式比股权并购方式失败率较高；在非洲采用战略联盟方式比股权并购方式失败率相对较高。

为此，我们认为，当前要顺利推进我国能源资源企业“走出去”稳步发展，除了从政策支持体系等方面着力外，关键是要致力于微观主体的企业所有权优势和国际生产组织控制能力的培养。围绕这一战略，当前政府在制度设计和战略政策中，重点需要考虑以下几点：

其一，导向企业理性选择境外投资的组织控制方式。尤其是采用股权并购方式时，需要策略考虑合资、独资与控制权的权衡。独资收购虽然有利于中方掌握控制权，有效规避国际经营风险，但由于我国收购主体企业多为央企，东道国会敏感地认为包含国家利益成分，结果导致并购失败。相反，在股权控制中注重采用战略联盟的投资方式，或者注重拥有相对控股权而不是独资权，更能提高并购成功率。实际上，在海外投资初期，企业应重视合作与联盟，考虑采取组合方式进行投资，如以股权并购为主，辅助与东道国合资方式，或与东道国实力企业进行战略联盟方式进行，能够有效规避并购风险和经营风险。

其二，加快培育能源资源企业的所有权优势。企业所有权优势是指企业拥有先进的管理经验、特定的技术、知识、雄厚的资金、品牌、规模经济等优势，是企业进行海外投资的前提和根本。当前，政府适时提供“一揽子”扶持政策，大力支持境外投资体系建设，是必要且有益的。但是，这些都不是根本性的，根本性的扶持应该是引导有为企业苦练内功、不图多贪大，集中优势资源做强主业，培育和提升企业的所有权优势，这是企业走向全球竞争赢家的必要前提（洪联英、张云，2012）。

其三，构建起境外生产经营体系的整合竞合组织机制。在政府推动和扶持下，能源资源企业实现海外并购或组建境外经贸合作区并非难事，难的是能否处理好并购后的整合竞合问题。政府相关部门要积极扶持、督促投资主体企业通过有效行使企业所有权、网络进入权和价值链分解权的组织机制，担当起境外生产经营体系的有效调控者，解决海外并购后的企业整合竞合行为，协调跨国经营业务功能，控制境外加工生产良性运行。

其四，要构建起东道国伙伴努力合作的保障机制。寻求境外能源资源开发是我国企业“走出去”的长期重要取向，而我国境外投资又主要集中分布在能源资源比较丰富、经营制度环境不健全和政局相对欠稳定的非洲、南美、东欧等地区。因此，需要政府与企业合力，通过强有力的外部合作机制和组织机制建设，激励东道国伙伴积极参与合作，降低逆向选择和道德风险问题，为投资企业提供多元稳定可靠的能源资源供应保障。

其五，充分发挥行业商会的组织功能。行业商会作为中国企业内部控制体系的组织和机制保障，也是联系企业与政府的纽带。协调政府政策的实施，在主体境外投资可以保护国内企业以免恶性竞争。在对企业投资给予建议，也可以确保信息的正确性和完整性，形成良好的信息沟通机制，构建一个健全完整的全球生产网络组织。

第七章　境外经贸合作区建设与企业“走出去”战略：微观生产组织控制视角的分析[①]

本章将从我国典型的对外投资创新方式——境外经贸合作区建设，通过对境外经贸合作区发展态势及组织机制现状分析，构建综合评价指标体系，并应用案例嵌套分析园区企业集群竞合机制及当地伙伴合作机制问题及障碍。

第一节　引　言

自2006年下半年开始，商务部筹资200亿元、分两批共批准19个境外经贸合作区，成为我国实施新“走出去”战略的一项重要举措。短短6年来，境外经贸合作区建设取得较快发展，为政府支持有条件的企业开展对外直接投资、利用国际资源和拓展国际市场，提供了一种全新方式和重要平台。据不完全统计，到2012年就已经有237家企业进驻9个通过考核的合作区，上缴东道国的税赋超过2.65亿美元，解决了当地17865人的就业问题，在这些开发区内，平均每平方公里就能创造6亿多美元的产值，大大高于中国国内开发区的平均水平。然而，作为企业“走出去”的创新模式，合作区建设没有现成的经验可以借鉴，目前在实践层面遭遇了与园区规划不一致、企业问题日益凸显，缺乏科学的综合评价指标体系，严重影响合作区的可持续发展和企业“走出去”步伐。

在目前可获得的相关文献资料中，国外学者很少涉及对我国境外经贸合作区建设问题的研究。现有的国内学者的研究成果主要集中在以下几个方面：

其一，在对单个合作区情况的分析上，肖琪经（2010）对泰中罗勇

① 本章原文部分内容公开发表在《国际经贸探索》2011年第3期。

工业园的投资环境以及泰国工业区的竞争情况，运用SWOT态势分析法总结了园区建设的可行性、园区建设的内容、实际进展情况以及未来的建设方向。冯维江和姚枝仲（2012）分析了中埃苏伊士合作区的成因，并将我国境外经贸合作区与新加坡海外园区分别从政府政策干预、建设优势、拓展模式、战略取向等进行对比，说明苏伊士合作区是将中国特色的特区制度经过改良再向外移植，同时与帮助改善发展中国家及友好国家运营环境相结合的新模式。赵建华（2009）、王佳丽（2010）等对浙江境外经贸合作区和俄罗斯乌苏里斯克经贸合作区的发展进行了较为深入的研究。

其二，在区位选择的分析上，陈林莉（2008）分析境外经贸合作区的地区分布情况及其特征，将之与我国对外直接投资传统模式的区位选择进行对比，确定境外经贸合作区定位的区位因子并构建区位选择模型，提出按照四大区位选择原则和区位因子选择方法（等级相关系数分析法）来选择境外经贸合作区的投资区位。冯兴艳（2011）研究中非的境外经贸合作，分析当前中非合作的现状，并对合作区定位于非洲的后期发展提出积极性的建议。

其三，在建设可持续发展的分析上，洪联英和张云（2011）通过总体评估和案例分析，认为当前存在微观企业问题凸显，产业定位不明确，以及盲目投资、重复建设、区位选择扎堆等现象，严重影响我国境外经贸合作区的可持续发展和企业“走出去”的“步伐”，并提出合作区建设的政府主导模式需要进行战略性调整。李春顶（2008）分析现有19个境外经贸合作区的现状和特点，重点在政府行为选择和定位、企业行为选择与定位两个层面提出了建议。Armstrong（2011）利用计量经济学的方法，评估了中国海外投资的规模及潜力，为后期发展提出建设性意见。

综上所述，目前我国学者一般都是针对单个境外经贸合作区的发展，境外经贸区的区位选择、发展现状及存在的宏观问题等进行研究，较少涉及微观企业行为以及境外园区的企业组织控制问题，尤其是我国境外经贸合作区建设发展到今日，规模数量日益壮大，为了推进合作区合理规划和科学发展，构建一套科学、合理的综合评价指标体系已是迫在眉睫。

为此，本书旨在通过系统梳理我国境外经贸合作区建设的发展历程、发展态势和特点，重点从微观生产组织控制层面厘清牵头企业在园区企业体系的中心地位和组织控制机制，分析园区建设存在的问题和组织障碍，并尝试构建一套客观反映我国境外经贸合作区建设发展程度的综合评价指标体系，从而为境外经贸合作区的持续、快速、健康发展和企业“走出去”战略提供理论依据和政策启示。

第二节　境外经贸合作区发展现状与特点①

一　境外经贸合作区建设的内涵

自20世纪90年代末，我国民营企业就开始探索“走出去”的道路，如1998年福建华侨实业公司在古巴创办了合资企业，2000年3月海尔美国工业园的建立等。不过这些小区的作用和地位尚是概念性的，市场定位很不清晰。之后，随着我国贸易摩擦不断增加，企业对外投资的愿望越来越强，包括国有企业开始探索建立境外园区，如2004年天津保税区投资公司在美国南卡罗来纳州建立天津美国商贸工业园等。但由于没有政府政策支持行为，“走出去”活动没有实质性进展。

直到2005年年底，商务部提出建立境外经贸合作区的对外投资合作举措，并相继出台多项配套政策措施，鼓励企业抱团到境外建设经济贸易合作区。2006年6月，商务部发文《境外中国经济贸易合作区的基本要求和申办程序》，正式启动了扶助对象的申报和评标工作。2006年6月18日，商务部表示，中国将建成50个境外经贸合作区，旨在减少经贸摩擦，实施外贸转型，并将推动建设境外经济贸易合作区作为商务部的一项重点工程（钟正岩，2007）。

由此可知，我国境外经贸合作区实际上是由国家商务部牵头，与政治稳定且同我国关系较好的国家政府达成一致，然后以国内审批通过的牵头企业为建设经营主体，与国外政府协议和签约建设境外经济贸易合作区；再由该企业开展对外招商，吸引国内外相关企业入驻，抱团以直接投资方式形成境外产业集群；在合作区建设中，通过审核授权后，国家将给予2亿—3亿元人民币的财政支持和不超过20亿元人民币的中长期贷款；最终形成产业链较完整，辐射和带动能力强，影响大的加工区、工业园区、科技产业园区等各类经济贸易合作区域（董琪，2009）。其建设流程如图7－1所示。

① 本节内容原文公开发表在《国际经贸探索》2011年第3期上。

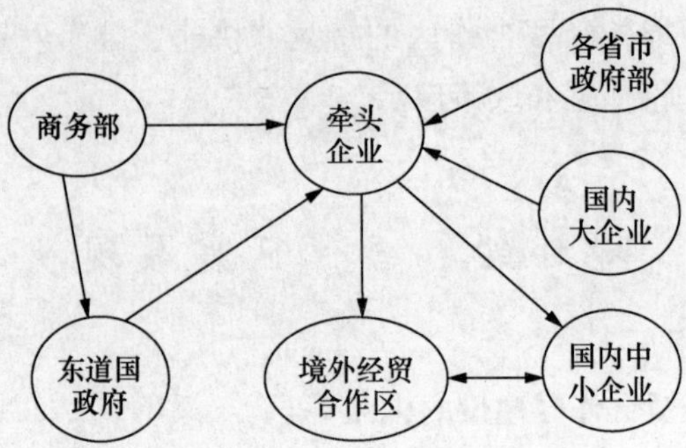

图7－1　我国境外经贸合作区建设流程

境外经贸合作区，是指在境外有条件的国家或地区建设或参与建设的基础设施较为完善、产业链较为完整、带动和辐射能力较强、影响力较大的工业、农业或服务业园区，以吸引中国或其他国家企业投资兴业。以上为我国商务部对境外经贸合作区的定义。

我国的境外经贸合作区是一种没有国际经验可以借鉴的全新对外投资方式。其做法是由国家商务部牵头，与政治稳定且同我国关系较好的国家政府达成一致，然后以国内审批通过的企业为建设经营主体，由该企业与国外政府协议和签约，在国外建设经济贸易合作区；再由该企业开展对外招商，吸引国内外相关企业入驻，形成产业集群，所以相当于我国企业以集群和抱团的方式集体对外直接投资；在合作区建设中，通过审核授权后，国家将给予2亿—3亿元人民币的财政支持和不超过20亿元人民币的中长期贷款。所以在境外经贸合作区建设中，企业是“走出去”的主体，政府提供的是服务功能以及权益保障。

二　境外经贸合作区的发展历程

（一）审批阶段

如表7－1所示，自2006年以来，商务部会同有关部门，鼓励企业进行合作区建设，探索企业“走出去”的新模式，推动“走出去”发展。几年来，商务部会同有关部门组织分别于2006年6月和2007年7月启动了两次合作区招标，确定了19个国家级项目，分布在15个国家。

（二）初期建设阶段

由于到国外进行经贸合作区建设，没有现成的国际经验可以借鉴，在初期建设过程中困难和障碍较多。到2009年商务部再一次公布合作区进

表7-1　　商务部已审批的19个国家级境外经贸合作区概况

批次	序号	名称	区位	牵头企业
第一批	1	赞比亚中国经贸合作区	非洲	中国有色矿业集团有限公司
	2	泰国罗勇工业园	东南亚	浙江省华方医药科技有限公司
	3	巴基斯坦海尔—鲁巴经济区	南亚	青岛海尔集团电器产业有限公司
	4	柬埔寨西哈努克港经济特区	东亚	江苏太湖柬埔寨国际经济合作区投资有限公司
	5	尼日利亚广东经贸合作区	非洲	广东新广国际集团中非投资有限公司
	6	毛里求斯晋非经贸合作区	非洲	山西晋非投资有限公司
	7	俄罗斯圣彼得堡波罗的海经贸合作区	俄罗斯	上海海外联合投资股份有限公司
	8	俄罗斯乌苏里斯克经贸合作区	俄罗斯	康吉国际投资有限公司
第二批	9	委内瑞拉库阿科技工贸区	南美	山东浪潮集团
	10	尼日利亚莱基自由贸易区—中尼经贸合作区	非洲	中非莱基投资有限公司
	11	越南中国（深圳—海防）经贸合作区	东南亚	深越联合投资有限公司
	12	越南龙江工业园	东南亚	浙江省前江投资管理有限责任公司
	13	墨西哥中国（宁波）吉利工业经贸合作区	南美	吉利控股集团为主
	14	埃塞俄比亚东方工业园	非洲	江苏永元投资有限公司
	15	埃及苏伊士经贸合作区	非洲	中非泰达投资股份有限公司
	16	阿尔及利亚中国江铃经贸合作区	非洲	中鼎国际、江铃汽车集团
	17	韩国韩中工业园	韩国	重庆东泰华安国际投资有限公司
	18	中国—印度尼西亚经贸合作区	印度尼西亚	广西农垦集团
	19	中俄托木斯克木材工贸合作区	俄罗斯	中航林业有限公司

注：笔者根据商务部的相关资料整理。

展情况时，只正式公布了16个经贸合作区的建设近况，而另外3个合作区——阿尔及利亚中国江铃经贸合作区、墨西哥中国（宁波）吉利工业经贸合作区以及俄罗斯乌苏里斯克经贸合作区的情况和资料，此后一直没有公布。16个境外经贸合作区的具体初期建设成果见表7-2。

表7-2　16个境外经贸合作区初期建设成果

序号	名称	初级建设成果
1	赞比亚中国经贸合作区	完成基础设施投资9130万美元，平整土地面积188万平方米
2	泰国罗勇工业园	已完成1.5平方公里的第一期园区建设，基础设施投资5375万美元，平整土地面积132万平方米
3	巴基斯坦海尔—鲁巴经济区	完成基础设施投资3757万美元，平整土地面积33万平方米
4	柬埔寨西哈努克港经济特区	完成基础设施建设投资9967万美元，平整土地面积241万平方米
5	尼日利亚广东经贸合作区	完成基础设施投资2134万美元，平整土地面积146万平方米
6	毛里求斯晋非经贸合作区	扩建合作区完成基础设施投资738万美元，平整土地面积210万平方米
7	俄罗斯乌苏里斯克经贸合作区	完成基础设施投资7066万美元，平整土地面积45万平方米
8	委内瑞拉库阿科技工贸区	完成基础设施投资800万美元，平整土地面积2万平方米
9	尼日利亚莱基自由贸易区—中尼经贸合作区	完成基础设施投资5038万美元，平整土地面积92万平方米
10	越南中国（深圳—海防）经贸合作区	首期22公顷土地已交付，工程项目建设已开始
11	越南龙江工业园	完成基础设施投资1165万美元，平整土地面积105万平方米
12	埃塞俄比亚东方工业园	完成基础设施投资710万美元，平整土地面积8万平方米
13	埃及苏伊士经贸合作区	完成基础设施投资4321万美元，平整土地面积107万平方米
14	韩国韩中工业园	已投资1300万美元，正式建设尚未开始
15	中国—印度尼西亚经贸合作区	已投资4667万美元，平整土地面积120万平方米
16	中俄托木斯克木材工贸合作区	完成基础设施投资11051万美元，开发建设土地面积168万平方米

注：依据商务部相关资料整理。

（三）招商引资阶段

2011 年 8 月底，合作区建区企业累计完成投资 9.84 亿美元，协议入区企业 254 家，累计协议投资 36.09 亿美元，实际投资 17.87 亿美元；截至 2012 年 7 月底，中国 16 个在建境外经贸合作区已有 9 个通过中国商务部、财政部的考核，实现 86 亿美元的产值。分别是中俄托木斯克木材工贸合作区、赞比亚中国经贸合作区、埃及苏伊士经贸合作区、泰国罗勇工业园、尼日利亚莱基自由贸易区—中尼经贸合作区、柬埔寨西哈努克港经济特区、尼日利亚广东经贸合作区、埃塞俄比亚东方工业园、越南中国（深圳—海防）经贸合作区。

除韩国韩中工业园因为未知原因，正式建设仍未开始以外，其他 15 个境外经贸合作区都已完成初期建设，基础设施完备，达到吸引企业入驻的基本条件。就连相关资料稀缺的毛里求斯晋非经贸合作区以及委内瑞拉库阿科技工贸区，2010 年 9 月在期商务部的网站上公布企业入驻情况。具体招商引资最新情况如表 7－3 所示。

表 7－3　　16 个境外经贸合作区最新招商引资状况

序号	合作区名称	最新招商引资状况
1	赞比亚中国经贸合作区	截至目前，经贸合作区基础设施投资累计超过 1.4 亿美元，已有 21 家企业入驻，吸引投资近 12 亿美元，实际完成投资超过 10 亿美元
2	泰国罗勇工业园	截至 2012 年 6 月，已有 40 家中国企业入驻
3	巴基斯坦海尔—鲁巴经济区	截至 2010 年 9 月，入区企业 8 家，投资额 7501 万美元。由于当地安全环境恶化等原因，2009 年以来基础设施建设和招商等工作无实质进展
4	柬埔寨西哈努克港经济特区	截至目前，引入企业 20 家，其中中资企业 14 家，第三国企业 5 家，中柬合资企业 1 家。现已开工投产 15 家，区内从业人数达 6000 人
5	尼日利亚广东经贸合作区	截至 2010 年 9 月，入区企业 14 家，投资额 8980 万美元
6	毛里求斯晋非经贸合作区	截至 2010 年 9 月，入区企业 1 家，投资额 40 万美元
7	俄罗斯乌苏里斯克经贸合作区	截至 2012 年 11 月，累计完成投资 14 亿元，开发土地面积 54 万平方米，建成厂房及配套设施 13.6 万平方米，入驻企业 26 户

续表

序号	合作区名称	最新招商引资状况
8	委内瑞拉库阿科技工贸区	截至2010年9月，入区企业（电脑工厂）1家。园区主导产业及与委方合作等事宜仍在商谈中，融资困难较大，尚未开始建设
9	尼日利亚莱基自由贸易区—中尼经贸合作区	截至2010年12月，共有70家企业入驻，已实现投资总额6857.4万美元
10	越南中国（深圳—海防）经贸合作区	2012年11月，“百隆东方”成为第一个入驻中国—越南（深圳—海防）经贸合作区的企业，标志着历经四年筹备的经贸合作区正式启动运作
11	越南龙江工业园	截至2013年，已有13家中外企业入驻
12	埃塞俄比亚东方工业园	截至2011年10月，已有12家企业入驻
13	埃及苏伊士经贸合作区	目前，合作区内已有11家中资企业入驻，投资总额近1亿美元
14	韩国韩中工业园	截至2010年9月，正式建设尚未开始
15	中国—印度尼西亚经贸合作区	截至2011年10月，已有南通市康桥油脂有限公司、阿拉达歌利亚木鲁迪有限公司等10家企业签约入园，投资总额6000多万美元
16	中俄托木斯克木材工贸合作区	截至2010年9月，入区企业11家，投资额6642万美元。

注：依据商务部相关资料整理而来。

三　境外经贸合作区的总体发展态势

（一）境外经贸合作区的蓬勃兴起是由企业国际化和产业发展阶段决定的

近年来我国企业国际化取得了快速发展，但总体上尚处于起步阶段，企业生产率水平普遍较低，国际竞争能力很有限。以2010年为例，即使如中国石化、国家电力、中国工商银行等进入世界500强前列的中国先进企业，其劳动生产率均在国际行业首位企业水平的5%以下，人均营业收入和人均利润的国际差距很大，而且含有垄断成分。如果从占我国企业总数99%的中小企业来看，劳动生产率水平更低。这些事实表明，中国企业并没有真正发展起来，单个的中小企业“走出去”，难以支撑起企业国际化持续经营的根本要求。

另外，近30年的出口导向模式改变了我国劳动力市场的需求，沿海制造业面临劳动力短缺和工资快速上升的双重困境，外向产业发展进入转型升级新阶段。尤其自金融危机以来，出口受挫、贸易摩擦频频，致使珠三角和长三角地区的大批外向企业更是生存维艰，如2008年上半年就有6.7万家规模以上的中小企业倒闭，其中纺织企业倒闭超过1万家（《广州日报》2008年8月4日），相当数量的企业已经陷入非正常的歇业、停产甚至倒逼现象中，加快外向产业结构调整和产能转移成为必然。

正是这一双重特点，决定了我国境外经贸合作区建设初期只能走以“政府为主导，企业为主体，市场化经营为原则”的建设模式，而且主要集中在：一是国内市场饱和，生产技术相对发展的优势行业，如食品加工、农副产品加工、日化加工、塑料等；二是出口重大，易受摩擦影响的行业，如纺织、服装、鞋帽、家具及小家电等（赵建华，2009）。此外，境外合作区的区位选择也只能依照我国企业生产率水平进行，即由欠发达地区和贸易友好国开始，再向距离较远、政治贸易关系一般的较发达国家或地区，如委内瑞拉和墨西哥、韩国延伸，这从前两批合作区的选址情况得到证实。

（二）经过近7年的运行，总体发展态势良好

其一，基础设施建设总体进展顺利。如泰中罗勇工业园于2006年3月开始建设，“七通一平”工作已提前完成了原定的一期计划，开发面积达到1.5平方公里；俄罗斯乌苏里斯克经贸合作区开发于2006年下半年启动，一期征地面积53.81万平方米，收购了总面积为5万平方米的厂房、办公楼、宿舍和库房，完成了三栋建筑面积共8954平方米砖混厂房和一栋建筑面积2740平方米砖混办公楼建设：龙江工业园园区于2008年5月启动基础设施建设，“三通一平”的土地已经达到20公顷，具备了企业建设和生产的通行能力，园区临时办公楼已建成并投入使用；越美（尼日利亚）工业园于2008年动工建设，已完成道路硬化工程及供水、电力、排水工程，建成各类标准厂房12幢（10万平方米）及部分宿舍楼（赵建华，2009）。2011年8月底，合作区实际平整土地17.69平方公里。

其二，企业入驻数量与计划虽有一定差距，但入驻企业运营情况良好。从企业入驻情况看，泰中罗勇工业园是被商务部评为“目前总体情况最好的工业园”，计划引进中国企业50家，其中，第一阶段2009年，计划引进25家；第二阶段2010年，计划引进15家；第三阶段2012年，

计划引进10家。但截至2009年10月，园区共入驻企业17家，仅完成第一阶段计划的68%。2011年8月底，协议入区企业254家，累计协议投资36.09亿美元，实际投资17.87亿美元。不过，依托境外合作区提供的政策、服务和环境优势，入驻企业运营情况良好：俄罗斯乌苏里斯克合作区入区7家企业固定资产和流动资产投资已达3.75亿元人民币，目前生产经营状况良好，2007年实现销售收入5800万美元、税金1200万美元。泰中罗勇工业园入驻行业主要为汽车零部件、机械与金属、电子电器等，目前企业经营情况良好。海亮（越南）铜业有限公司是龙江工业园第一家入区企业，该项目一期投资4718万美元，建成3.6万吨高档铜合金/JOT基地，后期还将追加投资至1.2亿美元，转移国内3.5万吨铜合金产能，并最终建成7.1万吨的铜合金生产基地。目前已顺利进入投产运行阶段（董琪，2009）。

其三，经济和社会效益初步显现，合作区入区企业累计实现产值55.66亿美元，向当地政府缴纳税费1.92亿美元，合作区累计为当地提供17340个就业机会。

其四，增进与所在国友好关系，赞比亚中国经贸合作区设有中赞友谊医院，尼日利亚奥贡自由贸易区内我国援建了一所小学，天津市、山东省、无锡市、深圳市分别与合作区所在国地方政府建立了友好省市关系。

（三）对我国境外投资合作的拉动效应显著

这从境外经贸合作区建立前后，我国在东道国的FDI和工程承包业务变化情况即可看出。以印度尼西亚等8个主要合作区伙伴为例，2005年，我国实现FDI（非金融类）最高是韩国（88222万美元），最低是尼日利亚（9411万美元）；实现对外工程承包最高是阿尔及利亚（105043万美元），最低是韩国（21215万美元）。但自2006我国开展合作区建设以来，FDI和对外工程承包业务取得迅猛发展，3年建设期间的年均增长率都达两位数以上，如泰国和尼日利亚的FDI（非金融类）年均增长率分别高达121.3%和115.9%，越南和印度尼西亚的对外工程承包年均增长率分别高达92.3%和63.6%。如图7-2和7-3所示，我国与主要合作区伙伴在对外投资合作业务上呈强劲增长势头。

正如上文我国境外经贸合作区发展特点所说，所选择的东道国主要集中于发展中国家，这些国家的国内状况，包括经济环境、基础设施环境、法律制度环境、商业信用环境等都或多或少地存在一些缺陷。同时，这些国家的国内需求有限，相关出口辅助产业不足，给合作区内企业生产的产品在当地的销售以及出口都在不同程度上造成障碍。此外，由于存在一些文化以及意识形态的差异，导致部分企业难以融入东道国市场环境，甚至出现过工人罢工的现象。诚然，这些问题都会在一定程度上给我国企业的直接对外投资增加风险。

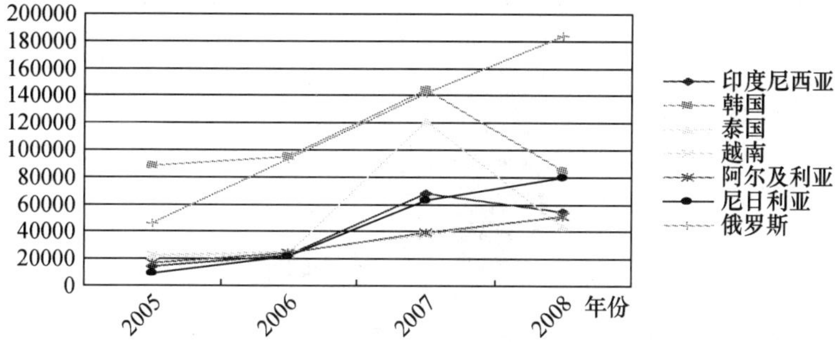

图 7－2 合作区建设前后主要所在国家或地区的对外直接投资（非金融类）变化趋势（万美元）

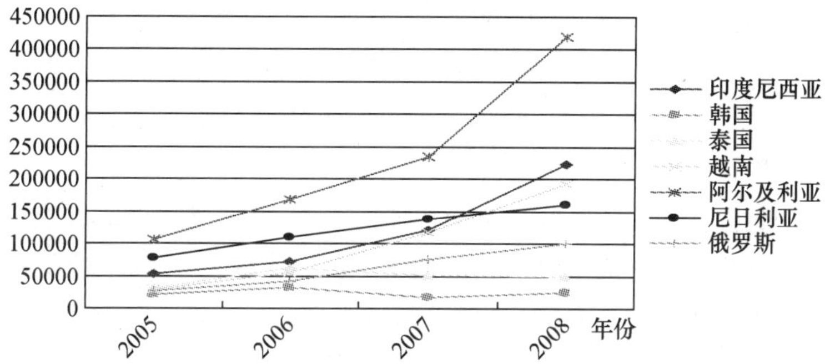

图 7－3 合作区建设前后主要所在国家或地区的对外承包工程变化趋势（万美元）

资料来源：2003—2008 年度中国统计年鉴。

四 境外经贸合作区发展特点

（一）投资地主要集中在发展中国家

在区位选择上，我国境外经贸合作区主要分布于东南亚、非洲、拉美等欠发达地区：其中东南亚 6 个，分布于越南、柬埔寨、印度尼西亚等国；非洲7个，分布于赞比亚、尼日利亚等国；拉丁美洲2个，分布于委内瑞拉和墨西哥。此外，与我国经贸外来比较频繁的邻国俄罗斯3个、韩国1个。从图7-4投资区位分布看，我国现有的境外经济贸易合作区大部分分布在非洲、东南亚、南美以及东欧等发展中国家：与我国有地缘关系的国家（地区）有9个，其中东南亚国家6个，俄罗斯2个，韩国1个；分布在非洲地区6个，其中尼日利亚2个；分布在南美地区——委内瑞拉1个。

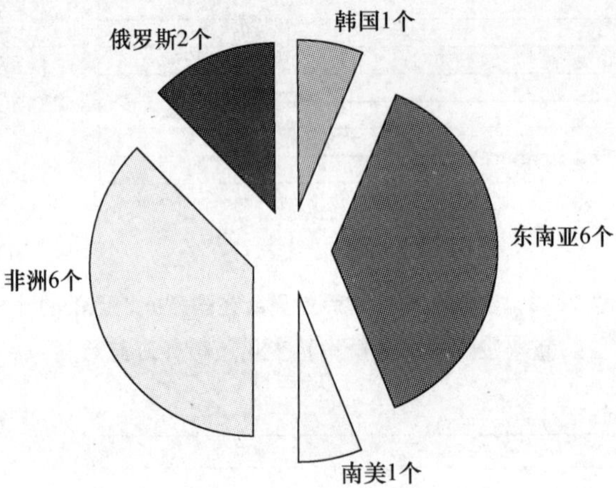

图7-4 我国境外经贸合作区地区分布

显而易见，这些国家或地区大多数都属于欠发达地区，这个分布情况主要有两个特点：一是与我国有地缘关系，劳动力成本比较低的国家（地区），如巴基斯坦、泰国、俄罗斯、柬埔寨；二是与我国有着良好的政治关系，经贸往来密切，资源丰富的国家（地区），如赞比亚、毛里求斯、尼日利亚，中国与这些国家有着深厚的友谊，我国企业在这些地方投资可以在一定程度上避免海外投资的政治风险。而且利用当地的劳动力和自然资源，可以延续中国商品的价格优势。目前，我国的境外经贸合作区尚未进入经济水平较高、科技水平较高的发达地区，如西欧、北美等。从第二批审批的境外经济贸易合作区的选址来看，开始向距离较远的，政治关系及经贸联系一般的，同时也是相较而言发达一些的国家（地区），如南美的墨西哥和委内瑞拉以及韩国。境外经济贸易合作区投资区位分布的扩展化趋势与对外直接投资传统模式十分相似，都是从关系良好的欠发达国家向较发达国家扩展。

（二）牵头企业都是经济实力雄厚的大中型企业

境外经贸合作区的建设采用企业为主，政府推动的模式。牵头入区企业都是国际化程度比较高、经济实力雄厚的企业，如海尔集团、中国国际海运集装箱股份有限公司、红豆集团等。

企业主建可以分为中国单个企业主建、中国多个企业主建、中国企业和东道国企业共建三种模式。从投资企业类型看，建设主体为经济实力较强、跨国经营经验丰富的大中型企业。这些企业均在海外市场打拼多年，对海外的法规、文化等要素较为熟悉，国际化的人才也比较多，所以其投资建设境外合作区比较容易，成功率相对较高。如泰中罗勇工业园投资建设单位华立集团在美国、法国、俄罗斯、阿根廷、印度、泰国、菲律宾都设有制造基地、分支机构，在非洲十多个国家也设立了业务机构；俄罗斯乌苏里斯克经贸合作区的投资主体康奈集团目前已在全球 20 多个国家开设 100 多家专卖店；龙江工业园投资单位管理层有多年在越南经营管理工业园区的经验，与越南各方有广泛联系与合作基础。

（三）园区形态多为工业园区

境外经济贸易合作区只是一个统称，目前没有固定的模式，具体形态完全靠企业创造。但从功能上可以区分为以下几种：工业园区（市场寻求型）、出口加工区（出口导向型）、科技园区（技术研发型）、境外资源开发合作园区（资源开发型）、自由贸易区（综合型）（李计广，2007）。

我国的境外经贸合作区多定位为工业园区，其中首推三个在商务部登记名即为工业园的：泰国罗勇工业园、越南龙江工业园、埃塞俄比亚东方工业园。此外，从合作区定位来看，如越南中国（深圳—海防）经贸合作区将建设成为以电子、服装、机械制造为主的多产业工业园区；在中国有色集团的努力下，形成了以赞比亚中国经济贸易合作区为平台的中国最大境外有色金属工业基地；而俄罗斯乌苏里斯克经贸合作区则是定位于轻工、机电（家电、电子）、木业等产业的新型工业园区。

（四）投资行业

仍然是以制造业占据主导地位。在投资主体中，能源、资源、建筑、农业、轻工、冶炼、电子等传统行业的占有量则大于其他行业。

（五）投资建设规模

投资规模大小不一，但都在 1 亿美元以上，中俄托木斯克木材工贸合作区的资金投入达15.7亿美元（约100亿元）。规划面积最小不低于1平方公里（巴基斯坦海尔家电工业区只有1.03平方公里），最大为165平方公里（尼日利亚莱基自由贸易区）。

(六)“走出去”的组织模式

目前，我国境外经贸合作区采取“政府为主导，企业为主体，市场化经营为原则”的运作模式，是一种政府推动下的企业境外投资行为。

第三节　境外经贸合作区建设与组织控制机制分析

一　基本模型的构建

依据第四章价值链分解权思想，本章的基本假设是：在国际生产投资过程中，高链节企业拥有生产过程的分解权和保留核心资产的权利，体现到分享事后剩余时，上级企业有权抽取下级企业或供应商的组织租金，链节越高，抽取的租金越多。由此，本节以此为前提来讨论园区牵头企业与其他中小企业或各级供应商之间的微观传导机制。

(一) 偏好与需求

假设园区牵头企业F为母国一家较高生产率企业，存在一个连续变体为n的不同中间商品$y(i)$，且$0\leqslant i\leqslant n$，劳动L是唯一的生产要素。利用不变替代弹性生产函数，牵头企业F在境外园区通过其价值链企业分解或外包中间产品而获得最终商品Y，其余链节企业作为下级加工企业或中间供应商角色。假设在母国和东道国构成的经济体系中，消费者对行业内差异产品的消费偏好满足Dixit－Stiglitz函数，其最大化效用为：

$$U=\left[\int_0^n y(i)^{\beta}di\right]^{\frac{1}{\beta}}\quad 0<\beta<1 \tag{7.1}$$

在这一消费偏好条件下，园区牵头企业对差异产品的需求函数为：

$$y(i)=Ap(i)^{-1/(1-\beta)} \tag{7.2}$$

式中，p为商品价格，$\varepsilon=1/(1-\beta)>0$为需求弹性，$A>0$代表母国的需求水平，对企业来说，$A$可视为一个给定的外生变量。由此，牵头企业销售产品$y(i)$后，所得收入为：

$$R[y(i)]=A^{1-\beta}y(i)^{\beta} \tag{7.3}$$

（二）境外园区生产合作、价值链分解权与组织控制

假设园区牵头企业与园区其他中小企业或东道国供应商进行合作加工生产。由于各公司间企业文化和制度差异、技术环境上的复杂性，以及公司体制和治理机制的不同，整个加工合作过程都面临不确定性。对牵头企业来说，不论采取何种投资方式和企业组织形式，加工合同或采购合同都是不完备的，需要考虑加工生产的组织控制问题。

依据全球价值链分工理论和企业异质性理论，生产率水平越高，专业化分工越多，在价值链条中的节点位置越高，链节点较高的企业拥有对下级加工企业生产过程的分解权。假设牵头企业作为主导企业，生产率水平较高，是分解整合企业生产过程的总控制者，并通过保留企业的核心资产（主要指技术、经验、技能），位于链条的最高节点处，而将非核心资产分解给下一级加工企业或供应商，依此类推，每一级分解都赋予上级链节企业的位势权力——价值链分解权。这样，通过使用价值链分解权的组织机制控制，既能有效协调和预防资产价值分散带来的风险，又能按照自身意愿来整合好资源和技术，有效控制与协调园区企业体系的生产运行，实现价值增值的目的。

假设生产率高低主要取决于企业的技术水平，牵头企业根据技术水平 $N \in R_+$ 将产品生产过程进行分解，每个子公司或加工企业生产某一中间投入品 $i \in [0, N]$，假设 $X(i)$ 是中间投入品的数量。在技术水平 N 一定时，牵头企业的生产函数表示为：

$$y = N^{k+1-1/\alpha}\left[\int_0^N X(i)^\alpha di\right]^{1/\alpha} \quad 0 < \alpha < 1, k > 0 \tag{7.4}$$

式中，α 决定投入品之间的互补程度，参数表示对应于技术水平 N 的生产率弹性。显然，投入品之间的替代弹性 $1/(1-\alpha)$ 恒大于 1；仿照 Acemoglu 等（2007），将企业生产函数引入积分前 $N^{k+1-1/\alpha}$ 项，允许将投入品之间的替代弹性和相对于技术水平的产出弹性分开控制（Benassy, 1998）。也就是说，如果 $X(i)=X$，即所有是一样的，那么企业的产出为 $y=N^{k+1}X$，此时 α 既不影响产出，也不影响生产率（生产率水平可用 $\theta = y/NX$ 表示），而且生产分段越多，N 越高，转化成的企业生产率也越高。

假设在整合生产过程分解中，为了确保其在价值增值活动中拥有相应的控制权，各级链节企业通常都将保留其总部相对密集性资产，将零部件相对密集性资产（非核心资产）分离给下级加工企业或供应商。这样，

下级企业或供应商的生产在技术上都受上级企业的控制，从而使得每一分段的中间产品生产都需要两种特定要素投入：上级链节企业提供的总部服务 $h(i)$，主要包括研究、产品开发，营销、质量控制或其他类似的技能培训等，下级链节企业提供的零部件制作 $m(i)$，主要是指加工生产或组装等相关活动。为简化讨论，各中间投入品的生产用 Cobb - Douglas 生产函数来表示：

$$X(i)=\theta_i h(i)^{\eta}m(i)^{1-\eta},\ 0<\eta<1, \tag{7.5}$$

式中，θ_i 表示 i 链节加工企业或供应商的投入品生产率水平；η 和 $1-\eta$ 分别表示 $h(i)$ 和 $m(i)$ 对的产出弹性，其中 η 的大小与总部服务密集使用正相关，η 越高，表示链节越高；反之，表示链节越低。假设 $h(i)$ 只在牵头企业母国生产，且每单位劳动能够生产出 1 单位的产出；$m(i)$ 既可在母国，也可在外国生产，且每个国家都可以用每单位劳动生产出 1 单位的产出。

此外，为了联合生产出合意的零部件，上级链节企业需要投入一些如监管、质量控制、核算、营销等组织成本 $c(N)$，其大小用单位可变劳动来表示。下级链节供应商为了确保在竞争中赢得参与链节投入品生产的进入机会，需要支付一笔事前转移投资 $t(i)$。

（三）贸易、销售与支付

牵头企业与各级加工企业或供应商通过合同组成联盟进行联合生产后，通过价值链分解权的机制控制和贸易流通，上级链节企业从下级企业或供应商处获取所需要的零部组件。然后由牵头企业生产并销售最终产品 Y。将式（7.4）和式（7.5）代入式（7.3），可以得到联合租金为：

$$R = A^{1-\beta}N^{k+1-1/\alpha}\left\{\int_0^N\left[\theta_i h(i)^{\eta}m(i)^{1-\eta}\right]^{\alpha}di\right\}^{\beta/\alpha} \tag{7.6}$$

假设牵头企业与各级加工企业或中间供应商都是追求最大化报酬者，各方通过对事后联合租金的讨价还价得到的剩余份额为 $B(i)$。考虑各级加工企业或供应商的外部选择是生产国内同质产品 y_0，获得利润π_0，则各级加工企业或供应商的支付为：

$$\pi_S(i)=\max\{[B(i)-w_S m(i)-t(i)],\ \pi_0\} \tag{7.7}$$

牵头企业得到的支付为：

$$\pi = R-\int_0^N B(i)di - w_N h(i) - c(N) \tag{7.8}$$

以上各式刻画了价值链分解权约束下的境外园区国际生产与投资

模型。

二　微观生产组织控制的传导机制分析

（一）企业组织行为与园内生产合作

根据上述模型，牵头企业或其他高链节企业为了确保其在价值增值活动的相对优势，总会保留核心资产的生产，将非核心资产分解或外包给下级加工企业或供应商加工或生产。这样，上级链节企业选择提供总部服务 $h(i)$ 和一份零部件投入品生产合同 $\{m(i)_{i\in(0,N)}, B(i)\}$，下级供应商接受并承担投入品 $m(i)_{i\in(0,N)}$ 的制作和前期转移投资 $t(i)$，并得到相应支付 $B(i)$。由于合同是不完备的，这种合作企业生产活动实际上是一种讨价还价的博弈过程，企业核心能力越强，其在生产分段过程中所处的链节位置越高，相应的讨价还价权力越强，博弈均衡结果就是要使式（7.7）和式（7.8）最大化。据此，如果要使 $X(i)$ 的加工生产与交易成功，上、下级链节企业的均衡投入水平需要满足：

$$h(i) = \text{argmax}_h\{B(i+1) - w_N h(i)\}$$
$$m(i) = \text{argmax}_m\{B(i) - w_S m(i)\} \tag{7.9}$$

当上述条件得到满足时，牵头企业经讨价还价后得到的剩余为：

$$B(0) = A^{1-\beta}N^{k+1-1/\alpha}\left\{\int_0^N\left[\theta_i h(i)^{\eta} m(i)^{1-\eta}\right]^{\alpha}di\right\}^{\beta/\alpha} - \sum_{i=1}^{N}B(i) \tag{7.10}$$

同时，为了确保下级企业或供应商参与生产链，还需要满足条件：

$$B(i) - w_S m(i) - t(i) \geqslant \pi_0\text{，对所有 } i\in[0, N] \tag{7.11}$$

在式（7.10）和式（7.11）约束下，牵头企业的最优化问题可改写为：

$$\max_{N,h(i)m\{B(i),t(i)\}} B(0) + \int_0^N t(i)di - w_N h(i) - c(N) \tag{7.12}$$

在各链节企业事前转移投资 $t(i)$ 不受约束情况下，均衡时下级加工企业或供应商的参与约束只需要满足式（7.11）中的等号，即：

$$t(i) = B(i) - w_S m(i) - \pi_0\text{，对所有 } i\in[0, N] \tag{7.13}$$

为简化起见，本研究假设各级加工企业或供应商事前转移投资相同，替代企业目标函数，则子博弈精炼均衡可以用下面最大化问题的一个解来表示：

$$\max_{N,h(i),m(i)} B(0) + N[B(i) - w_S m(i) - \pi_0] - w_N h(i) - c(N) \tag{7.14}$$

（二）讨价还价与层级租金分配

由于上级企业拥有对下级企业的生产过程分解权，即决定下级加工企业或供应商能够生产什么、生产多少的问题。换言之，如果牵头企业没有参与联合生产，没有一个加工企业能使用这个园区企业体系生产出特定投入品。这样，我们可以采用简化的 Shapley - Value 方法（Shapley，1953；Osborne & Rubinstein，1994），来讨论牵头企业与各级加工企业或供应商之间的联合租金分配机制。具体方法如下：假设一个下级企业与一个由他的所有高端（包括直接和间接）企业组成的联盟，即简化成两个代表性企业组成统一生产体系，对共同生产出来的联合租金进行讨价还价分配。第一阶段，由下级企业和他的所有上端代表性企业对联合总租金的分配进行讨价还价；第二阶段，对他的所有上端企业联盟讨价还价得到的租金份额，即由次低企业和他的上级联盟代表讨价还价进行分配；这一过程一直持续到链节最高的牵头企业与他的直接供应商的讨价还价，并且分配完剩余为止。

如果技术水平 N 分段数量就是园区各级供应商数目，则在一个 1（N 个上级联盟的代表）+1 的合作博弈中，让 $g=\{g(0), g(1), \cdots, +g(N)\}$ 作为一个由 0，1，2，…，N 组成的排列，其中 0 代表牵头企业，其余 1，2，…，N 代表各链节加工企业或供应商；并让 $z_g^j=\{j' \mid g(j)>g(j')\}$ 表示在组合中后代表性企业的博弈次序集。按照讨价还价方法，首先让 $j=\{0, 1, 2, \cdots, (N-1)\}$ 组成第 N 个低端供应商的上级联盟，同第 N 个供应商对其联合产出 R 进行讨价还价，遵循 Shapley - Value 法，在两个代表性企业的讨价还价中，第 N 个加工企业或供应商所得剩余应为：

$$B(N)=\frac{1}{2}[V(z_g^j \cup N)-V(z_g^j)] \tag{7.15}$$

式中，$V(z_g^j)$ 表示不包括第 N 个加工企业的联盟生产产出价值。如果各级链节企业的投入品生产率之比都相等，即 $\varepsilon \equiv \theta_j/\theta_{j+1} \in (0, 1)$，则存在 $X_j(i)/X_{j\cup N}(i)=\varepsilon$，$X_j(i)=\varepsilon^{N-j}X_N(i)$，由此式(7.6)可改写为：

$$R=\varepsilon^{N\beta}\left(\frac{\ln\varepsilon}{\alpha}\right)^{\beta/\alpha} A^{1-\beta}N^{\beta(k+1-1/\alpha)}\{\theta_N h(N)^{\eta}m(N)^{1-\eta}\}^{\beta} \tag{7.16}$$

在本研究的讨价还价中，假设联合产出的价值与联盟生产的收益相等，即 $V(\cdot)=R(\cdot)$。将式（7.16）代入式（7.15），可得：

$$B(N)=\frac{1}{2}R\left\{1-\left[\frac{X_j(i)}{X_{j\cup N}(N)}\right]^{\beta}\right\}=\left(1-\frac{\varepsilon^{\beta}+1}{2}\right)R, \tag{7.17}$$

式（6.17）表明，第 N 个低端供应商 Sn 得到的租金份额很低$[B(N)<1/2]$，其中$(\varepsilon^{\beta}+1)/2$ 是上端联盟抽取的租金份额，式（7.17）表明，

第 N 个低端加工企业 S_N 得到的租金份额只有 $\{1-(\varepsilon^\beta+1)/2\}$，其中，$(\varepsilon^\beta+1)/2$ 是被上端联盟抽走的租金份额。由于上端联盟的协调与服务，并不会改变投入品本身的产出价值，因此，假设不同联盟对同一投入品所生产的收益都为 R，则第 N 个低端加工企业的所有上级联盟获得的总租金是 $\{R+(\varepsilon^\beta+1)/2\}$。然后，在这一新联盟中的最低端加工企业 S_{N-1} 又与他的上级联盟代表讨价还价，则第 $N-1$ 个加工企业 S_{N-1} 得到租金为：

$$
\begin{aligned}
B_{(N-1)} &= \frac{1}{2}\left\{R(z_g^{j-1}\cup(N-1))+\frac{\varepsilon^\beta+1}{2}-R(z_g^{j-1})\right\} \\
&= \frac{1}{2}R\left\{1-\left[\frac{X_{N-1}(i)}{X_{j\cup(N-1)}(i)}\right]^\beta+\frac{\varepsilon^\beta+1}{2}\right\}=\left(1-\frac{\varepsilon^\beta+1}{4}\right)R \qquad (7.18)
\end{aligned}
$$

由式（7.17）和式（7.18）相比较可知，加工企业或供应商 S_{N-1} 从讨价还价中得到的租金份额比其下级供应商 S_N 要多，其上端联盟抽取的份额仅为后者的一半。这是因为 S_{N-1} 链节位置较高，直接控制 S_N 的生产技术和知识，只有当 S_{N-1} 加入到这个生产联盟，他的上端联盟才能与他的下级加工企业或供应商 S_{N-1} 组成联盟统一体。这样，在讨价还价中，加工企业或供应商 S_{N-1} 拥有比他的下级供应商 S_N 更大的谈判权力，从而能够获取较大比例的租金分享。

类似地，可以推出第 i 个链节加工企业 S_i 在讨价还价中所得剩余为：

$$
B_i=\left(1-\frac{\varepsilon^\beta+1}{2^{N-i+1}}\right)R \qquad (7.19)
$$

式（7.19）表明，在技术水平 N、上下级加工企业或供应商的产出比率 ε 和市场需求弹性 β 一定时，加工企业经讨价还价所得的租金份额主要与其所处的链节位置相关。i 越高（取值越小），表明越能够影响较多下级加工企业或供应商（$N-i$）个价值增值活动，抽取到的组织租金越多；反之，i 越低（取值越大），抽取到的组织租金越少，这是一种层级租金分配结构。

由此，牵头企业得到的支付是剩余租金量，即：

$$
B_0 = R-\sum_{i=1}^{N}B_i = (\varepsilon^\beta+1)\left(1-\frac{1}{2^N}\right)R \qquad (7.20)
$$

由式（7.20）可知，对牵头企业来说，N 越多或分段越多，B_0 越高；N 越少或分段越少，B_0 越低；表明总部服务密集性行业进行境外园区建设带来的优势越明显。相应地，在上下级加工企业或供应商的产出比率一定时，市场需求弹性越小，牵头企业讨价还价的权力越高，所得 B_0 越高；

相反，市场需求弹性越高，牵头企业讨价还价的权力越低，所得 B_0 越低；表明零部件密集性行业进行境外园区建设带来的优势更明显。综合以上各式，可以得出以下命题：

命题1：在一个（$N+1$）个代表性企业的 Shapley - Value 法讨价还价博弈中，牵头企业和各级加工企业或供应商的租金分享主要依赖于 N、ε^{β} 和所处的链节位置 i，呈现出层级租金特征。在一个既定的境外园区建设价值链条中，供应商的租金是随着链节位置的上升而增加，牵头企业的租金是随着链节的数目增加而增加，零部件密集性行业进行境外园区建设带来的优势更明显。

命题1表明，在不完全契约条件下，上级企业可以利用价值链分解权和层级租金分配方式来抽取下级加工企业或供应商的租金分享。换言之，价值链分解权和层级租金分配机制，是牵头企业进行境外园区建设的组织控制机制。

三 均衡条件

根据以上讨价还价的结果，将式（7.16）和式（7.19）代入式（7.9），可得：

$$m(i) = \arg\max_{m(i)}\left(1-\frac{\varepsilon^{\beta}+1}{2^{N-i+1}}\right)\varepsilon^{N\beta}\left(\frac{\ln\varepsilon}{\alpha}\right)^{\beta/\alpha}A^{1-\beta}\left\{N^{k+1-1/\alpha}\theta_i h(i)^{\eta}m(i)^{1-\eta}\right\}^{\beta}-w_S m(i)$$

通过对这一最大化问题的一阶求导，可得一个唯一解：

$$m(i)=\left\{\frac{\beta(1-\eta)}{w_S}\left(1-\frac{\varepsilon^{\beta}+1}{2^{N-i+1}}\right)\varepsilon^{N\beta}\left(\frac{\ln\varepsilon}{\alpha}\right)^{\beta/\alpha}A^{1-\beta}N^{\beta(k+1-1/\alpha)}\theta_i^{\beta}h(i)^{\eta\beta}\right\}^{1/[1-\beta(1-\eta)]} \tag{7.21}$$

现在，使用式（7.16）、式（7.19）、式（7.20）和式（7.21），企业最优化问题式（7.14）可表达为：

$$\max_{N,h(i)}R(N)+Nw_S\left\{\frac{\beta(1-\eta)}{w_S}\left(1-\frac{\varepsilon^{\beta}+1}{2^{N-i+1}}\right)\varepsilon^{N\beta}\left(\frac{\ln\varepsilon}{\alpha}\right)^{\beta/\alpha}A^{1-\beta}N^{\beta(k+1-1/\alpha)}\theta_i^{\beta}\right\}^{1/[1-\beta(1-\eta)]} h(i)^{\eta\beta/[1-\beta(1-\eta)]}-N\pi_0-w_N h(i)-c(N) \tag{7.22}$$

对式（7.22）求的一阶偏导，可得唯一解：

$$h(i)=\left\{\frac{w_N}{w_S}\right\}^{[1-\beta(1-\eta)]/\eta\beta}\left\{\frac{\beta(1-\eta)}{w_S}\left(1-\frac{\varepsilon^{\beta}+1}{2^{N-i+1}}\right)\varepsilon^{N\beta}\left(\frac{\ln\varepsilon}{\alpha}\right)^{\beta/\alpha}A^{1-\beta}N^{\beta(k+1-1/\alpha)}\theta_i^{\beta}\right\}^{1/\eta\beta} \tag{7.23}$$

将式（7.23）代入式（7.21），可得：

$$m(i)=\frac{w_N}{w_S}\cdot\left\{\frac{\beta(1-\eta)}{w_S}\left(1-\frac{\varepsilon^{\beta}+1}{2^{N-i+1}}\right)\right.$$
$$\left.\varepsilon^{N\beta}\left(\frac{\ln\varepsilon}{\alpha}\right)^{\beta/\alpha}A^{1-\beta}N^{\beta(k+1-1/\alpha)}\theta_i^{\beta}\right\}^{2/[1-\beta(1-\eta)]}\tag{7.24}$$

由此，式（7.23）和式（7.24）即为唯一的均衡解。由此，可得出以下命题：

命题2：在一个存在生产率差异的母国与东道国所构成的国际生产价值链条中，存在某一均衡禀赋分配点$\hat{h}(i)$和$\hat{m}(i)$，使得当$h(i)=\hat{h}(i)$、$m(i)=\hat{m}(i)$时，牵头企业和各级加工企业或供应商能够取得价值链分解权约束下的相应最优支付。

这一命题表明，牵头企业通过价值链分解权和层次租金分配的组织控制机制，确保牵头企业获取合意的零部件和较高的事后剩余，有效协调园区企业之间的良性运行。

四　境外经贸合作区建设与组织控制问题经验分析①

（一）研究方法与方案设计

由于我国企业境外经贸合作区建设时间较短，可用的大样本数据资料较少，微观数据资料则更难获取。采用案例研究不仅能够有效解决这一难点，而且能较好地观察和研究对外投资企业发生的系列变革（Pettigrew，1990），而且由于多案例研究可通过案例的复制来支持结论，提高研究的效度（Eisenhardt，1989）。因此，本章采用多案例嵌套方法，分析境外经贸合作区建设过程中存在的企业问题与组织障碍。

本章选择境外经贸合作区建设作为总目标案例，以东南亚地区中国境外经贸合作区建设、泰国罗勇工业区和尼日利亚莱基自由贸易区为具体嵌套案例进行经验分析，主要基于：

一是从组织层面看，选择境外经贸合作区建设作为总目标案例，比选择绿地投资、海外并购等其他投资方式更具有典型性、极端性、微观数据资料易获取等特点，更符合Yin（2003）等强调案例研究的选择要求。境外经贸合作区建设不仅是我国企业对外直接投资的典型创新方式，而且是

① 本节部分内容公开发表在《财贸经济》2011年第10期上，先后被人大复印资料《国际经济文摘》2012年第1期和《世界经济导刊》2012年第2期全文转载。

在政府推动下呈 FDI 集群式投资，其组织方式既具有等级制特点，又具有企业间网络制特征，比单一等级制更具有典型性和极端性。此外，这种创新投资方式以牵头企业为中心，众多中小企业为招商企业，能较充分地反映我国境外投资企业的国际化水平及普遍存在的问题。

二是选择以东南亚地区、泰国和尼日利亚三个不同层次和不同区位的境外经贸合作区投资作为具体嵌套案例，能更好地满足 Eisenhardt (1989) 等强调的多案例研究效度要求。东南亚和非洲是我国境外经贸合作区建设最为集中的地区，其中东南亚在合作区建设之前就是我国最重要的投资地区之一，目前也是我国境外经贸合作区建设数目最多、密度最大的地区；而泰国罗勇工业区是其中最为成功的园区代表；尼日利亚莱基自由贸易区位于非洲，既是我国长期的战略发展地区，也是境外矿产资源开发的园区代表。我国大部分经贸合作区都与后二者之一有很大的相似度。

三是具体嵌套园区分别属于我国商务部审批园区的第一批、第二批，而且建设都已达到一定规模，其暴露的投资问题、企业组织障碍以及数据资料生成等方面，均能满足案例研究的要求。

（二）主要组织控制问题分析

由于我国企业国际化经营总体上还处于起步阶段（刘迎秋等，2009），单个企业在财产规模和控股能力（所有权）、生产率水平和国际竞争能力（企业能力）、治理结构和组织机制建设（进入权）等方面水平普遍有限，即对外投资主体的企业权力层次较低（洪联英，2012）。这决定了我国境外经贸合作区建设初期只能走以“政府为主导，企业为主体，市场化经营为原则”的建设模式，即由国家商务部牵头，与政治稳定且同我国关系较好的国家政府达成一致，然后以国内审批通过的牵头企业（国内大企业）为建设经营主体，与国外政府协议和签约建设境外经济贸易合作区；再由该牵头企业开展对外招商，吸引国内中小企业入驻，抱团以 FDI 方式形成境外加工区、工业园区、科技产业园区等各类经贸合作区域。然而，由于合作区的经营建设终究要靠企业主体来主导进行，政府只能起导向、服务和政策支持功能。随着园区建设和入驻企业生产经营的不断推进，企业主体条件和企业权力层次偏低，微观生产组织控制缺位错位，致使政府主导型模式推进合作区的经营建设和可持续发展面临严重挑战：

（1）由于企业权力层次低，尤其缺乏企业所有权优势，牵头企业和国内招商企业在政府主导下，尽管目前已经顺利组建起境外经贸合作区平台，但在规划建设、产业定位和区位选择等方面，出现了诸多组织问题，突出表现在：

其一，在政府主导下，合作区建设的投资方式是一次性投入，再逐步招商，牵头企业可以取得政府补贴和贷款，具有过度开发和建设的激励，结果导致盲目投资和重复建设现象的出现。这从商务部先后批准的两批境外经贸合作区可以看出，这两批的建设时间间隔很短，第一批的经验教训还没有认真总结，第二批已经上马，尤其是在建设中的模式和战略，几乎都是照搬前一批的做法（李春顶，2008），没有体现出企业主体所有权优势和园区特色。这样，一旦东道国国内投资环境恶化，或者是既定投资计划在东道国根本没有市场和需求，则损失较大。

其二，导致合作区的区位选择出现扎堆现象。由于缺乏所有权优势，企业权力层次低，难以走差异化路径，区位选择都偏向于经贸关系良好的欠发达地区或邻国。在 19 个合作区中，其中东南亚 6 个，非洲 7 个、俄罗斯 3 个，经济水平和科技水平较高的西欧、北美等地却尚未进入。如表 7－4 所示，中国在东南亚的柬埔寨、越南、泰国都建立了境外经贸合作区，三国彼此相邻，领土不宽，均欠发达，而且越南、柬埔寨两个国家很类似，越南还有 2 个合作区（洪联英等，2011）。这些合作区在很多产业之间都存在趋同或重复，如表 7－4 中的加工制造业等，这不仅使其相互牵制，恶性竞争，而且由于中国与越南的国情有相似之处，且地理位置相近，还与我国珠三角地区本土制造业存在竞争。

表 7－4　　东南亚地区中国境外经贸合作区建设的产业定位

	合作区名称	投资企业	产业定位
第一批	泰国罗勇工业区	中国华立集团	最终形成集制造、会展、物流和商业生活区于一体的现代化综合园区
第二批	柬埔寨太湖国际经济合作区	红豆集团	以轻纺服装、机械电子和高新技术为主；同时，发展保税、物流等配套服务
第三批	越南中国（深圳）经济贸易合作区	中航集团、中深国际公司、海王集团等	以电子信息和服装加工为主导产业；分为电子信息区、服装区、综合服务及配套区

资料来源：中国海关统计网。

其三，导致产业定位不明确、投资行业层次较低而且趋同。在19个合作区中，大抵都被规划成一个集制造、商贸、物流、服务、休闲等一体化的综合性区域；除了像赞比亚中国有色工业园这样少数专业化园区外，绝大多数园区的产业选择范围几乎涵盖所有行业。在产业选择上也主要集中在：一是国内市场饱和、生产技术相对发展中国家有优势的行业，如食品加工、农副产品加工、日化加工、塑料等；二是出口量大，易受摩擦影响的行业，如纺织、服装、鞋帽、箱包、家具及小家电等（赵建华，2009）。这些明显缺乏自身特色和行业优势，也没有反映出东道国的国情和实际需求。实际上，企业如果根据自身所有权优势和行业特征，结合东道国的要素资源禀赋条件和实际需求，更多地走专注型产业道路，而较少地建设全能型园区．也许更能推进合作区建设的可持续发展。

（2）入园企业能力偏低，区内企业组织协调机制凸显不足，尤其缺乏一个有效的产业集群内部竞合机制。其表现为：入园企业来源地不一，企业性质不一，投资产业类型不一，企业之间没有权属关系，牵头企业与众多中小企业之间又没有形成以资产为纽带的新型企业关系。因此，如何协调区内中小企业竞争合作问题、控制境外加工生产良性运行等，将面临诸多挑战。

以泰国罗勇工业区为例：泰国罗勇工业区是由中国华立集团与泰国安美德集团在泰国合作开发的第一批合作区，位于东南亚，其综合条件是目前19个合作区中最好的，但隐藏的企业组织问题已经很明显（见表7－5）。罗勇工业区经过两年多的开发和招商，原来签订入园合同的23家企业，截至2009年年底，已有20家企业正式入驻园区；其中，来自浙江，即罗勇工业区境内主体所处省份的企业只有皮尔轴承、浙江盾安、台州巨泰等6家，投资产业队汽车配件到文具蜡烛，甚至海鲜产品等各行业。这些企业性质不一，企业之间彼此独立。牵头企业华立集团至少面临以下问题：

表7－5　　泰国罗勇工业区签订入园合同的企业名单（截至2008年年底）

序号	入园企业名称	投资产业	国家/地区	序号	入园企业名称	投资产业	国家/地区
1	皮尔轴承	汽车轴承	浙江	13	江苏贝尔装饰材料有限公司	木地板	江苏

续表

序号	入园企业名称	投资产业	国家/地区	序号	入园企业名称	投资产业	国家/地区
2	震雄铜业	铜拉丝	江苏	14	MONAMI（THAILAND）CO.，LTD	文具	韩国
3	台州巨泰	汽车轴承	浙江	15	常红塑胶	塑铸产品	江苏
4	亿利达集团	园林机械	山东	16	上海健嘉	紧固件	上海
5	菲利普海洋渔业	海鲜产品	美国	17	丹东恒通工艺品有限公司	蜡烛	辽宁
6	洛阳欧华金属有限公司	氧化钼	河南	18	浙江华立电气	电表	浙江
7	深圳中集集团	拖车	广东	19	广东佛山泰喆有限公司	家具	广东
8	盾安人工环境设备股份有限公司	空调配件	浙江	20	重庆力帆摩托	摩托车	重庆
9	贵州银燕木业有限公司	强化木地板	贵州	21	无锡西姆莱斯	无缝钢管	江苏
10	DENKAKOGYO（THAILAND）CO.，LTD	电线	泰国	22	重庆宗申	摩托车	重庆
11	浙江杭申电气	断路器	浙江	23	富通集团	通信电缆	浙江
12	THAI ORCHID HONEY CO.，LTD	蜂蜜	江苏				

资料来源：根据罗勇工业区官方网站整理。

一方面，招商入园的这些企业大都是国内中小企业，这些企业整体上生产率水平偏低，国际竞争力薄弱，在业务功能上能否形成支持和配合关系，以及能否从对外投资合作中获益并确保牵头企业和合作区建设可持续发展均面临严重挑战。

另一方面，牵头企业华立集团如何组织协调这些企业，以及是否能够继续担当起抱团企业的有效调控者并在解决区内企业集群的竞合行为、协调区内跨国经营业务功能、控制境外加工生产良性运行等方面，仍然面临重重困难。

（3）合作区企业在处理与当地供应商或代理商的投资合作行为上，缺乏强有力的外部合作机制和组织机制保障，直接影响投资合作效果。以非洲的尼日利亚莱基自由贸易区为例：该区是由南京北亚集团和南京江宁经济技术开发区首先联合投资兴建的第二批境外经贸合作区，于2007年9月正式动工兴建。园区采取“分期进行，滚动开发”的方式，计划经过7年建设，发展成为基础设施健全、企业集群、产能突出、辐射带动能力强的现代产业集聚区（洪联英等，2011）。然而，当前合作区建设面临以下挑战：

其一，在企业所有权构成上，牵头企业南京北亚投资有限公司和南京江宁经济技术开发总公司所占股权分别只为15%；其他企业为：中国铁建占股35%、中国土木工程集团公司占股15%，中非发展基金占股20%。客观地看，多主体牵头企业虽然有其特定优势，但在有效治理机制的构建上，较单主体牵头企业要复杂得多。

其二，莱基经贸区更多的是与东道国企业和第三国企业进行经贸合作。截至2010年2月，莱基经贸区已与24家企业签订了入区投资协议。其中，中资或中资控股企业只有12家；已完成入园公司注册手续、领取营业执照的企业53家，其中中资或中资控股企业也只有12家。此外，经贸区还与来自中国、欧美以及尼日利亚本国的约70家企业签订了入区投资意向协议，其中中资企业只有中国哈杉鞋业有限公司、金城集团进出口有限公司、南京华意投资发展有限公司、南京大件起重运输集团有限公司等。显然，要处理好与这些众多外部企业的合作机制，需要构建强有力的组织机制保障。

其三，从东道国复杂的经营环境看，尼日利亚是非洲第一大原油出口国，拥有250万桶的日生产能力，其他自然资源如天然气、木材、橡胶等也极其丰富，但当地企业欠发展，居民生活十分艰苦，合作区企业仍要面临当地企业排斥、不法之徒和腐败分子的侵害（要挟政府满足他们分享当地资源带来财富的要求，或向外国公司施压，以增加工作岗位或提高待遇等）。

表现在有效协调当地供应商或代理商方面，园区企业至少面临三大问题：一是如何选择合意的当地合作企业、激发其专用性投资水平；二是如何解决当地合作企业的逆向选择和道德风险问题；三是如何激励并约束当地企业提供多元稳定可靠的能源资源供应保障。事实上，我国境外经贸合作区主要集中分布在能源资源比较丰富、经营制度环境不健全和政局相对欠稳定的非洲、南美、东欧等地区，这些合作区的健康运行和长远发展需要东道国政府的支持，更需要当地合作伙伴的积极参与与合作，而这些都需要靠投资企业自身的能力及其组织机制控制来保障。

第四节　境外经贸合作区评价指标体系的构建

如上所述，我国境外经贸合作区在快速发展的同时，由于东道国环境复杂、缺乏相应的成功借鉴经验因素，随着经贸合作区不断投入和建设，合作区投资增而不强，可持续发展问题日益凸显。特别是境外经贸合作区建设近七年来，关于合作区建设状况的评估缺乏系统性和科学性的客观依据，现有的统计数据只能片面地反映合作区建设，难以从整体布局的高度客观地判断和发现合作区发展中存在的问题，这在一定程度上阻碍了合作区的进一步发展。因此，当务之急需要构建一套科学的综合评价指标体系，全方位了解各个园区的优势、劣势以及面临的问题，为加快推进合作区发展提供政策依据和理论指导。

一　评价指标体系设置的基本原则及方法

（一）评价指标体系设置的基本原则

境外经贸合作区建设是一项系统的复杂工程，不仅需要制定科学的战略方案和规划蓝图，还需要定期对其建设和发展情况进行综合评价。境外经贸合作区建设评价体系是综合运用经济、统计和数学方法，对一定时期内某个经贸合作区系统各层次、各环节的发展水平和发展趋势进行全面、系统、科学的测定和计量，并进行最终的综合评价。其目标是了解合作区整个系统运行现状、监测系统状态的变化趋势，指导合作区科学规划建设，考核园区开发企业经济效益，为相关部门优化境外经贸合作区管理决策提供科学依据。为了准确、全面地衡量发展水平与趋势，境外经贸合作区建设的评价指标体系的构建，主要遵循以下原则：

第一，定性与定量相结合的原则。由于影响境外经贸合作区发展的各因素中，不仅有可用数量反映的，而且也有不宜用数量而需要以性质表明的，例如合作区区域外部环境、园区总体规划、合作区开发建设程度等。因此，评价境外经贸合作区的指标体系，也许要既包含定性的指标，又包含定量的指标。这样，才能力求全面反映影响境外经贸合作区发展的各个因素。

第二，具备反映、监测、预警功能的原则。运用指标体系评价境外经贸合作区时，需要既能切实反映境外经贸合作区的发展现状，又能用其来监测和预警境外经贸合作区发展的变化。尤其是当某一因素发生变化时，通过这一指标体系能确切地反映出其对境外经贸合作区整体的影响。

第三，可比性原则。我国已在不同国家及地区建立了多个境外经贸合作区，评价合作区的指标体系应能为各境外经贸合作区的相互比较提供依据，即使得各境外经贸合作区之间有可比性。

第四，系统性原则。各指标不但要从不同的侧面反映出园区的主要特征和状态，而且还要反映生态—经济—社会系统之间的内在联系，尤其是评价指标体系的设置、权重在各指标间的分配及评价标准的划分都应该与园区的经济条件相适应。

第五，典型性原则。评价指标要尽可能准确反映出特定区域在特定方面的综合特征，即使在减少指标数量的情况下，也要便于数据计算和提高结果的可靠性。

第六，简明科学原则。各评价指标应该具有典型性，不能过多过细，使指标过于烦琐，相互重叠，指标又不能过少过简，避免指标信息遗漏，出现错误、不真实现象，数据易获，计算方法简明易懂。同时，各指标体系的设计及评价指标的选择要客观真实地反映园区环境、经济、社会发展的特点和状况，客观反映出各指标之间的真实关系。

（二）评价指标体系的构建方法

境外经贸合作区建设是一种新型的对外直接投资方式，涉及的主体主要有我国政府、入园企业以及东道国三方，因而在构建评价指标体系时，需兼顾三方的不同情况。本章运用层次分析法（AHP）来构建指标体系，使用状态比较方法来描述和评价境外经贸合作区的建设。体系中各指标的设定，是基于商务部于2010年要求各合作区报送的境外经贸合作区评价指标统计报表的统计项目，体系中的“权重”是一种相对的概念，表示各子因素对上一级因素而言重要程度的相对量。

本指标体系中各指标权重的赋予采用的是主观赋权法。层次分析法通过赋予不同因素不同的权重，综合地测评了各个因素对目标值的影响。这一方法最大的优点是提出了层次本身，它使买方能够认真地考虑和衡量指标的相对重要性。

二　综合评价指标体系的基本框架及权重

（一）评价指标体系的基本框架

2010年12月，商务部发布了《商合作区办函［2010］137号》，要求赞比亚中国经贸合作区、俄罗斯乌苏里斯克经贸合作区、埃及苏伊士经贸合作区、柬埔寨西哈努克经济特区、巴基斯坦海尔—鲁巴经济区、泰中罗勇工业园、尼日利亚莱基自由贸易区—中尼经贸合作区、中俄托木斯克木材工贸合作区八个合作区报送各自的境外经贸合作区评价指标统计报表。文件随附了《境外经贸合作区区域外部环境评价性指标》、《境外经贸合作区总体规划指标统计表》、《境外经贸合作区开发建设指标统计表》。也就是说，为指导、监测合作区具体的开发建设工作，商务部特借鉴国内类似开发区的相关标准值，参考专家意见，初步建立了三个统计指标体系，分别从园区外部环境、园区总体规划、合作区开发建设程度三个一级指标进行构建。通过这三方面的描述，体现东道国投资环境的大致状况，我国境外经贸合作区的发展约束适应以及发展成果分享，为本书的研究提供了研究基础。然而，这一指标体系的不足之处在于：还停留在园区的规划和建设基础上，即初期建设阶段。随着合作区的不断发展和运营，没有体现园区的经营状况、发展竞争力和可持续发展能力指标。

为此，本章根据上文分析的构架原则和方法，在商务部的初期指标体系基础上，重新构建新的发展指标体系。如表7－6所示，新构建的指标体系主要分为三级，其中第一级综合层指数由园区外部环境综合指数、发展竞争力指数和可持续发展能力指数三个一级指标构成，用于体现境外经贸合作区建设的外部环境、建设成果和可持续发展能力三个方面的状况；二级指标15个，根据一级指标在各方面的主要特征确定；三级指标由以可观测、易统计原则确定的能反映二级指标的具体经济、社会指标组成。

在上述指标体系框架中，指标的取得采用定量与定性相结合的方法。这些指标的构成：一是沿用传统的直观统计指标，二是来源于商务部2010年开始从各境外经贸合作区报送的评价指标统计报表。这些指标的基本含义及其计算公式已有系统的介绍，本研究中不作赘述。下面对本研究新建的几个主要指标进行解释：

（1）创新投入产出比。该指标通过定量指标计算得出，是指用于园区创新成果研发的投入值与实际创新成果所带动的直接或间接产值的比值，用于创新活动投入可行性和合理性的评价，侧面反映园区的可持续发展能力。

（2）风险因子。主要运用微观经济学中风险与报酬之间的权衡理论计算得出。风险因子是促使或引起风险事件发生的条件，以及风险事件发生时，致使损失增加、扩大的条件。风险因子是风险事件发生的潜在因素，是造成损失的间接的和内在的原因。风险因子的调整是要根据产品是否符合当地市场的需求、有无本地特点、当地市场预期增长率如何、有多少创新成分等来调整。如果产品所针对的市场需求波动大，风险因子也会加大。

（3）资源利用率。指园区资源实际利用量和资源消耗总量的比值。

（4）资源增值率。指园区实际资源消耗直接产值减去资源消耗价值的差，与资源消耗资源价值的比值，该指标更加直观地反映了园区开发资源的利用效率，将之与创新成果等其他因素相比较，用于选择更有效率的生产方式。

（二）境外经贸合作区建设评价指标权重的确定

本研究在层次分析法的基础上，对各指标的权重进行确定。指标权重是在专家打分的基础上，通过课题组对各境外经贸合作区牵头企业进行问卷调查，综合结果调整赋值而确定。与 2010 年商务部的初期指标体系不同的是，本研究的权重分配强调自身的建设进程和竞争力重要程度，而不再突出区域外部环境的作用。具体地说，合作区的建设进程和发展程度体现了自身条件，这比外部环境更为重要，故园区发展竞争力指标的权重为 0.42，而外部环境虽然重要，但毕竟只是外部条件，故园区外部环境综合指数的权重为 0.28，除此之外，园区可持续发展能力应该成为一个核心指标，其指数的权重为 0.3。

确定 2006 年为基期，通过指数化的方法对各项指标进行标准化处理，得到各级指数。一级指数为二级指标和三级指标的分层加权总和，如具体指数权重如表 7 - 6 所示。

三　境外经贸合作区建设的评价模型

（一）原始数据的标准化处理

依据本评价框架，要得出检测结果，其关键在于第三级具体指标关于数据的获得和处理。隶属于第一级区域外部环境综合指数的第三级具体指标的数据，可根据商务部从各合作区收回的统计报表一中打分获得，得到

表7-6　　境外经贸合作区评价指标体系基本框架及权重

第一级综合层指数 S	指标权重 W_i	第二级分类层指标 X_i	指标权重 W_i	第三级具体指标 X_{ij}	指标权重 W_{ij}
园区外部环境综合指数	0.28	政治环境	20%	政局稳定程度	40%
				当地政府支持程度	30%
				当地官员的工作效率与作风	30%
		经济环境	20%	当地经济发展速度	40%
				当地市场容量和发展空间	30%
				对出口型企业的政策	30%
		社会文化环境	15%	当地劳动者素质	30%
				当地劳动力的劳动效率	30%
				当地社会的稳定性	40%
		法律安全环境	15%	法律健全程度	50%
				外国人人身安全程度	50%
		园区投资环境	30%	基础设施配套	25%
				生活服务设施配套	25%
				交通设施配套	25%
				周边劳动力供应能力	25%
发展竞争力指数	0.42	园区开发	20%	土地开发	40%
				基础设施配套	30%
				服务设施配套	30%
		入驻企业	30%	入驻企业总量	30%
				新增企业量	30%
				企业整体竞争力	40%
		经济效益	30%	入区企业实际年产值	25%
				入区企业利润总额	25%
				实际营业成本	25%
				从业人员劳动报酬总额	25%
		附加效益	20%	拉动进出口总额	40%
				带动就业量	30%
				创造税收额	30%
可持续发展能力指数	0.30	创新能力	20%	创新环境	25%
				创新投入	25%
				创新投入产出比率	25%
				创新成果利用及转移	25%

续表

第一级综合层指数 S	指标权重 W_i	第二级分类层指标 X_i	指标权重 W_i	第三级具体指标 X_{ij}	指标权重 W_{ij}
可持续发展能力指数	0.30	风险控制	20%	资本分担	50%
				风险因子	50%
		市场潜力	20%	市场需求潜力	40%
				市场占有率	30%
				相关企业竞争力	40%
		环境承受力	20%	生态环境质量	30%
				环境纳污能力	30%
				可利用资源量	40%
		资源利用	20%	资源利用率	50%
				资源增值率	50%

注：1. 外部环境评价的部分三级指标主要参考我国商务部统计指标确定；

2. 指标的取得采用实际统计或专家打分评级的方法。

该部分的数据后可直接依据各层因素的权重计算出区域外部环境综合指数的结果。而关于园区竞争力状况和可持续发展能力的子指标数据，可依据根据商务部从各合作区收回的统计报表二、报表三的数据，以及课题组回收的问卷调查和专业资料文献查询等方法取得，与报表一类似给各子指标打分，用1—5分不等来衡量各指标的完成情况。所以在得到第二级各分类指标数据后，即使不依据第一级综合层指标的各权重，算出园区的综合评定结果，也可以分别得出第一层三个指标的单独分数，这对园区的改进也具有指导性意义。

原始数据分为两种类型：一是对经济贸易合作区发展起正向作用的指标，该类指标值越大，所反映的园区发展状况越好；二是对经济贸易合作区发展起负向作用的指标，该类指标值越小，越有利于经贸合作区的发展。指标原始数据无量纲化处理的计算公式分别为：

$$z_{ij}^{+} = \frac{X_{ij} - \min X_{ij}}{\max X_{ij} - \min X_{ij}}$$

$$z_{ij}^{-} = \frac{\max X_{ij} - X_{ij}}{\max X_{ij} - \min X_{ij}} \tag{7.25}$$

式中：z_{ij}^{+}，z_{ij}^{-}——正向指标和负向指标经过无量纲化处理后的指标标准化值；

X_{ij}——i 类指标第 j 个具体指标的原始值；

$\max X_{ij}$，$\min X_{ij}$——i 类指标第 j 个具体指标的最大值和最小值。

（二）评价模型的构建

由于境外经贸合作区评价指标的系统性、综合性和复杂性，本研究采用加法模型对指标体系进行处理，用于评价境外经贸合作区的整体状况和发展前景。其中加法模型的表达式如下所示：

$$S = \sum_{i=1}^{n} Z_i \sum_{i=1}^{n} X_i W_i$$

$$X_i = \sum_{j=1}^{m} X_{ij} W_{ij} \tag{7.26}$$

式中：Z_i，W_i，W_{ij}——各分类指标的权重；

X_{ij}——各单项指标（包括正向指标和负向指标）的标准化值；

S——境外经贸合作区发展的综合指数；

X_i——境外经贸合作区评价的分类指数。

依据上述评价公示可知：S 与 X_i 越大，境外经贸合作区发展的综合水平和各部分分类水平就越高。

第五节　评价指标体系应用：以泰中罗勇工业园为例

课题组对十六家经贸合作区中的十家牵头企业进行问卷调查。以构建的评价指标体系设计问卷，对以下十个境外经贸合作区［赞比亚中国经贸合作区、泰中罗勇工业园、巴基斯坦海尔—鲁巴经济区、柬埔寨西哈努克港经济特区、尼日利亚莱基自由贸易区—中尼经贸合作区、越南中国（深圳—海防）经贸合作区、越南龙江工业园、埃塞俄比亚东方工业园、埃及苏伊士经贸合作区、中俄托木斯克木材工贸合作区］通过邮件形式进行了问卷调查，请各开发商对各自合作区进行评估。

截至目前，只有五家合作区给予了回复，分别是：埃及苏伊士经贸合作区、泰中罗勇工业园、巴基斯坦海尔—鲁巴经济区、柬埔寨西哈努克港经济特区、越南龙江工业园。其中有效答卷两份，分别来自泰中罗勇工业园以及柬埔寨西哈努克港经济特区。其他情况是：埃及苏伊士经贸合作区方面，其开发商天津泰达认为部分评估项过于主观，不便于评价，仅指提供详细介绍合作区最新近况及 2013 年招商画册；越南龙江工业园方面也只是提供了其介绍资料；而巴基斯坦海尔—鲁巴经济区回函：“感谢关注海尔巴基斯坦经济区项目。由于项目所在地局势问题，该项目已于 2010 年年底起暂缓建设，你所需的园区指标信息暂无对外统一口径，不便告知，请谅解。”

由于商务部表示相关数据仍属于保密范围，对于评价指标体系的应用分析，本研究只好以对泰中罗勇工业园的问卷调查和数据模拟两种方式进行，力求相互印证，为实证分析提供经验参考。

一　泰中罗勇工业园概况

合作区简介

泰国泰中罗勇工业园，由中国华立集团与泰国安美德集团合作开发，位于泰国罗勇地区，是中国确定的首批境外经济贸易合作区之一。2005 年 7 月 1 日，泰中双方签署了合作开发“泰国工业园”的备忘录，2006 年双方合资成立泰中罗勇工业园开发有限公司具体负责园区的开发。目前泰中罗勇工业园已成为我国企业“走出去”规划实施的重要战略据点，是我国驻泰国大使馆经商处辅助指导工作的重点，随着园区的发展壮大，现在一个现代化、高标准的工业园已经初步形成。

1. 园区规划

在园区规划方面，泰中罗勇工业园整体依托安美德罗勇工业城。总体规划面积 12 平方公里，其中一期规划占地 1.5 平方公里，二期规划占地 2.5 平方公里，三期占地 8 平方公里。建有一般工业区、保税区、会展中心、物流基地以及配套的商业生活设施。目前，园区的产业定位主要为我国具有比较优势的产业，如汽配、机械、建材、家电和电子等。

2. 牵头企业

牵头企业为中国华立集团与泰国安美德集团。华立集团创立于 1970 年，是以华立集团股份有限公司为母体，以医药为核心主业、多元化投资发展的企业集团。安美德集团成立于 1989 年，在泰国证券交易所上市，是泰国最大的工业地产开发商。

3. 优惠政策

依据泰方的政策，中资企业享有如表 7 – 7 所示的优惠：

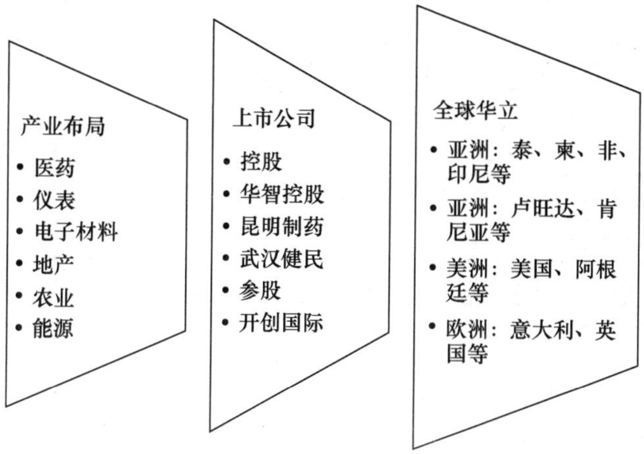

图7－5　华立集团简介

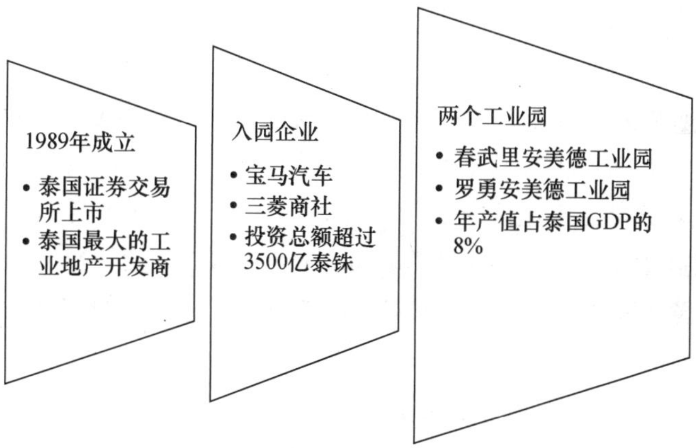

图7－6　安美德集团简介

表7－7　园区入驻的中资企业所享有的优惠

优惠种类	优惠
免缴企业所得税年限	自投资之日起8年
减半缴付企业所得税	继免税期过后另予5年期限
免缴进口机器关税	自投资之日起8年
为外销目的，进口原材料免缴关税	自投资之日起5年
可将交通、水、电等费用作为成本自所得税中双倍扣除	初次销售之日起为期10年

续表

优惠种类	优惠
基础设施的安装和建设费的25%作为成本在利润中扣除	从有收入之日起十年内，可选任何一年扣除上述费用
可携入外籍技工或专家及其配偶	可以
外籍人士可拥有土地所有权	可以
汇出外汇权利	可以

二 园区的经验评估及其比较分析

从政府环境与支持条件上看，泰国的军事政变频繁，当地政局缺乏稳定。据统计，自1932年君主立宪以来，泰国共发生20多次政变，平均不到三年一次。但自1995年以来，则仅发生了2006年推翻他信的一次军事政变。从2006年2月政局陷入动荡至今，泰国已在六年多的时间里，相继更换了七位总理。从他信历经波折再到英拉，泰国总理“走马灯”似的更迭，政局处在各派力量的冲突与纠葛中。不过，当地政府对我国合作区建设鼎力支持，泰国工业区管理局（IEAT）意愿与园区签约合作，园区客户可享受泰国工业区管理局提供的园内“一站式”服务，以及园区提供的包括BOI证书、法律政策咨询、员工培训等服务。

从经营环境来看，随着泰国局势渐渐好转，园区人身安全也有一定的保障。当地法律健全程度，泰国不健全的法律体系和混乱的商业管理规定给想要进入泰国发展的外国企业制造了不少障碍，最大问题就是政府对于居民健康评价这方面还没有建立起一个较为健全的法律系统对其进行规范管理。

从市场条件与要素条件来看，当地市场的容量和发展空间，在东盟国家中，泰国GDP总量居第二位，国土面积列第三位，人口数列第四位，经济近年年均稳步增长5%以上，市场潜力巨大。泰国处于东南亚的中心，可辐射东盟其他成员国以及与泰国建立自由贸易区或紧密经济伙伴关系的国家如：美国、日本、中国、澳大利亚、印度等，促进企业原产地多元化，减少贸易摩擦。从要素条件上看，当地劳动力素质，泰国劳动力资源充足，是劳务输出国，劳动力人口占全国总人口的57%，劳动人口3700万。

从园区开发条件看，泰中罗勇工业园位于泰国东部海岸，从泰国首都曼谷到园区只有1.5个小时的车程。周边交通配套，紧邻罗勇府331号高速公路，距离泰国最大的深水港廉差邦仅27公里。园区周边水、陆、空立体交通网络十分发达。目前，合作区总体规划面积12平方公里，包括一般工业区、保税区、物流仓储区和商业生活区，主要吸引汽配、机械、家电等中国企业入园设厂。

在上述对泰国泰中罗勇工业区经验分析基础上，课题组通过问卷调查和电话访谈，将其与另外两个典型合作区：埃及苏伊士经贸合作区和柬埔寨西哈努克港经济特区进行比较分析，三大合作区的各三级指标评估结果如表7－8所示。

表7－8　合作区评估结果

三级指标	埃及苏伊士经贸合作区	泰中罗勇工业区	西哈努克港经济特区
当地政局的稳定程度	差	稳定	优
当地政府对合作区的支持力度	优	大	优
当地政府给企业提供的优惠措施	优	有	优
当地市场的容量和发展空间	优	大	优
当地劳动力素质	优	高	中
当地法律健全程度	良	高	中
外国人人身安全程度	差	高	优
区域地理位置	良	有	良
周边交通配套	优	有	良
开发商的综合实力	优	有	优
开发商是否有清晰的开发模式	优	有	优
总体规划土地面积	20平方公里	12平方公里	11.13平方公里
园区规划入区企业总数	150—180家	200家	30家
园区预计协议投资总额	4.6亿美元	15亿美元	30000万美元
已获得土地面积	7平方公里	8平方公里	11.13平方公里
园区已开发土地面积	1.34平方公里	4平方公里	3平方公里
供水能力	已通	已通	自来水
供气能力	已通	已通	无
供电能力	已通	已通	通火电
通信	已通	已通	优
园区内是否有培训教育机构	是	是	是
园区内是否有医疗服务设施	否	是	是
园区内是否有综合服务娱乐设施	是	是	是
实际入区企业总数	48家	50家	30家
实际入区企业协议投资总额	5.24亿美元	6亿美元	

从硬件条件上比较，三个合作区中当属泰国泰中罗勇工业园基础设施最为完备。不说最基本的“五通一平”（即道路、供水、供电、排水、通信以及平整土地等基本配套建设），环保也先行。工业园区产生污染在所难免，所以建设规划时环保治污也该是相应纳入基础设施中的。然而大部分合作区在这一方面都有所疏忽。

从开发商的综合实力来看，三个合作区中，泰国泰中罗勇工业园的综合实力相对较强。合作区由中国华立与泰国安美德合资开发，华立集团股份有限公司创立于1970年，是以医药为核心主业、多元化投资发展的企业集团；安美德集团成立于1989年，在泰国证券交易所上市，是泰国最大的工业地产开发商。目前开发商有较清晰的开发模式，计划整体依托安美德罗勇工业城，最终将形成集制造、会展、物流和商业生活区于一体的现代化综合园区。

从环境的可持续发展上比较，三个合作区中，也是泰国泰中罗勇工业园生态支持环境较好。2002年合作区获得ISO14001环保标准，绿化率30%，环境优美；并且其他可持续发展条件较好，如外部水库年可供水量600万立方米，区内水库蓄水量350万立方米，年可供水600万立方米；铺设的天然气管道直接通道园区；泰国地方电力局提供110千伏的专线，园区变电站提供22千伏的电力；备有2048线的光纤电信系统和ISDN/ASDN；所有道路皆属钢筋混凝土铺设，主干道宽52米，8车道；活化淤泥废水处理系统可接受来自各个工厂已符合排放标准的废水，目前处理量18000立方米/天，园区提供垃圾回收服务，焚化炉日处理垃圾能力达33吨。

三　园区指标的数据模拟及评价

在原始数据处理方面，第三级具体指标数据的获得和处理是关键。隶属于第一级园区外部环境综合指数的第三级具体指标的数据，以及园区发展竞争力指数的第三级具体指标的数据，这两部分的子指标数据可以根据商务部和商务厅从各合作区收回的统计报表一、统计报表二、统计报表三获得，得到该部分的数据后可直接依据各层因素的权重计算出园区外部环境综合指数、园区发展竞争力指数的结果。但园区发展可持续能力指数的第三级具体指标的数据，目前尚需要通过对境外园区企业调研、问卷以及商务部统计部门重新构建，这是一项很有意义的新工作。因此，鉴于这方面的统计数据的暂时缺失，以下各指标的分值是依据园区情况的初步估计数据，只是对该指标体系的模拟应用。

如表 7－9 所示，境外园区建设各三级指标的权重及分值情况，依据公式 $S=\sum^{n} Z_i \sum^{n} X_i W_i$ 和 $X_i=\sum^{m} X_{ij} W_{ij}$，分别测算结果 $X_1=3.48$；$X_2=3.3$；$X_3=3.2$；$S=3.31$。其具体指标得分如表 7－10 所示。

表 7－9　　　　各三级指标的分数情况

第一级综合层指标 S	指标权重 Z_i	第二级分类层指标 X_i	指标权重 W_i	第三级具体指标 X_{ij}	指标权重 W_{ij}	打分
园区外部环境综合指数	0.28	政治环境	20%	政局稳定程度	30%	3
				当地政府支持程度	40%	4
				当地官员工作效率与作风	30%	3
		经济环境	20%	当地经济发展速度	40%	4
				当地市场容量和发展空间	30%	4
				对出口型企业的政策	30%	4
		社会文化环境	15%	当地劳动者素质	30%	3
				当地劳动力的劳动效率	30%	3
				当地社会的稳定性	40%	3
		法律安全环境	15%	法律健全程度	50%	3
				外国人人身安全程度	50%	3
		园区投资环境	30%	基础设施配套	25%	4
				生活服务设施配套	25%	4
				交通设施配套	25%	4
				周边劳动力供应能力	25%	3
园区发展竞争力指数	0.42	园区开发	20%	土地开发	40%	3
				基础设施配套	30%	3
				服务设施配套	30%	4
		入驻企业	30%	入驻企业总量	30%	4
				新增企业量	30%	4
				企业整体竞争力	40%	3
		经济效益	30%	入区企业实际年产值	25%	3
				入区企业利润总额	25%	3
				实际营业成本	25%	3
				从业人员劳动报酬总额	25%	3

续表

第一级综合层指标 S	指标权重 Z_i	第二级分类层指标 X_i	指标权重 W_i	第三级具体指标 X_{ij}	指标权重 W_{ij}	打分
园区发展竞争力指数	0.42	附加效益	20%	拉动进出口总额	40%	3
				带动就业量	30%	4
				创造税收额	30%	3
园区可持续发展能力指数	0.30	创新能力	20%	创新环境	25%	3
				创新投入	25%	3
				创新投入产出比率	25%	3
				创新成果利用及转移	25%	3
		风险控制	20%	资本分担	50%	3
				风险因子	50%	3
		市场潜力	20%	市场需求潜力	40%	4
				市场占有率	30%	3
				相关企业竞争力	40%	3
		环境承受力	20%	生态环境质量	30%	4
				环境纳污能力	30%	3
				可利用资源量	40%	3
		资源利用	20%	资源利用率	50%	3
				资源增值率	50%	3

说明：打分标准：5 分：优秀；4 分：良好；3 分：一般；2 分：较差；1 分：极差。

由表 7－10 的指标模拟运算结果可知，当前泰中罗勇经贸合作园区建设的综合指标得分为 3.31，总体发展水平还处在一般的水平，离良好尚有一定差距。

表 7－10　　运算后各指标的分值情况

第一级综合层指标 S	得分	第二级分类层指标 X_i	得分	第三级具体指标 X_{ij}	指标权重 W_{ij}	打分
园区外部环境综合指数	3.48	政治环境	3.3	政局稳定程度	30%	3
				当地政府支持程度	40%	4
				当地官员工作效率与作风	30%	3
		经济环境	4	当地经济发展速度	40%	4
				当地市场容量和发展空间	30%	4
				对出口型企业的政策	30%	4

续表

第一级综合层指标 S	得分	第二级分类层指标 X_i	得分	第三级具体指标 X_{ij}	指标权重 W_{ij}	打分
园区外部环境综合指数	3.48	社会文化环境	3	当地劳动者素质	30%	3
				当地劳动力的劳动效率	30%	3
				当地社会的稳定性	40%	3
		法律安全环境	3	法律健全程度	50%	3
				外国人人身安全程度	50%	3
		园区投资环境	3.75	基础设施配套	25%	4
				生活服务设施配套	25%	4
				交通设施配套	25%	4
				周边劳动力供应能力	25%	3
园区发展竞争力指数	3.3	园区开发	3.7	土地开发	40%	3
				基础设施配套	30%	3
				服务设施配套	30%	4
		入驻企业	3.6	入驻企业总量	30%	4
				新增企业量	30%	4
				企业整体竞争力	40%	3
		经济效益	3.0	入区企业实际年产值	25%	3
				入区企业利润总额	25%	3
				实际营业成本	25%	3
				从业人员劳动报酬总额	25%	3
		附加效益	3.3	拉动进出口总额	40%	3
				带动就业量	30%	4
				创造税收额	30%	3
园区可持续发展能力指数	3.2	创新能力	3	创新环境	25%	3
				创新投入	25%	3
				创新投入产出比率	25%	3
				创新成果利用及转移	25%	3
		风险控制	3	资本分担	50%	3
				风险因子	50%	3
		市场潜力	3.7	市场需求潜力	40%	4
				市场占有率	30%	3
				相关企业竞争力	40%	3

续表

第一级综合层指标 S	得分	第二级分类层指标 X_i	得分	第三级具体指标 X_{ij}	指标权重 W_{ij}	打分
园区可持续发展能力指数	3.2	环境承受力	3.3	生态环境质量	30%	4
				环境纳污能力	30%	3
				可利用资源量	40%	3
		资源利用	3	资源利用率	50%	3
				资源增值率	50%	3

说明：各三级子指标的分值是依据园区情况的初步估计而非真实数据。

具体地说：(1) 从园区外部环境综合指标来看，总体情况较好，尤其是经济环境和投资环境指标分别达到4分和3.75分的较高分值，这与泰国政府对合作区的政策优惠有着密不可分的联系。正如上文所提到的，泰国政府对入驻的中资企业的优惠政策从税收方面覆盖到了员工的生活和工作条件，这充分提高了入驻企业和其员工的积极性。但值得注意的是，泰国政局更替变化较大、中国企业融入当地社会、与当地居民和谐相处等方面的不稳定性因素较大，因此，泰中罗勇工业园区在综合社会环境、政治环境等方面还有待改善。

(2) 从园区发展竞争力指标来看，在园区开发和入驻企业的得分相对较高，分别达到3.7分和3.6分，入园企业和运营商初步达到了预期的目标。但经济效益和附加效益两大指标的相对较低，除了附加效益在拉动进出口总额指标方面较为显著外，其他指标总体情况不尽如人意。这些结果表明，当前该园区在硬件设施方面已有较好的基础，为园区正常运营提供了基本保障，但建设后的园区企业如何经营和发展是一个较大的挑战。

(3) 从园区可持续发展能力指标来看，市场潜力和环境承受力的得分相对较高，分别达到3.7分和3.3分，超出一般的水平；但在园区的创新能力、风险控制、资源利用等指标方面还相对滞后，这可能与目前发展尚处于初级阶段，尚未引进政府部门和园区企业高度重视有关，这也是本研究设计该指标体系的一个诉求。

以上测算虽然并非实际数据，但也是依据园区实际情况的估计和判断，得出的结果有一定的现实意义，旨在能为今后的相关研究起抛砖引玉的作用。

第六节 结论及政策含义

境外经贸合作区建设作为推进我国企业“走出去”战略的新举措，近年来吸引了越来越多学者的关注。本章归纳了境外经贸合作区的发展历程和主要特点，并对其发展态势进行总体评估，认为我国境外经贸合作区的蓬勃兴起，是由中国企业国际化和产业发展阶段决定的；对我国境外投资合作的拉动效应显著；经过近七年的运行，这些合作区在基础设施建设方面进展顺利，部分入驻企业已进入生产经营阶段，合作区建设和产业发展初具规模。进一步，本章通过构建价值链接权约束下的国际生产投资模型，厘清了园区牵头企业与加工企业、东道国供应商之间的微观生产组织控制机理，认为在不完全契约条件下，上级企业可以利用价值链分解权和层级租金分配方式来抽取下级加工企业或供应商的租金分享。换言之，牵头企业通过价值链分解权和层次租金分配的组织控制机制，确保牵头企业获取合意的零部件和较高的事后剩余，有效协调园区企业之间的良性运行。然后，以东南亚地区中国境外经贸合作区建设、泰中罗勇工业区和尼日利亚莱基自由贸易区为嵌套案例进行组织控制问题经验分析，研究表明，在建设和经营过程暴露出来的企业投资问题与组织障碍很明显：

（1）企业所有权优势缺乏，企业权力层次偏低，国际化经验不足，既没有构建和培育起完善的治理结构和管理机制，也难以充分利用投资企业的主导地位，而且在规划建设、产业定位和区位选择等方面，出现了诸多组织问题。（2）入园企业能力偏低，区内企业组织协调机制凸显不足，尤其缺乏一个有效的产业集群内部竞合机制。如何协调区内中小企业竞争合作问题、控制境外加工生产良性运行等，将面临诸多挑战。（3）合作区企业在处理与当地供应商或代理商的投资合作行为上，缺乏强有力的外部合作机制和组织机制保障，直接影响投资合作效果。

最后，为破解园区投资增而不强困境，推进境外园区的可持续发展，本章依据境外经贸合作区的地理环境、经济条件、社会条件和产业集聚特征，以代表性合作区的发展数据为基础，借鉴国内类似开发区的相关标准值，从园区外部环境、园区发展竞争力、园区可持续发展能力三个层面，构建一套综合评价指标体系，并以泰中罗勇工业区为例进行模拟测算，为推进合作区合理规划和可持续发展提供参考。

客观地说，建设境外经贸合作区只是企业“走出去”战略的第一步，依照中国现有的国力和影响力，在政府推动和扶持下建立一批境外经贸合作区并非难事，难的是这些合作区建成后能否保持可持续发展。本章的研究结论表明，当前我国以“政府为主导，企业为主体，市场化经营为原则”的合作区建设模式需要进行战略调整：改变建设初期的政府“推动”为企业“主动”，让企业成为“走出去”的主导者；而政府需要功能转向，切实做好服务功能和保障企业利益的功能，而不再是主导作用；在此基础上，每个境外经贸合作区需要改变过去“大而全”的趋同战略，要根据园区企业自身条件和东道国禀赋优势，发展出富有自身特色的支柱产业、主导产业和优势产业，这才是确保境外经贸合作区可持续发展的产业基础。为此，当前需要：

（1）激发企业“走出去”的主导性和主动性，大力发展有为企业的核心能力和组织控制协调能力。企业条件是实现园区由“政府推动”变“企业主动”的根本，也是推进园区可持续发展的微观基础。只有加强企业自身建设、大力发展有为的中小企业，才能优化国内招商资源，确保入园企业的数量和质量，进而实现企业“走出去”的主动性和主导性。为此：一是要从产业扶持、生产消费、投资引资、外经外贸等方面出台相关激励支持政策，特别是要扶持和发展有为的中小企业，引导这些企业苦练内功、不图多贪大，集中优势资源做强主业，培育和提升自身的核心竞争力。二是要采取有针对性的综合政策措施，打破区域封锁、行业垄断、部门垄断、行政性审批的进入壁垒和制度障碍，实现贸易、资金和资源在各地区，部门和行业之间的合理流动，为企业发展创造良好的市场基础和制度环境条件。三是强化知识产权保护。通过强化知识产权保护来促进入园企业开展创新活动的积极性，倡导和鼓励入园企业特别是大型企业、高科技企业和进出口企业，建立健全与贸易有关的知识产权应急处理机制，是提升入园企业国际竞争力的有力保障措施。

（2）合理调整产业定位，促进合作区特色发展。目前合作区建设普遍存在定位过高、产业选择过杂的现象，尤其将合作区都建成“综合性服务园区”的设想，不符合我国的企业条件，也不符合区域经济地理要求和东道国的国情，需要进行产业定位调整。为此，要从产业经济角度，合理评估合作区的主导产业，明确合作区的优势，对合作区的交通、资源、供应链、产业特色、市场覆盖率、合作区获得利益点等方面要加以分析和把握；同时要引导企业充分考虑东道国国情需要，结合企业的技术、管理、人才优势和国际商务经验，以及拥有的国内潜在招商资源，对境外合作区未来的产业方向和商务功能做出明确、具体的定位。

（3）构建并强化政府主体的导向、服务和保障功能。目前，商务部正在着手第三批经贸合作区的批建，在此承前启后之际，我们需要总结过去的建设经验和不足，尤其是要转变政府理念，由过去的主导功能转为导向、服务和保障功能，有效推进合作区的健康有序发展。为此，一是针对合作区建设过去存在盲目投资、重复建设及区位选择扎堆等问题，政府相关部门应当给予必要的协调和指导性意见，导向入园企业走差异互补的“走出去”策略，以避免恶性竞争和浪费资源；二是建立多层次信息渠道，为企业提供有关东道国政策环境、风俗习惯等方面的信息服务，为企业的投资经营决策提供指导和必要的建议（赵建华，2009）。

（4）建立高效的政府、合作区和企业的三方沟通协调机制。进一步完善协调政府、合作区和企业之间的交流机制，做到“有政策必传达、有政策必落实、有问题必反馈”的上下沟通协调机制，数据上报与政策下达保持通畅、及时和高效，积极进行企业间经济、信息、法律、人才等方面的合作，加强相互沟通与协作，避免短期行为，杜绝恶性竞争。政府应根据国内产业发展规划推进产业结构调整，以国民经济发展对外贸易和经济区域布局的总体目标，协调政府、合作区和驻区企业的关系，紧密联系东道国现实情况，防止浪费资源，为地方政府和企业的投资决策提供指导，防止不必要的损失，推动我国境外经贸合作区健康、快速、可持续地发展。

（5）规范园区统计工作机制，完善数据搜集统计工作。在评价体系构建方面，国内的研究较少，已公开的相关数据也比较少，建议商务部在对境外经贸合作区这一专题的报道和相关数据都能及时地公开和整理。同时，需要做到以下三点：一是建立并完善高效的自上而下的统计系统。组织实施经贸合作区经济核算制度和投入产出调查，以合作区为单位汇编提供经济核算资料，监督管理各经贸合作区的数据统计和评价工作。二是合作区应设立专门的统计机构，搜集合作区整体运行的统计数据以及各企业的汇总数据，结合合作区特点和要求，开展行业性统计调查，主要承担生产经营和发展改革等统计工作。部门综合统计要进一步明确职能和工作任务，理顺关系，切实做好本职工作，形成“部门分工负责、综合统计监管、相互配合协调”的统计工作机制，做到职责明晰、关系协调、信息共享、共同提高、服务优质。三是入区企业加强统计基层基础工作建设，提高基层统计人员素质，提高基本数据统计的准确性。

第八章　对外直接投资的政策支持体系分析

第一节　引　言

发达国家的实践经验表明，政府完善的政策支持和服务是本国企业成功实现对外直接投资目标和提高企业国际竞争力的关键因素。当前，我国正处于对外直接投资快速上升阶段，然而，企业“走出去”面临突出问题：一是企业能力偏低，国际化经验不足；二是政府的推动与企业的行动未形成合力。为此，中国政府急需完善和创新对外投资管理及政策支持体系，对外投资企业也迫切需要政府的政策支持和服务。

本章作为发展战略与政策研究部分的开篇章，将从我国政府对企业“走出去”的政策变化和政府政策支持体系发展现状出发，分析我国投资欧美、非洲、亚洲和大洋洲等地区的政策支持体系存在问题，并对美国、日本、德国三国的国际经验进行比较分析，揭示当前我国对外直接投资中政府政策支持体系存在的机制问题及障碍，为下一章的发展战略与政策建议提供依据。

第二节　对外直接投资政策支持体系现状考察

随着我国改革开放和经济的发展，政府在不同时期陆续出台了相关政策支持企业“走出去”。不过，这些政策基本上都是强调企业对外直接投资的严格审批、严格监督和外汇管制。直到 2001 年 3 月全国人大通过的“十五”计划纲要，才明确提出要健全对境外投资的服务体系，在金融、保险、外汇、财税、人才、法律、信息、服务出入境管理等方面，为实施“走出去”战略创造条件，并完善境外投资企业的法人治理结构和内部约束机制，规范对外投资的监管。之后，中国对外直接投资政策开始由限制迅速转向鼓励和重点支持。例如，党的十六大报告指出：鼓励那些能发挥我国优势的企业去对外投资，还要全面提高对外开放的程度。党的十七大报告也强调坚持对外开放的重要性，要把对外投资和引入外资相结合，扩大开放领域。《商业银行并购贷款风险管理指引》、《境外投资管理办法》、《钢铁产业调整和振兴规划》等鼓励政策也陆续出台来鼓励对外投资（李平、徐登峰，2008；姚枝仲、李众敏，2011）。特别是党的十八届三中全会提出，扩大企业及个人对外投资，确立企业及个人对外投资主体地位，允许发挥自身优势到境外开展投资合作，允许自担风险到各国各地区自由承揽工程和劳务合作项目，允许创新方式“走出去”开展绿地投资、并购投资、证券投资、联合投资等，进一步为推进对外直接投资合作战略提供政策依据。

近年来，促进企业“走出去”的便利性、控制企业“走出去”的风险性成为国家境外投资政策制定的基本指导方针，政策制定与颁布的基本原则是“放宽资格限制、收紧风险监管”。随着企业“走出去”的快速发展，我国境外投资的整体政策环境逐步宽松，简化境外投资审批程序，日趋完善境外投资促进体系，逐步解决境外投资融资难的问题。同时，境外投资的管理体系和境外投资综合服务体系的建设也正逐步成熟。下面主要从法律支持体系、政策支持体系、管理与服务机构三大方面进行分析。

一　对外投资法律支持体系的发展现状

在海外投资方面，我国的立法工作比较落后。在国内相关法律方面，目前主要是国务院颁布的相关规章和条例，还没有形成统一的法律规范，指引、规范和管理企业“走出去”的业务。换言之，只有法律效力较低的部委规章和条例，以及政府主管部门的内部政策，没有上升到国家法律的高度。特别是对于投资方式最多的海外并购业务，相关并购的法律只分散在公司法、证券法中，缺乏一部明确的、权威的、具有约束力的法律法规来有效引导我国企业的海外并购，如《海外并购促进法》。这些规章和政策缺乏总体设计，相互之间有机联系不足，甚至相互抵触，长期性、系统性、稳定性和透明度较差，制约了企业对外投资的进一步发展。

在国际相关法律方面，目前还主要是我国和其他国家缔结的一些协定以及我国加入的国际公约（如图 8－1 所示）。

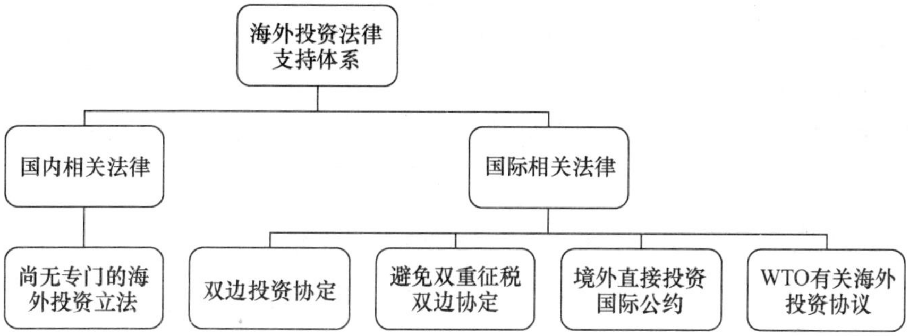

图 8－1　中国对外直接投资的法律体系

（1）双边投资协定。截至 2012 年 8 月 21 日，我国已签订了 150 多个双边投资协定。在已经签署建立的“自由贸易区”中，除货物和服务自由贸易协定外，中国政府还在努力进行“投资自由化”协定的谈判和前述工作，中国—东盟“投资自由化”协定谈判已经完成。

（2）避免双重征税双边协定。截至 2011 年 5 月底，中国已经和有关国家正式签订了 96 个避免双重征税协定。这是我国在缔约国的直接投资的主要法律依据。

（3）境外直接投资的国际公约。中国参加了《解决国家与他国国民之间投资争议公约》和《多边投资担保机构公约》。

（4）WTO 有关海外投资协议。作为 WTO 的成员国，有关对外直接投资的法律规范主要包括《GATS》、《TRIMS》、《TRIPS》和《补贴与反补贴协议》。

实际上，母国法律制度的保护是企业进行对外投资时寻求法律保护的基础和前提，也是企业获得保护最为有效的一种途径。但由于缺乏完善的法律规章的支持，我国企业在“走出去”方面还处于无法可依的状态，在海外并购时常遭遇投资壁垒。海外投资立法、海外并购的法律保护体系有待建立。

二　对外投资政策支持体系的发展现状

目前，我国对外直接投资的政策支持体系主要包括扶持性政策、核准性政策、监管性政策（如图 8－2 所示）。

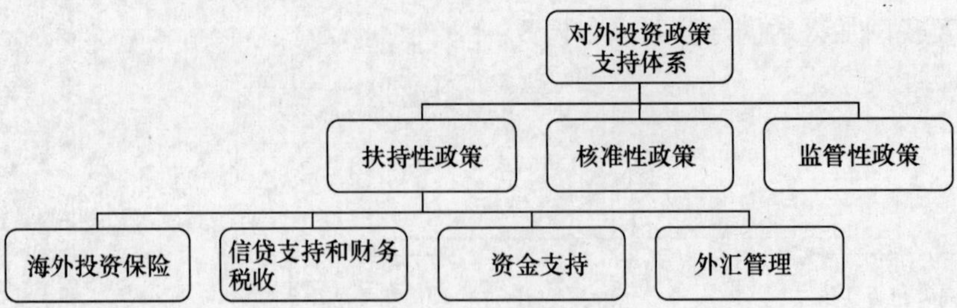

图8－2 中国对外直接投资的政策支持体系

(一) 扶持性政策

我国的扶持性政策主要包括外汇管理、海外投资保险、信贷支持、财务税收、资金支持等，近年来取得一定成绩。在外汇管理方面，2003 年，国家外汇管理局取消了境外投资外汇风险审查、境外投资利润汇回保证金审批等 26 项行政审批项目。2004 年发布《关于跨国公司外汇资金内部运营管理有关问题的通知》，允许境内成员企业利用自有外汇资金以及从其他境内成员公司拆借的外汇资金，对境外成员企业进行境外放款或者境外委托放款。2005 年 5 月，国家外汇管理局将外汇资金来源审查权限由 300 万美元提高至 1000 万美元。2006 年 7 月，国家外汇管理局彻底取消了境外投资外汇资金来源审查和购汇额度的限制。2009 年 5 月，外汇管理局起草了《境内机构境外直接投资外汇管理规定》（征求意见稿），增加了国内外汇贷款、人民币购汇或实物、无形资产及经外汇局核准的其他外汇资产来源等渠道，使得境内企业用汇更为方便（李众敏，2010）。

在海外投资保险方面，1979 年，中国人民保险集团公司开始承保投资保险；1998 年，中国人民财产保险有限公司开办海外投资（政治风险）保险；2001 年，中国出口信用保险公司从事政策性出口信用保险业务。截至 2008 年年底，中国已经签署的《双边投资协定》超过 110 个，仅次于德国（刘忠庆，2011）。中国出口信用保险公司为中国的境外投资企业承包对外投资战争、罢工、政治等险种，已初步展开海外投资保险业务。不过，目前尚未出台相关法律、法规对海外投资保险制度予以法律上的确认，使得我国海外投资保险制度面临许多亟待解决的问题。

在信贷融资支持方面，2004 年 10 月，国家发改委、中国进出口银行等颁布《关于对国家鼓励的境外投资重点项目给予信贷支持的通知》，每年安排“境外投资专项贷款”，享受出口信贷优惠利率。2005 年 8 月，为推动非公有制企业“走出去”开拓国际市场，商务部和中国出口信用保险公司做出了《关于实行出口信用保险专项优惠措施支持个体私营等非公有制企业开拓国际市场的通知》，国家外汇管理局发布《关于调整境内银行为境外投资企业提供融资性对外担保管理方式的通知》，将融资性对外担保由原来逐笔报外管局审批改为余额控制，促进了对外投资便利化（姚枝仲、李众敏，2011）。目前，我国制定了《关于境外加工贸易企业周转外汇贷款贴息和人民币中长期贷款贴息有关问题的补充通知》、《境外投资财务管理暂行办法》等系列政策。

在税收政策方面，国家税务总局在 2007 年发布《关于做好我国企业境外投资税收服务与管理工作的意见》。2009 年国税总局在结合新《企业所得税法》实施的基础上，制定并出台《关于境外所得的既得所得税管理办法》、《关于企业所得税间接抵免的具体操作办法》等，以使境外投资的企业尽快地享受税法规定的优惠。同时，为减轻对外直接投资企业的国际税收负担，中国已经与 90 多个国家或地区正式签署《税收协定》或《避免双重征税协定》（刘忠庆，2011）。

在资金支持方面，为了鼓励和引导企业到国外投资，政府先后推出了四项涉及促进境外投资的专项资金扶持政策：一是 2000 年 10 月，原外经贸部和财政部联合制定的《中小企业国际市场开拓资金管理（试行）办法》对中小企业到海外投资办企业予以前期费用等资金补助。二是财政部、商务部 2004 年 10 月联合下发的《关于做好 2004 年资源类境外投资和对外经济合作项目前期费用扶持有关问题的通知》，财政部 2005 年 10 月发布的《国外矿产资源风险勘查专项资金管理暂行办法》，以及商务部、财政部 2005 年 12 月出台的《对外经济技术合作专项资金管理办法》，对境外投资等业务采取直接补助或贴息等方式给予支持。三是商务部、国土资源部 2003 年针对资源类企业设立了“境外矿产资源勘查开发专项资金”（宋洪远等，2012）。四是作为中国政策性银行的国家开发银行自 1998 年以来，与其他国内外机构合资设立了四大产业投资基金：中瑞合作基金、中国—东盟中小企业投资基金、中国比利时直接股权投资基金和中非发展基金有限公司（胡拥军、马强，2011），以股权和准股权投资等方式支持中国企业走出去。但目前，民营企业“走出去”在资金支持方面普遍凸显不足。

（二）核准性政策

2004年10月，商务部对国内企业到境外投资开办企业的审查、内容、程序、核准条件作出了规定。2005年10月，商务部制定《境外投资开办企业核准工作细则》，目的是促进境外投资核准工作的透明、高效、规范、科学。2009年3月，商务部规定省级商务主管部门和商务部对企业境外投资实行核准。2010年5月，发改委下放外商投资核准权限，简化核准程序。2011年3月，发改委再次下放部分对外投资核准权限。

（三）监管性政策

2008年12月，商务部、国家统计局、国家外汇管理局共同下发了全行业的《对外直接投资统计制度》，规定通过季度报表实时地反映我国对外直接投资动态情况。2010年9月商务部制定了《对外投资合作境外安全风险预警和信息通报制度》，做好对外投资合作业务宏观监测和运行分析，强化风险评估、预警和应对。2010年11月，国家发展改革委、商务部、国务院台办联合发布《大陆企业赴台湾地区投资管理办法》。2013年3月，商务部制定了《规范对外投资合作领域竞争行为的规定》。2013年4月，商务部办公厅关于加强"走出去"信息报送工作的通知，了解我国企业在"走出去"过程中遇到的问题和困难。

三　对外投资管理与服务机构的发展现状

海外投资管理与服务机构大致包括审批程序管理、审批权限划分、外汇管理局、事后监管、服务机构等。

近年来，政府在简化对外投资审批程序方面做了大量工作。2003年商务部发布《关于做好境外投资审批试点工作有关问题的通知》，在十二个省市下放境外投资审批权限、简化审批手续的改革试点。2004年国务院发布《关于投资体制改革的决定》，进一步把对外投资项目从审批制转向核准备案制。2009年正式实施新的《境外投资管理办法》，进一步放宽地方对外投资审批权限，同时简化审批程序和审查内容，缩短并严格明确审批时间。

在监督管理方面，原外经贸部联合其他部委在2002年分别发布了《对外直接投资统计制度》（2004年修订，2005年开始执行）、《境外投资联合年检暂行办法》、《境外投资综合绩效评价办法》（试行）、《成立境外中资企业商会（协会）的暂行规定》。从2003年起，由商务部牵头组织对外直接投资统计、境外投资联合年检、对外投资综合绩效评价和境外中商企业商会工作。商务部和国家外汇管理局2005年5月发布了《企业境外并购事项前期报告制度》，要求企业在确定境外并购意向后，须及时向国家商务部及外汇管理部门报告。

在综合管理与信息服务方面，商务部2003年组建了专门的服务机构——外商投资促进中心（投资促进事务局），并在商务部网站建立并不断完善“对外直接投资统计系统”、“境外投资管理系统”、“境外矿产资源开发备案系统”，以及“国别投资经营障碍报告系统”。2006年7月颁布《中国企业境外投诉服务暂行办法》，并在北京成立“商务部中国企业境外商务投诉服务中心”，无偿提供中国企业境外商务投诉服务。2009年3月16日商务部正式发布境外投资管理办法，极大地促进和规范境外投资。与此同时，“境外投资管理系统”已于2009年5月1日正式投入使用，并已具备补录境外企业（机构）功能。此外，商务部还加强各种市场信息平台、对外投资产业指导和国别投资报告制度的建设。

第三节 对外投资政策支持体系问题分析

目前，中国对欧美地区的直接投资主要以技术寻求型为主，对非洲地区的直接投资主要以资源、能源寻求型为主，对亚洲地区的直接投资主要以市场寻求型和利润寻求型为主，对大洋洲地区的对外直接投资主要以资源寻求型和市场寻求型为主。下面分别对几大地区进行问题分析。

一 投资欧美地区的政策支持体系问题

欧美地区因经济发达、市场体系和法律体系完善，一直是发达国家跨国公司的热土。随着欧美地区经济增长的放缓，中国企业及时抓住海外并购机遇，成为中国各大企业投资的热点地区。尤其是最近几年，中国企业收购国外公司的案例大多发生于欧洲。本节以欧洲为例，说明中国企业投资欧美地区存在的政策支持体系问题。

虽然我国目前有大量的民营经济或者私营企业在欧洲进行投资，但通过对近几年中国企业投资欧洲成功和失败的典型案例分析可以看出，大多数的跨国并购还是发生在大型国有企业中，这显然与中国政府大力支持中国企业积极“走出去”，而且对国有企业给予更多的资金、优惠政策等其他方面的支持相关。从表8－1中也可以看到，9宗跨国并购中只有一家民营企业——吉利集团，一家股份制企业——中国平安，而其他的都是大型国有企业，如中石化、中铝集团等；南汽集团为上汽集团的全资子公司；蓝星集团则隶属于中国化工集团；TCL公司是一家共有控股企业；中联重科也是一家生产器械设备的国有企业。但在其收购成功或失败的原因中，其国企地位或国企性质都只是其中的一个因素。相反，除了企业自身因素外，更多的是劳工难题、投资壁垒，文化认可问题、政府和经销商的认同问题，对市场、经济、法律环境缺乏了解，评估、风险规避不足等。换言之，政府的政策支持体系亟待加强。

表8-1　　近几年中国企业投资欧洲成功和失败的典型案例

失败案例：

时间	收购方	被收购方（所属国家）	收购金额	收购内容	失败原因
2002年	TCL公司	施耐德（德国）	820万欧元	收购破产公司	劳动力成本、市场缺乏了解、反倾销因素，文化认可问题
2003年	TCL公司	汤姆孙（法国）	3.149亿欧元	占70%股份	并购方案设计不当，经济、法律环境不了解，整合失利
2007年	中国平安	富通集团（欧洲）	18.1亿美元	4%的股权	风险控制不足，文化、商业、法律不了解
2009年	中铝集团	力拓矿业公司（英国）	195亿美元	持股比例增加到18%	政治因素，忽视风险评估，国企身份，缺乏媒体公关

成功案例：

时间	收购方	被收购方（所属国家）	收购金额		成功原因
2005年	南汽集团	罗孚公司（英国）	5300万英镑	收购罗孚公司及其发动机部分	重视法律风险，解决劳工难题，注重知识产权
2008年	中联重科	CIFA公司（意大利）	1.626亿欧元	收购60%的股份	联合收购，结构设计合理，文化融合
2009年	中石化	Addax公司（瑞士）	75.6亿美元	收购Addax公司	国企地位，资产规模和资金支持，要约竞购方式
2010年	吉利集团	沃尔沃公司（瑞典）	18亿美元	100%股权	战略转型，资金支持，工会认可，政府和经销商认同
2011年	蓝星集团	埃肯公司（挪威）	20亿美元	收购埃肯公司	国企地位，资产规模和资金支持，技术和市场地位

资料来源：作者依据商务部资料进行整理。

目前主要存在以下三大问题：

（一）政策体制限制

主要表现在四个方面：一是由商务部、财政部、国家外汇管理局、各地方政府、中央银行及中央各部门、发改委等实施多头管理；二是各专业部门以自己的利益为目的制定各自的管理办法，导致对外直接投资缺乏统一的、权威性的机构统一协调和负责，出现管理混乱和管理效率低下的局面；三是现在国家支持政策都比较宏观，缺乏对微观企业自身竞争力培养的针对性措施，企业“走出去”的效果不是很明显；四是对外直接投资的后期监管不到位，财政部的监管措施缺乏可操作性。现有管理体制存在“重审批、轻监管”的现象，导致境外投资存在企业非法经营、国有资产流失等现象。以投资欧洲为例，欧洲拥有一个5亿—8亿人的单一市场，在这40多个国家中，只要在其中一个国家或地区立足，就可以占领整个欧洲市场，市场潜力巨大。但问题是，每个国家都有自己的优势和战略，该去欧洲的哪个国家投资最优呢？由于缺乏统一的、权威性的机构统一协调和负责，中国对外投资的企业是通过非系统化信息渠道进行的，使得在欧洲的投资企业都非常集中，而且都趋同选择一个地方，导致企业在地区和产业结构的分布上不尽合理，进而出现效率低下、国有资产流失等问题。

（二）市场服务体系不健全

欧洲是一个巨大的市场，但有不同的语言、不同的法律体系、不同的品位、不同的监管环境、不同的征税体系，中国企业要到欧洲投资，除要了解外汇市场状况、行业准入原则、产品供需状况等外，还需要通晓以上知识或从专业服务机构获取相关信息。然而，我国市场服务体系不健全，中企投资欧洲面临诸多障碍。首先，从法律法规制度环境来说，尽管欧洲的法律体制比较完善，但对于外国投资方面的规定十分详细，中国企业投资欧洲在法律方面主要存在三个问题：一是欧洲会用法律的形式对外国的投资设立障碍，对中国企业投资时所设立的投资壁垒更为严格；二是中欧法律在大体规定上一致，同属于大陆法系（除英国和英联邦国家之外），但在很多细节方面存在很大的差异，如在非居民企业的收购、兼并控制、信息披露以及内幕交易等方面都存在很多不同，TCL收购汤姆孙公司失败的一个重要原因则是对法国的法律了解不清楚，从而导致收购之后出现种种问题；三是欧洲内部存在双层法律体制，以欧盟为例来说，欧盟有凌驾于各成员国之上的统一法律体制——欧盟法律，其主要是由欧盟形成过程中一系列协定所组成，同时各个成员国内部又有本国的法律规定。因此，当中国企业在欧洲投资前，需要提供相应的法律服务体系，仔细研究好欧盟的法律规定，了解投资国的具体法律体制，这增加了中国企业投资欧洲的难度。

其次，从财税政策来说，缺乏政策引导，支持结构单一。如从税务的角度来讲，欧洲的税务体系并不是统一的，如德国的税率是40%，但法国是34%，即不同的国家在税务方面的激励机制是不一样的，这就需要投资企业进行详细的分析和选择。然而，目前的财税政策只是散布在一些法律法规中，没有形成系统，缺乏对境外直接投资的协调和衔接。另外，政策优惠方式过于单调，侧重于直接激励措施，例如税收抵免等，对于加速折旧等间接激励措施涉及却很少。

再次，从信息服务来说，缺乏信息咨询服务，技术援助很少。目前，我国主要依靠对外投资与合作信息服务系统和驻外领事馆提供境外投资信息，例如投资机会、投资障碍、东道国的宏观经济等。信息服务方面的活动比较少，咨询机构比较分散，信息资源没有得到整合，境外投资的技术援助也很少，这使外投企业面临信息、资金、人才短缺的局面。

最后，从劳工问题来说，一些企业对欧洲当地工会组织的抵触情绪估计不足。近年来，不少在欧洲并购的中国企业都是因为在处理同工会关系时“简单粗暴”而遭遇巨大阻力。事实上，欧洲的工会势力强大，在国家政治生活中具有相当的发言权和地位，在欧洲进行投资或者并购时，劳工问题不可忽视。此外，一些到欧洲投资的中国企业，不熟悉欧洲的劳工政策和制度，如企业并购后如何按照当地的法律规定解决好工人问题，如何确定裁员的比例，如何确定员工的工资和社会福利等其他社会保障，如何协调好新老员工、东西方员工之间的沟通和交流等。然而，这方面的专业服务提供很少。

（三）缺乏行业服务机构支持

如上所述，中国企业在欧洲市场服务体系很不健全，一定程度上是缺乏相应的专业服务机构或行业商会的导向作用。体现在“走出去”企业面临信息不灵，境外信息渠道少，对国外有关法律、政策、投资环境了解不够透彻，相关部门互联网站上能够查询到的有用信息很少，有关的研究、咨询机构较为分散，各种信息资源未能有效整合。我国政府部门的信息资源及数据库的建立较为滞后，不能及时提供全面的信息咨询服务，导致企业对海外市场和投资环境的情况缺乏了解，缺少足够的经营决策论证以及市场引导机制，加大了“走出去”的政治和市场风险。

（四）缺乏对“技术开发型”的政策支持力度

与其他地区不同，我国在欧洲是以“技术寻求型”为主，并且集中在先进制造业和服务业，“贸易便利型”或“资源寻求型”驱动的投资不是主导。但是，目前政府将优惠政策和资源集中在海外矿产自然资源开发和边际产业转移上，而且政策支持对象大多集中于国有企业，导致民营企业的巨大潜力没有发挥出来。对于建立当地研发和本地化和积累出中国自己的品牌，却没有强有力的支持政策和配套措施。特别是一些来欧洲投资的中国企业往往缺乏战略意识和公关策略，让当地人觉得并购纯粹是为了获得欧洲的核心技术，在海外并购过程中处处显现出要获取核心技术的意图，而又忽视了在当地应该履行的社会责任，一定程度上加剧了当地政府及民众对中国企业投资目的的怀疑和偏见。

二　投资非洲地区的政策支持体系问题

非洲是中国海外投资的重要战略地区。根据商务部的数据显示，2012年中国在非洲投资的企业已经超过了2000家，项目遍及非洲50多个国家，非洲已成为中国海外在欧美和日本之后的第四大投资目的地。近50年来，中国向非洲53个国家提供各种经济援助，设计并负责建设900多个成套项目。2006年中非建立外交50周年，正式发表《中国对非洲政策文件》，文件明确表示：“中国政府继续支持和鼓励我国企业到非洲投资发展，继续因此提供优惠出口买方信贷和优惠贷款，并愿意与非洲国家探究促进投资合作的新方式和新途径。继续完善和制订相关政策，着重加强引导，注重服务，提供便利。持续与非洲国家商议签订并落实《双边促进和保护投资协定》与《避免双重征税协定》，与非洲国家共同营造良好的投资合作环境，着力于保护双方投资者的合法权益。”2009年，中国与22个非洲国家签署了优惠贷款框架协议，计划免除33个非洲国家截至2005年年底到期的168笔债务。另外，国家开发银行也建立50亿美元的中非发展基金，为在非发展的中国企业提供资金支持；中国进出口银行将在非洲设立分支机构，对投资非洲的中国企业提供贷款支持。

然而，由于中国与非洲各国在政治、法律、经济、文化、宗教、风俗习惯等方面存在较大差异，而且政局不稳定，吸引外国投资政策变化大，这对中国投资者的长期投资提出了很多挑战。当前，在政府的政策支持体系方面，除了存在欧美地区的前三大问题，即政策管理体制限制、市场服务体系不健全、缺乏行业服务机构支持外，以下三大问题尤为突出：

（一）缺乏对政治、政策法规、市场风险的担保机制

投资非洲，企业首先需要面对的就是特有的政治和人身风险，以及由此带来的投资环境、投资政策不稳定。绝大多数非洲国家没有形成稳固统一的国家意识，对部族和宗教的认同更胜于对国家的认同，导致政府约束力低，政府更迭频繁，暴力冲突时有发生，社会局势动荡，社会不安定因素很多。此外还要面临在非企业员工的人身风险，政策法规风险、市场风险，以及其他“隐形”的风险，如汇率风险、政府腐败带来的高风险等。加上一些在非洲国家的投资、财税政策不够清晰，经济规模较小，法律制度不健全，对政策局势变化没有招架之力。特别是2012年非洲埃及、利比亚等北非国家的民主运动诱发的新一轮政治风险将中国企业推向了风口浪尖，部分非洲国家政府出台政策，严格限制中国在非投资，或没收中国企业在非资产，如以中石油为代表的中国企业因2011年的利比亚政治动荡，直接导致其在利比亚大量的已建和在建海外项目终止，损失据统计超过数十亿元。这些风险发生，直接影响在非投资企业的存亡和投资信心。

虽然部分在非洲的中国企业已经建立了基本的安全防范制度，提高了风险管理水平，其中包括制定员工安全管理相关制度，完善应急预案和补救机制，员工培训，为员工购买保险等。然而，对于这类政治、政策法规、市场风险，我国还没有形成一个非常有效的政策支持框架。目前只有中国出口信用保险公司为境外投资企业承包、对外投资战争、罢工、政治等险种，而且范围、险种、数量都非常有限[①]，缺乏相应的针对非洲国家投资的双边或多边投资保护协定，而且尚未出台相关法律、法规对海外投资保险制度予以法律上的确认，海外投资保险制度亟待建立和实施。

（二）法律多元化制约国际商业投资合作

非洲大陆国家有被殖民的历史，法律制度比较复杂，许多法律不完善，如公司法、劳动法、破产法、合同法和物权法等，而且长久以来存在法律多元化的问题。尽管自20世纪80年代以来，一些非洲国家已实施并

---

① 中国信保是中国唯一承办出口信用保险业务的政策性保险公司，承保我国企业海外投资中发生的征收险、汇兑限制险、战争险以及政府违约险这四类投资风险。然而，中国出口信用保险公司并不是专门的海外投资保险机构，承保的业务除上述风险外还包括一般性商业风险，但承保的金额占投资总额的比例过低，且投保的企业也仅占全国出口企业的少部分。

实现了立法的现代化，但其他一些非洲国家仍在适用1807年的《拿破仑法典》，以及分别在1867年和1925年制定的有关股份有限公司和有限责任公司的法律。以公司法和破产程序法律制度为例，法语非洲国家在独立后所进行的立法活动，已导致各国法律之间存在巨大差异。这种多样化的法律制度不仅阻碍了非洲国家的国际商业往来，也直接影响了非洲的FDI流入和投资者的利益。不仅如此，大部分非洲国家的司法是不安全和严重不足的，法律监管制度缺失，这使非洲的法律系统不能给予投资者们足够的政策支持，让很多投资者望而却步。

除法律之间的差异外，各国之间法律制度的内容还存在不确定性，甚至单个国家内也是如此，而且法官和其他法律官员接受的商法方面的培训少之又少，查找国外资料难乎其难，也在一定程度上制约了在非投资企业的商业活动。以赞比亚为例，赞比亚中央政府与地方政府之间，对文件和合同有不同的理解和解释，甚至相互抵触。赞比亚政府与中国有色对外工程建设公司1998年签署的《谦比西矿开发协议》规定，对谦比西矿的正常生产经营不会征收新的税种，期限为15年。但在1999年，资产税法的新修订却要求规定所有的矿山要向地方政府缴纳资产税，谦比西矿所在地的政府不承认赞比亚中央政府签署的开发不征税协议，开始向矿业公司征收新的资产税，并强制执行，严重地干扰了中国矿业公司的经营。

此外，由于缺乏有效的政府监管和习惯于在中国的不良做法，一些中国企业在非洲无视当地法律，不与雇工签订劳动合同，随意解雇劳工，工资标准甚至低于所在国规定的最低保障工资，不注重保护员工基本权益，成为被当地劳工所诟病和投诉的对象，严重影响了中国企业在当地的形象。再如在南非投资的企业不熟悉或者不重视BEE政策，导致在南非的业务长期无法正常开展。

（三）缺乏投资支持体系

非洲近期出现的一轮政治局势变化、“新殖民主义”声音盛行以及非洲民众对华态度改变，是当前中国企业投资非洲所面临的新挑战。战略管理咨询机构罗兰贝格公司最近完成的《投资非洲，成功之道》报告指出，突尼斯、埃及和利比亚等国家的突发性政治动荡，给投资带来了巨大的政治风险；由于中国企业在非投资的巨大份额，使非洲部分国家形成了中国实行“新殖民主义”的观点，从而出台了严格限制中国在某些领域的投资比例，或没收中国企业在非资产等措施；不少非洲民众日渐对中国企业产生不满情绪，认为中国企业赚了钱，却没给当地百姓带来实质利益，反华情绪升温。这些内容实际上反映出中国政府和企业支持体系和部分能力的缺失。具体地说，体现在以下方面：

（1）缺乏有效监管。由于缺乏有效监管，而且监管程序复杂、效率低，使得部分中小企业缺乏海外投资引导，在海外自行其是，出现了不遵守当地法律、不重视安全和产品质量等问题，无视当地法律，不与雇工签订劳动合同，随意解雇劳工，工资标准甚至低于所在国规定的最低保障工资，还有部分企业，不顾当地国法律，在东道国行贿，严重影响当地正常秩序，严重影响中国企业在当地形象。

（2）缺乏对非洲投资宏观环境评估和风险预警机制。政府应是企业海外投资的首要把关者和宏观环境信息提供者。然而，目前我国政府没有专门机构对非洲当地宏观政治、经济、法律和文化等经营环境进行分析评估。[①] 单个企业自身能力有限，很难全面、准确把握东道国突发的政治风险和经营风险，未能建立起投资非洲的风险预警机制，导致中国企业在非洲国家发生的多场政治危机前，都未做好充分准备及时应对，造成了大量不必要经济损失。如在利比亚发生动荡前，中国政府未就利比亚政治危机作出任何预警，导致包括 13 家央企在内的 75 家企业的 50 个大型项目遭受重大损失。

（3）缺乏对非洲全方位、多层次的公关战略。一直以来，我国政府注重与非洲国家执政党关系，致使反对党或在野党对中国政府关系以及在当地的中国投资企业存在不满，这给中国企业当地投资经营埋下潜在风险。此外，政府对非洲援助一直走政府形象工程，缺乏惠民意识，忽略当地民众的诉求。例如，中国援建赞比亚的恩多拉体育场项目，投资 4.1 亿元人民币，容纳 4 万人左右，用地 20 公顷，可承办大型国际体育赛事。实际上，对于一个发展落后的国家来说，如果将这笔投资改投当地教育或城市基础建设，真正造福当地百姓，让民众才能切实感受并理解中国给予他们的帮助，才有利于中国在非洲民主形象的建设。因此，这些公关战略和思维影响了非洲对外投资的快速发展。

（4）没有形成定期中非交流机制。现有机制只能借助三届部长级会

① 中国政府对非投资国宏观环境评估体制：中国驻非洲各地大使（领事）馆主要落实国家对非政策和方针；经济商务参赞处具体负责中国对非经济援助，实施大型援助项目。

议进行合作和探讨，对于中在非的对外直接投资过程中暴露的问题难以及时解决，阻碍了两方的投资和合作。

（5）缺乏金融保险体系的支持和制度保障。中国企业在非洲的许多项目体量大、周期长，需要大量的资金扭转，既需要中资银行，也需要本地银行的大力支持和有效合作。这不仅需要金融体系的支持，还需要金融保险制度保障。但目前开发银行在非洲54个国家和地区设了28个代表处，代表处不是分行，它不能做业务，不能签约；进出口行在非洲只有6个。这其中暴露出我国在海外投资保障制度方面的缺失。

（6）缺乏完善的咨询及信息服务体系。当前对非洲投资存在的一个主要问题是缺乏针对非洲的专业咨询机构、专业知识和专业人才，难以提供相应的专业知识技术支持和咨询，如对非洲国家的能源、资源、矿业投资领域的法律、法规进行过系统研究的专业机构和人才非常缺乏，对非洲的相关领域信息不了解、不专业等。实际上，政府应该知道国内企业对外投资时，减少内部的竞争，要一致对外，促进投资当地形成投资联盟，并以国家利益为首要条件。然而，目前对所有的对非洲投资的中国企业来说，缺乏一个固定和准确的信息来源。政府作为中国企业对外投资的后盾，没有建立一个完整的网络系统，对非洲政策反应比较滞后，没有为企业投资发展建立一个全国统一并及时可靠的资源能源情报网络系统，没有为企业和投资者提供准确的数据和参考依据。

三　投资亚洲地区的政策支持体系问题

亚洲的很多国家是我国的友好邻邦，在宗教、信仰、文化、风俗等方面与中国有很多相同的地方。一直以来，亚洲是中国对外投资占比最高、投资范围最广的地区，其中，东北亚六国是商务部对外投资合作的重要支持地区；中亚、西亚同北非地区一样，是中国在海外投资“走出去”的重要地区；东亚日本是发达国家；东南亚是中国企业最早“走出去”的投资地区。在政策支持体系方面，2001年中国与东盟达成协议，在2010年建成中国—东盟自由贸易区，为中国企业“走出去”提供最为广阔的舞台；2009年，我国专门设立了100亿美元的中国—东盟投资合作基金，以支持中南半岛国家的基础设施建设，改善其投资环境；2010年国务院批准的《关于进一步实施东北地区老工业基地振兴战略的若干意见》，以及《中国图们江区域合作开发规划纲要》，这两个文件给东北地区、东北亚地区的发展奠定了一个最根本的政策基础。然而，由于东南亚各国在政治体制、经济发展水平以及民族、语言、历史、宗教、文化等各方面存在巨大的差异性和多样性，我国企业在东南亚的投资政策支持体系迫切需要进行调整。目前主要体现在以下方面：

（一）缺乏有效的投资风险预警机制

东南亚地区虽与我国地域接近、文化差异较小，但其投资环境具有两面性。对于政局不稳、政权更迭过快的国家，以及劳动力技术水平低，市场狭小，法规不健全的国家，存在政治风险、劳资纠纷风险、当地政策风险、社区问题、政府干预等越来越多的投资风险，比如，近几年来，菲律宾的武装分子劫持人质事件频发；缅甸近年来发生了多次反政府的动乱；柬埔寨华人工厂发生劳资纠纷演变成工人与防暴武警流血冲突的事件；印尼和菲律宾因政局不稳引发的投资风险等，迫切需要政府为企业提供投资风险的预警机制和防范措施，引导中国企业在这些国家发生投资风险前，做好充分准备和及时应对，避免不必要经济损失。

（二）缺乏强有力的境外投资专业服务机构

经验表明，现有中国企业到东南亚地区开展投资合作时，在客观评估各国的投资环境，了解相关法律法规、投资优惠政策、当地劳工关系，以及民族问题和宗教问题等方面，一直存在盲区。尤其是东南亚 11 国既有垄断程度过高的国家，也有市场经济比较成熟的国家；既有政局不稳、政权更迭过快的国家，也有法规保障制度健全、政权稳定单一的国家等，投资环境的两面性给投资者的选择造成困难。实际上，境外直接投资涉及很多专门知识，单个企业尤其是中小企业难以应对，也缺乏相应的能力。从发达国家的成功经验看，都是政府搭台，专业机构负责提供相关服务工作。然而，目前，我国政府在市场调研、争端解决、可行性研究等方面都没有构建良好的平台。

（三）迫切需要增强软实力和全方位、多层次的公关战略

中国每年在东南亚投资数十亿美元以加强地区影响力，推进其战略利益。虽然这些投资在某些方面改善了与越南及其他东南亚邻国间的关系，但中国的投资并没有转化为影响力，援助政策效果明显低于预期。究其根源，这与政府在东南亚太急功近利的投资援助政策、注重政府形象层面、忽略当地民众诉求，缺乏惠民公关、没有树立起善意与合作关系、对“走出去”企业缺乏有效监管和引导等都密切相关。

以最近的缅甸案例为例，长期以来，缅甸一直支持中国在缅甸能源行

业的投资。然而，2011 年 9 月在缅甸的中国大型水电项目实然被叫停，部分原因是当地人认为该项目主要是为中国东部城市输送电力，而不是惠及当地，忽视了当地居民和缅甸公民社会的意见和利益，而且缺乏透明度，从而引发了对该项目和中国其他大坝工程的抗议。诸如此类案例，说明当前迫切需要政府改变政策支持取向，牵头提升中国在国外的软实力战略，全方位、多层次的公关战略，为“走出去”企业提供服务和支持。

（四）缺乏海外投资保险制度

当前，中国在亚洲的投资不仅有与亚洲“四小龙”的竞争，而且也面临欧美日发达国家跨国公司的挑战。尤其是，这些国家都从不同层面为本国在亚洲投资提供服务支持和投资保障。以日本为例，自 2004 年 4 月起，为促进日本企业在亚洲地区的直接投资，日本政府设立了“海外投资保险制度”。这一制度规定：对日本在海外拥有的企业、股票和不动产等实施保险，以减轻企业的投资风险；如果因外国政府的原因，日资企业的收益、资产、权利被剥夺或受侵害，企业可通过“收益、经营以及财产使用和所有权被剥夺险”获得赔偿；日资企业因为投资地出现战争、内乱、暴动或其他骚乱导致利益受损，可以通过“战争险”获得赔偿；因地震、洪水、海啸等天灾，或因恐怖袭击、全国性大罢工等不可抗拒事件而蒙受损失的企业，可以通过“不可抗拒损失险”得到赔偿。相反，目前我国在投资风险保障方面还非常短缺，直接影响企业“走出去”的进程和竞争力。

四　投资大洋洲地区的政策支持体系问题

我国对大洋洲的直接投资占比相对较小，但发展迅速，其中以澳大利亚为主，主要是资源、能源寻求型，例如石油、铝原料等。客观地说，澳洲政治体系稳定，与中国双边关系良好，地理位置优越，劳动力素质高，政策透明，法律健全，是企业比较理想的投资场合。然而，近年来中国投资澳洲遭遇恐慌式歧视，如多位澳大利亚国会议员和商界领袖对中国在澳大利亚进行的并购交易予以抨击，并呼吁加强对中国在澳大利亚农业和农田领域投资的监督。换言之，这一局面反映出我国政府在政策支持体系方面存在诸多问题，具体有如下几方面：

（一）遭遇国有身份难题，又缺乏合理公关战略

中国到澳洲投资以资源、能源寻求型为主，投资主体又是以国企尤其是央企为主，因而在投资过程中遭遇国有身份难题，导致并购受阻或失败。因为澳洲海外投资审核委员会（FIRB）通常关心的主要问题是：投

资者的运营是否独立于相关外国政府之外？投资项目是否有可能阻碍竞争，或导致不当集中，或导致对相关行业的控制？而悉尼一家独立的国际政策智库 Lowy 机构在 2011 年 9 月公布了一项年度民意调查。数据显示，1100 名澳大利亚受访者中 90% 的人对外资持股澳大利亚本土企业持反对态度，而其中 78% 受访者反对中国国有企业、银行或者投资基金对澳大利亚本土企业控股股权的竞购。他们认为，中国国企负责人普遍具有双重身份，比如中铝前总经理肖亚庆在没有离开中铝之前就曾是中共十七届中央候补委员。国企背后的中国政府是否会试图控制澳大利亚资源，是澳大利亚国内始终担心的问题。这一难题给中国在澳洲投资带来直接阻力。以中铝并购力拓为例，单纯从商业角度看，中铝对力拓注资的意义非常简单。力拓现在深陷资金短缺困境，不得不开始裁员。而注资不仅可以帮助力拓应对当下危机，还可以帮助澳大利亚政府解决力拓裁员而带来的失业问题。然而，澳方担心，中铝注资力拓背后有着中国政府地缘战略的考虑，国有企业身份的中铝最终会控制力拓的核心资产，并影响大宗商品的定价。这样，这次并购以失败而告终。

特别是面对国企的身份难题，中方政府又缺乏合理的公关战略或措施，也没有采取强有力的公关系统化解。实际上，政府可以采取有效措施，促进中国国企能通过更透明公开的市场化方式运作对澳投资，使澳洲民众逐渐认清国企的商业本质，减少对中国政府操控投资的顾虑，等等，这是当前“走出去”企业迫切需要的支持。

（二）缺乏专业机构引导中国企业与当地员工、土著、自然和谐相处

目前，中国企业投资澳洲的主要障碍是澳洲民众对来自中国的投资有着深深的不信任感。原因是多方面的，主要体现在：一是“走出去”企业缺乏有效监管和引导，企业在海外自行其是，尤其是“对中国一些政府官员和国企领导来说，他们已经习惯了在国内‘一切资源为我所用’，一旦走出国门，无法适应与盎格鲁—撒克逊经济体打交道的行为准则”，安邦报告中写道，“只能一次次印证民众和议员们的忧虑：那个交易案背后站着中国政府的巨大身影。”[①] 甚至出现了不遵守当地法律，不重视安全和产品质量等问题，还有部分企业，不顾当地国法律，在东道国行贿，严重影响中国企业在当地形象。二是缺乏专业机构的合理引导，没有主

① 何伊凡、孙雅男：《争夺澳矿》，《中国企业家》2009 年第 12 期封面文章。

动、有序地融入澳洲，与当地员工、土著、自然和谐相处。三是缺乏专业机构指导“走出去”企业在与当地投资时，应该要以追求剩余控制权为主，而不是追求形式上的绝对或相对控股权，多与澳大利亚本土企业合资，共同开发矿产更容易被民众接受。实际上，日本20世纪60年代开始对澳大利亚投资时，澳洲民众对日本仍持有不欢迎的态度，“但日本利用和澳大利亚公司合资开发矿产而不是控股澳大利亚公司的方式，在澳进行投资，慢慢赢得了澳大利亚民众的认同”。[①]

因此，从长远来看，中国公司需要投入更多的时间和资源来更好地了解澳大利亚的环境，通过参与社区活动等方式成为澳大利亚的良好“公民”，像日本那样，必须学会让自己成为社区的一部分。而这些，光靠单个企业行为是远远不够的，迫切需要政府支持，并采取相应的政策措施，或成立专业机构进行指导、服务和引导。

（三）缺乏海外投资保险制度

目前，中国企业投资澳洲还处在初级阶段，本土势力不信任、不融合中国企业，而且中国企业投资领域多为矿业和农业，都是澳洲投资特别敏感领域，其投资必须符合澳大利亚外商投资审核委员会（FIRB）的规定，还有对相关投资所发起的额外审查，如2012年7月1日起正式实施的《矿产资源租赁税2011》，这种严格的审查机制使中国企业在澳投资面临一定的风险。特别是澳大利亚外国投资审查委员会模糊的审查原则——“投资是否符合澳大利亚的国家利益?”[②] 澳洲政府可以以此为名阻止某些外国投资者购买本国公司股权，这种不确定性使得海外投资者承受着更大的风险。不仅如此，还存在诸如多位澳大利亚国会议员和商界领袖对中国在澳大利亚进行的并购交易予以抨击，并呼吁加强对中国在澳大利亚农业和农田领域投资的监督。此外，中国企业在经营过程中经常遭遇监管障碍、劳工短缺、聘用中籍人员争议、安全问题、成本高涨等风险。然而，面对这些风险，当前我国政府的海外投资风险保险制度尚未建立起来，单个企业能力有限，投资保障缺乏，直接影响在澳洲的投资进程和可持续发展。

---

① 见《21世纪经济报道》2009年3月16日文章《海外并购政策样本：澳大利亚如何审核中国投资》。

② 同上。

第四节 发达国家的OFDI政策支持体系比较

一 美国的OFDI政策支持体系分析

美国是世界上开展对外直接投资最早的国家之一，也是成功利用对外直接投资推动国内产业结构调整和优化升级的国家。为了巩固其作为世界对外直接投资第一大国地位，美国十分强调对外直接投资的整体推进，采用一系列政策措施和法律手段，鼓励本国私人向海外特别是发展中国家投资，并设法保证其投资的安全和利益。

（一）OFDI法律体系

美国政府非常重视对海外投资的法律支持，并常以对外援助为先导。尤其是第二次世界大战以来，在对外投资方面专门制定了《对外援助法》、《经济合作法》、《共同安全法》、《肯希卢泊修正案》、《冈扎勒斯修正案》和《贸易法》中的限制条款、《海外反腐败法》等有关法律，不断扩大本国对外投资的安全和利益。

除了在国内法律方面给予支持和保护之外，美国政府还积极与发达国家及发展中国家签订双边或多边协议，利用国际经济组织提供外交保护和支持，首创海外直接投资保险制度，以海外私人投资公司为保险责任承担者，通过美国进出口银行、海外私人投资公司提供资金支持和援助，实行海外投资税收优待政策等（见表8-2），保证本国企业在东道国获得投资经营的非歧视待遇以及投资受保护的权利，保障了本国投资的安全和利益。

表8-2 美国对外直接投资法律

年份	出台或修订的法律	相关规定	目的及效果
1948年	《经济合作法》		投资保险只适用于欧洲发达国家外汇兑换的风险
1951年	《共同安全法》	扩大了保险种类和范围	保险涉及东道国的征用没收等风险；保险地区开始包括少数发展中国家
1961年	《对外援助法》	海外投资保证制度仅适用于发展中国家和地区	到1964年已认可的海外投资保证总额增至15亿美元。1967年，同美国签订投资保证协定的国家达79个

续表

年份	出台或修订的法律	相关规定	目的及效果
1969 年	修订《对外援助法》	设立海外私人投资公司	主管美国私人海外投资保证和保险的专门机构、不属于任何行政部门
1995 年	修订《共同安全法》	保险种类和地区进一步扩大	使保险进一步扩展到战争、内乱等风险；保险地区迅速向更多的发展中国家和地区扩展

目前，美国这些专门的对外投资法律，内容涵盖税收优惠、信贷支持、投资保险等多方面，对美国的境外投资提供很好的保护；并且通过“合格投资和投资者”的政策对中小企业给予优惠待遇，从而间接对美国的境外投资进行监管、调控；与很多其他国家签订投资协定，进而为境外投资提供了良好的环境。

（二）OFDI 政策体系

美国的海外投资政策体系比较完善，主要包括政策支持体系、外汇管理、事后管理与监控三个方面（聂名华，1993 等）。

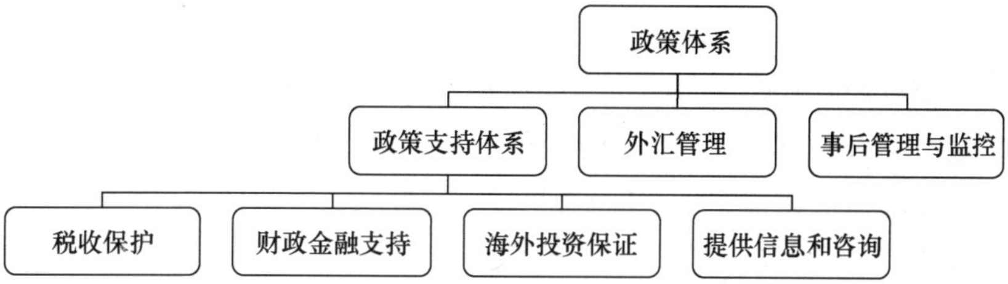

图 8－3　美国对外直接投资政策体系

1. 政策支持体系

美国的政策支持体系主要包括：税收保护、直接的财政金融支持、海外投资保险制度、提供信息和技术咨询四个方面。四类措施之间可能存在交叉，例如：技术咨询过程中可能为本国企业对外直接投资的可行性分析提供资金支持。

（1）税收保护。根据有关法律法规，美国对外投私人企业给予税收抵免、税收减免等税收优惠，激励其进行对外直接投资。通常来说，除了与许多国家签订双边协议避免双重征税外，美国公司国外投资收入的税率，一般要比国内投资收入的税率低15%—20%。

（2）财政金融支持。美国海外投资的财政金融支持很有力和有效，重要原因在于美国进出口银行和海外私人投资公司扮演重要角色。在1971年成立的海外私人投资公司主要有两项业务：一是为海外投资企业提供投资保险；二是对私人投资者提供融资活动，尤其是鼓励美国中小企业在发展中国家进行海外直接投资。而美国的进出口银行在其对外贷款业务中，也有两项贷款是专门支持跨国公司对外直接投资的：一项是私人对外直接投资贷款，即对跨国公司给予贷款，帮助他们扩展业务，提高在国外的竞争力，另一项是开发资源贷款，用于开发某个国家的资源，特别是战略物资的资源，按企业成交额的45%提供贷款。

（3）完善的海外投资保险制度。美国是世界上最早建立海外投资保险制度的国家，从最初的建立到后来的发展、完善，历经几十年的时间，形成了自己的特色。在制度设计上，从最初完全由政府运作到后来采取半官方运作方式，实现灵活度和政策控制两方面平衡；在立法设计上，从最初的列举几条到后来的独立成章、系统规定；在承保范围上，由立法规定的三种基本政治风险，即外汇险、政治暴力险和征收险，后来又拓宽保险范围，承保因东道国违反各种与投资者的协议、主权担保、非法收回担保款及不履行仲裁裁决等引起的投资者损失。在承保期限上，从最初的最长不超过14年，到现在的最长达到20年（孙蕾，2010等）。目前，美国已经形成比较稳定完备的运作机制和制度，并且通过政府的外交支持与保护得到强化。其投保主体海外私人投资公司为遍布世界150多个发展中国家和地区及新兴经济体国家，为美国海外投资者提供投资保险及其他领域的服务。

（4）提供信息和技术咨询。美国有两种途径提供信息和技术咨询。一种是纯粹的信息服务，包括外投东道国的法律制度、要素成本、宏观经济状况等；另一种是美国的境外直接投资企业的数据库，该数据库为一些发展中国家的企业提供服务，尽量为双边企业寻找投资机会。通常，美国政府为对外投资提供信息情报等服务，是通过驻外使领馆所设的经济与商业情报中心、国家情报机构、联合国开发计划署和海外私人投资公司等五个部门形成的信息网络，向美国企业提供从项目考察、设计、论证到组织实施全过程的信息咨询服务。以美国海外私人投资公司为例，该公司除承担海外投资保险以外，还通过不定期发刊的新闻通讯《专题报道》提供投资情报，报道投资机会及动向，交流海外投资经验；协助投资企业进行投资前分析并负责咨询，联系并组织美国投资者到发展中国家考察，同当地企业界、银行界及政府官员进行接触，洽谈联合投资项目等。

2. 外汇管理

目前，美国对对外直接投资在外汇管理方面几乎没有限制措施，极少数限制措施主要针对特定的政策和经济需求，例如特定的政治需求等。

3. 事后管理与监控

美国有严格的事后监管制度。其中，一是明确监管主体及其责任；二是规定对外投资企业的义务；三是确立监管重点。通常是每隔三年强制性的进行一次基点调查，从调查表中收集一切外投企业的相关信息；在两次基点调查之间的年份则进行抽样调查，根据收集的信息进行推断分析。

（三）OFDI 管理与服务机构

表 8－3　美国对外直接投资管理与服务机构

成立时间	管理与服务机构
1934 年	美国进出口银行
1953 年	美国小企业管理局
1969 年	海外私人投资公司
1981 年	美国贸易发展署
1988 年	美国外国投资委员会
1990 年以来	经济与商业情报中心；国家情报机构；联合国开发计划署

为鼓励本国企业对外投资，美国政府通过国家行政机关或国内特别机关驻外使领馆所设的经济与商业情报中心、国家情报机构、联合国开发计划署和海外私人投资公司等五个部门形成信息网络。为美国外投企业提供信息、资金服务的机构还有美国进出口银行、美国贸易发展署、美国海外私人投资公司和美国小企业管理局等。其中，海外私人投资公司负责对外投资保险，美国进出口银行和海外私人投资公司，为对外投资企业提供资金援助。另外，财政部、运输部、商务部、农业部等美国政府部门也成立了促进进出口的机构，这些机构主要是为美国外投企业提供各类信息、培训、咨询和相关的其他服务。

二 日本的OFDI政策支持体系分析

日本的国内市场比较狭小，资源相对稀缺，国民经济发展不仅高度依赖国外市场，而且对国内产业结构具有特殊的要求。因而，日本通过制定较为完善的对外直接投资政策及其支持体系，推动资本输出和OFDI的发展，并以此促进国内产业结构的优化升级和实现国家经济的稳定发展。

（一）OFDI法律体系

日本有较完整的对外直接投资的法律体系，包括国际法和国内法：国际法规范国与国之间在投资方面的权利义务，国内法则主要是规范国内的投资。

日本的OFDI国际法主要由有关国际条约，如《与贸易有关的投资措施协议》，仅对OECD成员国有效的OECD资本自由化流动规则、区域性条约、双边投资协定和税收协定等组成。其国内法分为四类：一是确定投资或资本进出基本管理规则的法，如《外汇法》；二是其他普适性法律，适用于所有企业，有关规定涉及企业对外直接投资行为，如税法、证券法、刑法等；三是对外投资政策包括支持服务政策及政策管理的法律，规范有关的政策及实施管理的规则，这类法调节对象往往只限于对外投资行为；四是明确有关管理部门职责的法律，可以是组织法，如日本财务省、经产省设置法和有关的特殊法人法，也可以是专门法，在法中同时明确有关的政策及管理组织机构的职责（亓长东、周燕，2012）。

由此可知，日本是以国家利益名义推动对外直接投资，其完善的对外直接投资法律体系，分别规范对外投资的各个环节及政府管理的各方面，为资本输出和对外直接投资起到保驾护航的作用。

（二）OFDI政策支持体系

日本政府发展较为完善的对外直接投资政策支持体系，有效地将对外经济和发展合作政策统一起来，协调政府机构与私人企业的行动，并且在融资、税收、保险、社会服务等方面制定了一系列的优惠政策，形成了完善的OFDI支持体系，很大程度上为中小企业外投扫除了障碍。具体的政策支持体系主要包括以下几个方面（见图8－4）：

1. 对外直接投资自由化措施

日本20世纪50年代对外投资是逐笔审批，以后根据国家外资政策、与本国产业政策的关系及对本国产业国际竞争力的影响，逐步放松管制，并通过多次修改法律法规，目前日本完成了对外直接投资的自由化改革。

除极少数情况外，日本几乎取消了外投的资金限制，为中小企业的外投铺平了道路。

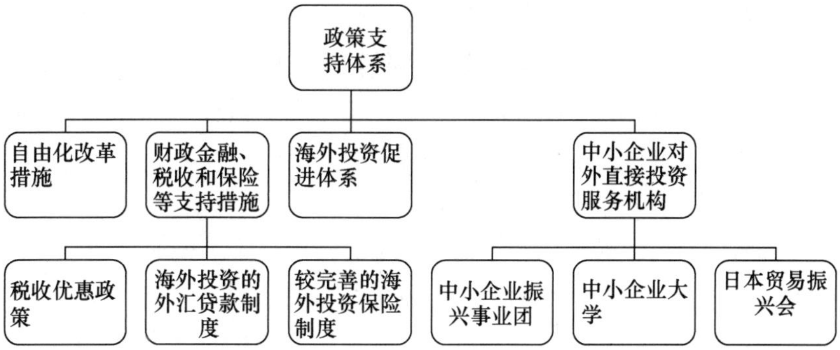

图 8-4　日本对外直接投资政策支持体系

虽然日本对外直接投资原则上是自由化的，但仍然是按不同程度的分类进行管理：对外直接投资分为特许、事前申报、事后报告三类，大多数投资属事后报告类，前两类投资未经政府特许或申报同意，不能对外投资。

2. 财政金融、税收等支持措施

主要体现在以下几方面：①日本是发达国家中为本国企业外投提供直接财政和金融支持力度最大的国家，这表现在日本至少有 8 家政府机构从事促进日本企业对外直接投资的工作。②海外投资的外汇贷款制度。政策规定：日本企业只要准备 10% 的日元资金，其余的对外直接投资资金可以由外汇银行和日本进出口银行、日本开发银行等政府机构进行外汇贷款。③税收优惠政策。一是采取资本输出中性为原则的税收抵免法，即在计算综合抵免限额时允许将亏损国的亏损额除外，减轻境外投资企业税负。另外，日本对发展中国家为吸引日本企业对其直接投资所给予的税收减免优惠，视为已纳税款，允许从国内法人税中抵扣，并根据税收条约和缔约对方国的国内法，通常把针对利息、股息和使用费等投资所得的减免额作为抵免对象。

3. 较完善的海外投资保险制度

日本设立了"海外投资损失准备金制度"和"海外投资保险制度"。海外投资损失准备金制度规定，当日本企业外投出资达到 10% 时，可以得到以下优惠：一是对发达国家投资和融资的准备金的10%可作为亏损计算，从企业收入中扣除。二是对发展中国家投资和融资的50%可以作为亏损计算，从企业收入中扣除。海外投资保险制度规定：一是向海外的合伙企业提前支付资金并且约定对方用生产产品偿付时，日本企业能够申请提前支付保险；二是对扮演企业、海外机构的中间人，为了避免拒付风险，日本企业可以申请中间保险；三是为避免商业风险、政治风险，日本企业可以申请投资保险等（陈莉，2006）。

4. 建立海外投资促进体系

一是通过国民金融公库、工商工会中央金库、中小企业金融公库等政府性质的中小企业金融机构向中小企业外投提供低利率融资。这些政府性质中小企业金融机构根据国际经济形式调整特别贷款制度，使中小企业对外直接投资资金获取顺利化。二是通过日本国际发展组织、东盟投资公司等官民联合的对外投资机构，作为私人海外投资的补充，对日本中小企业海外直接投资起了加速作用。如由日本通产省支持的日本贸易振兴会负责促进和支持日本企业在发展中国家建立合营企业，它在北京上海等地设立了事务所，在当地搜集信息，帮助企业鉴定潜在的合作伙伴，协助企业进行项目考察，为日本投资者服务。三是日本在大力发展集装箱货物运输的同时，形成了由公共运输承运公司和从事海外运输业务的运输企业等共同组成的较为完整的国际运输系统，从而为日本企业对外投资提供了很多方便。四是大力支持中小企业向海外拓展。1988 年，日本中小企业厅发布了《中小企业白皮书》，明确提出加速中小企业向海外拓展。此后，又从政策、制度上鼓励中小企业向海外进军，例如，逐渐放宽了对金融机构的控制，实现了金融自由化等；积极制定新政策，如“融合化法”（促进中小企业开发的立法），提出中小企业海外投资行为指南，建立“海外投资咨询机构”等。最后，日本政府还采取有力措施，影响投资对象国，为接纳日本企业的投资创造条件，例如，促使发展中国家实行外向型经济政策等。

正是由于以上这些配套的投资政策促进体系，为日本中小企业海外投资大开方便之门，推动了日本中小企业海外投资活动迅速发展。

(三) OFDI 管理与服务机构

如前所述，在日本的海外直接投资体制中，日本至少有 8 家政府机构从事促进日本企业对外直接投资的工作。其中，官民联合投资机构是一支不可忽视的力量，如1989年成立的日本国际发展组织，是由日本海外经济合作基金控股1/3，其他98家私人企业投股2/3而组建起来的官民联合出资的海外投资促进机构。其成立目的是对有经济合作关系的发展中国家的制造业建设项目进行股份投资，以促进发展中国家产业结构建设计划的实现，对那些风险大、私人企业独立承办难度大的项目给予大力支持。同时，日本还在一些国家建立由双方政府和经济团体等参加的促进投资机构。如1991年6月建立的日中投资促进组织，专门致力于保护和促进对这些国家的直接投资活动。

此外，日本政府从财政预算中拿出大量资金，建立了一批官助民办或官办民营的中小企业团体，作为协助各级行政机关实行中小企业政策法令和扶植，指导中小企业的社会力量。这些机构包括：①中小企业振兴事业团。主要开展以下业务：第一，整理和准备现场管理人才档案；第二，中小企业境外投资咨询事业；第三，驻日投资招揽机构的信息交流事业。②中小企业大学。广岛学校、东京大学等中小企业事业团的中小企业大学会为外投企业的经营管理者提供有关境外直接投资的研修课程。③日本贸易振兴会。日本贸易振兴会利用从境外搜集到的信息，在大阪、东京等地的贸易振兴会信息中心，由具有丰富经验的专家向外投企业提供投资和贸易方面的咨询和商谈。

三　德国的OFDI政策支持体系分析

联合国贸易和发展会议2011年度发表的《世界投资报告》显示，2010年德国对外直接投资已达1050亿美元，比上年增加270亿美元，成为仅次于美国的世界第二大投资国。支持德国企业出国投资，是德国政府倡导自由的市场经济、实施开放的对外经济政策的一个不可缺少的组成部分。德国基于本国实际和需要制定的促进企业赴境外投资政策和措施如下：

（一）OFDI法律体系

目前，德国尚无关于境外投资的专项法律法规。但德国经济劳工部主导专门成立了由德国经济劳工部、财政部、经济合作部、外交部组成的部际联合委员会（Interministerieller Ausschuss－IMA），制定了详细的《对外投资担保条例》。该条例规定了投资担保的原则、条件、申请程序及担保损害处理等内容，是PwC与赫尔姆斯公司提供担保咨询、受理和审核申请以及IMA进行担保批复的依据。现行担保条例是1993年制定的，近年来不断修改和完善，以更好地适应企业的需要和境外投资的形势发展。

此外，随着越来越多的德国企业加快、加大在境外投资的步伐和力度，如何进一步通过法律途径加强对本国企业境外投资的保护，成为德国政府面临的现实问题。德国联邦政府通过与发展中国家和转型国家签订的多边或双边境外投资保护协定（促进投资和保护双边协定 IFV），是促进德国企业“走出去”的最直接和有效的法律保障，为企业境外直接投资创造了稳定的框架条件。截至 2011 年年底，德国联邦政府与包括中国在内的有关国家共签订了 230 个境外投资保护协定（其中包括已签署但尚未生效的境外投资保护协定），编织了一个相对完整、厚重、有效的法律保护网。

（二）OFDI 政策支持体系

与美、日相比，德国的特点是以提供政治支持为主，以提供融资、信息服务和其他服务为辅，由政府主管部门牵头、官方、民间，境内境外众多有关机构联手打造促进境外投资服务平台，其政策支持体系主要包括以下几个方面：

1. 财政、金融支持

在财政支持方面，德国工商总会的海外机构系由政府和商会共同出资组成，有海外投资促进职能，目前在 75 个国家和地区设立 110 个国外商会或代表处，这些机构对德国企业在当地的投资，特别是中小企业的投资起到一定的保护作用。他们通过向来当地投资的企业提供咨询和各种中介服务，以有效地减少其投资风险。当出现矛盾和纠纷时，这些商会或代表处亦有一定斡旋能力；有时，他们能够凭借对当地法律法规的熟悉，协助企业解决问题。近年来，德经济部每年的预算中包含向部分德国海外商会提供的 3700 万欧元财政支持。

在金融支持方面，德国通过有关机构提供灵活、有效、多种形式的融资服务是联邦政府支持企业境外投资的重要措施，如德国复兴信贷银行（KFW）、德国投资开发公司（DEG）、德国技术合作公司（GTZ）、德国能源署（dena）等都是相对独立的投融资和投融资咨询机构，这些机构都按企业运作，并能做到既按照德政府意图，促进德贸易和投资，促进德国与发展中国家的经贸合作，又同时实现企业业务规模不断扩充，并维持一定赢利水平，对德国政府实现贸易、投资促进方面发挥重要作用。此外，德国重视支持中小企业赴海外投资，如经济合作部为中小企业提供

“新企业开办及技术转让计划”专项贷款，德国复兴信贷银行为中小企业在境外投资提供优惠贷款。

2. 建立境外投资促进机制

德国对外经济促进机制独具特色，构建了以联邦经济部为主导，以各有关方面参与为基础，以联邦对外经济信息局、驻外使领馆、海外商会三柱为支撑的“烘云托月”式对外经济促进机制。其特点是，官方与民间（经济界及其代表机构）共同参与，分工协作，灵活、有效地促进境外企业的投资活动。联邦经济部作为负责对外经济事务的主管部门，经常通过举办各种形式的活动支持本国企业，特别是中小企业走向国外市场；提供国外信息和建立联系的可能性以及投资市场的机遇；当在外国实施项目过程中遇到困难时，为本国企业提供政治援助。这种援助可以贯穿项目实施的所有阶段，如国际招标、项目执行、国外设备运转或者是处理尚未解决的遗留问题等。为了更有效地向企业特别是中小企业提供援助，经济部专门设立了“政治援助咨询处”。咨询处采用促进对外经济的常规措施，并与驻外机构紧密合作。

3. 政府提供境外投资担保体系

为支持企业“走出去”开拓国际市场，德国政府建立了一整套对外直接投资担保体系，旨在保护本国企业在遭遇政治风险时免受损失或最大程度降低损失。投资担保所承担的风险包括战争、战争形式的冲突，及动乱或与上述事件相关的恐怖主义活动；禁止付款和延期偿还；无法汇兑或汇付；所在国或国家所控制的有关部门违反法律约定或不遵守诺言；被收归国有或没收财产或类似于没收的措施。担保期一般为 15 年，特殊情况可延长到 20 年。担保期满后可以续延，每次最多 5 年。这一措施有力地促进了德国企业在境外的投资，有效地保障了德国企业在国际市场的竞争能力。

自建立投资担保机制以来，德国企业针对发展中国家，特别是政治经济形势不稳定国家的投资风险担保需求不断增加，始终保持较高水平。由于设计合理，德国的对外投资担保政策并未给政府财政带来负担。投资损害赔偿基本上可通过手续费和保费收入及从投资所在国追索回的赔偿予以平衡。

4. 境外投资技术信息支持服务措施

经过多年的努力，德国已经建立起一个由官方民间有关部门和机构共同参与、各有侧重、国内外相互配合，行之有效的完整信息技术服务网络。如由联邦经济部和各州经济部所提供促进对外投资政策方面的信息和咨询服务；由驻外使领馆、海外商会、工商会代表处利用网站形式提供投资目的国经济、税收、投资法律法规等方面的咨询帮助和信息支持；由联邦对外经济信息局提供外国市场包括投资需求在内的综合信息，并接受企业委托，就某一外国市场或境外投资项目进行主题调研；由德国促进境外投资有关机构主要通过携手共同打造的国外企业对接互联网平台，为企业提供项目配对信息服务；由普华永道公司通过多种方式提供信息咨询服务，并专门设立中小企业境外投资咨询服务处，通过信函、电话、面谈等多种方式向中小企业提供咨询。

（三）OFDI 管理与服务机构

如前所述，德国促进企业到国外投资的主要机构是德国复兴信贷银行、投资发展公司、德国技术合作公司和德国能源署等，为德国政府促进 OFDI 投融资和投融资咨询方面发挥重要作用。除一些公共机构外，一些国际、国内组织如联邦政府、欧洲发展基金会、世界银行、联合国、地区发展银行等通过招标方式为在发展中国家的投资提供融资服务。在信息咨询服务方面，德国驻外使领馆为德国企业产品出口和对外投资提供咨询帮助和信息支持，一定程度上降低了出口和投资风险；经济部向德 35 个驻外使领馆派了商务专员，隶属于经济部的贸易与投资促进署主要向企业提供对外经济信息和咨询服务。此外，德国民间组织起到保护作用，如德国工商总会在 70 多个国家和地区设立 110 多个德国商会和德国经济代表处，这些机构对所在的国家或地区的德资企业进行指导性管理，对企业提供咨询和各种中介服务，并利用当地法律法规协助解决问题。另外，德国工商总会专门成立了德国经济安全工作协会，与联邦宪法保卫局合作加强对德国在境外企业的技术保护工作。目前，该会在我国设有北京、上海、南京、广州、香港 5 个代表处，并建立了商会分会。

第五节　结论与启示

本章从我国政府对企业“走出去”的政策变化和政府政策支持体系发展现状出发，采用比较研究和案例分析，对我国投资欧美、非洲、亚洲和大洋洲等地区的政策支持体系进行研究。结果表明，近年来，我国政府在对外投资法律规范、政策支持体系、综合监管与服务等方面出台一系列政策和相应措施，尤其在政策环境、审批程序、促进体系、综合服务等政策支持体系方面取得长足进步。但在对外直接投资政策支持体系方面，还存在以下突出问题：

一是在法律体系层面，我国在海外投资的立法工作比较落后，国内国际都还没有形成统一的法律规范，指引、规范和管理企业“走出去”的业务，海外投资立法、海外并购的法律保护体系有待建立。二是在政策促进体系层面，缺乏海外投资保险制度和相应的担保机制；缺乏对投资宏观环境评估和风险预警机制；缺乏对东道国财税政策引导，支持结构单一；国家支持政策都比较宏观，缺乏对微观企业层面的强有力支持政策。三是在海外投资管理与服务机构方面，存在政策体制限制和多头管理，缺乏统一的、权威性的机构负责和协调；缺乏适应东道国市场需要的专业促进机构与专门服务机构；在监管上注重前期管理，忽视后期监管，监管措施缺乏可操作性。我国政府在市场调研、争端解决、可行性研究等方面都没有构建良好的平台。四是在战略层面，政府缺乏全方位、多层次的公关战略和树立母国的核心经营理念和文化理念；对外投资注重走宏大政府路线，忽视惠民公关战略；微观企业所有权优势不足、内部化治理结构缺陷，同时，单个企业行为缺乏专业机构的合理引导，没有主动与当地员工、土著、自然和谐相处；部分企业盲目投资、恶性竞争，互相压价情况屡见不鲜。

进一步，通过对美国、日本和德国三国的 OFDI 政策支持体系比较分析，研究发现：

第一，OFDI 法律体系方面，美、日都有较完整的对外直接投资的法律体系，包括国际法和国内法，通过专门的对外投资法律，鼓励本国私人向海外、特别是发展中国家投资，并设法保证其投资的安全和利益。特别是日本，以国家利益名义推动对外直接投资，其完善的对外直接投资法律体系，分别规范对外投资的各个环节及政府管理的各方面，为资本输出和对外直接投资起到保驾护航的作用。德国虽然尚无专项法律法规，但制定了详细的《对外投资担保条例》，相对完整、厚重、有效的法律保护网。

第二，OFDI 政策体系方面，美、日在融资、税收、保险、社会服务等政策支持体系、外汇管理、事后管理与监控方面，都有完善的政策支持系统，都建立了完善的海外投资保险制度。尤其是日本，设立了"海外投资损失准备金制度"和"海外投资保险制度"，从政策、制度上鼓励中小企业向海外进军，积极制定新政策，建立"海外投资咨询机构"，提供中小企业海外投资行为指南等，极大地推动了日本中小企业海外投资活动迅速发展。与美、日相比，德国的特点是以提供政治支持为主，以提供融资、信息服务和其他服务为辅，由政府主管部门牵头、官方、民间，境内境外众多有关机构联手打造促进境外投资服务平台，政府为支持企业"走出去"开拓国际市场，建立了一整套对外直接投资担保体系。

第三，OFDI 管理与服务机构方面，美、日、德都有统一的权威的管理中心，并拥有一定数量的政府机构、官民联合投资机构、官助民办或官办民营的中小企业团体，为本国企业对外投资提供专门管理、支持与专业化服务。如美国政府通过国家行政机关或国内特别机关驻外使领馆所设的经济与商业情报中心、国家情报机构、联合国开发计划署和海外私人投资公司等五个部门。日本至少有 8 家政府机构、多家官民联合投资机构从事促进日本企业对外直接投资的工作。而德国除了德国复兴信贷银行、投资发展公司、德国技术合作公司和德国能源署等公共机构外，一些国际、国内组织如联邦政府、欧洲发展基金会、德国驻外使领馆、德国民间组织等企业对外投资提供融资服务、咨询帮助和信息支持。特别是日本政府，从财政预算中拿出大量资金，建立了一批官助民办或官办民营的中小企业团体，作为协助各级行政机关实行中小企业政策法令和扶植，指导中小企业的社会力量。

综上所述，美、日、德三国的国际经验表明，当前我国对外直接投资迫切需要政府在立法保障、设立统一独立的管理机构、专门促进机构和服务机构、构建海外投资风险保险制度、完善政策促进体系和综合服务体系方面，重新进行制度顶层设计，为构建完善的 OFDI 支持体系，提供切实的政策支持和战略措施。

第九章　推进对外直接投资战略与政策思路

第一节　引　言

本章是课题第四部分的对策章，也是全书的落脚点。根据前面几章的理论分析与经验研究结果，对外直接投资归根结底是一个国家的企业行为所为，跨国企业所有权的组织安排、网络进入权的机制控制和价值链分解权的能力控制，是推进境外投资可持续发展的内在机制。然而，当前我国对外投资的企业所有权优势缺乏、企业权力层次偏低、国际化经验不足，政府与企业又未形成合力，难以充分利用投资企业的主导地位，策略选择国际生产组织控制机制。换言之，中国企业对外直接投资“增而不强”困境，根本原因在于微观基础不足，缺乏应有的国际生产组织控制机制和治理能力。因此，如何促成企业与政府合力，构建起中国国际生产网络及其组织机制，是破解当前对外直接投资困境的有效路径。

第二节　中国国际生产网络及组织机制构建与利用

一　以跨国公司为中心构建中国国际生产网络

如第四章的定义，本书将国际生产组织界定为围绕国际生产与投资活动而构成的相关部门机构、行业组织和企业，包括政府部门、促进机构、专业服务机构、行业商会与境内主体企业、牵头企业、境外整合企业、东道国代理商、供应商及其他合作伙伴等。相应地，国际生产网络则是指以母公司或牵头企业为中心，通过投资合作方式，与政府部门、促进机构、专业服务机构、行业商会与境内主体企业、牵头企业、境外整合企业、东道国代理商、供应商及其他合作伙伴所形成国际生产体系及其组织关系，从事实特定产品的研发、制造、销售及服务，实现国际价值增值活动的区位安排。因此，从制度设计上构建中国国际生产网络及组织机制，需要综合宏观微观、国内国外、产业组织、制度法规等多因素，且要考虑动态性。

按照这一原则，本研究将中国国际生产网络分为三层：

第一层是微观生产核心层，是狭义上的国际生产组织及其网络，指围绕最终产品生产与贸易，以境外中国母公司或牵头企业为中心，包括境外子公司、分公司等附属机构，境外整合企业、合作区园区企业，境内主体企业、合作伙伴，东道国代理商、供应商及其他合作伙伴所形成的微观生产组织关系。主要功能是围绕最终产品的生产进行投资、经营与消费，确保境外投资合作和跨国经营活动健康有序运行。

第二层是促进协调层，是以行业商协会为主体，包括全国工商联（中国民间商会）和国家贸促会（中国国际商会）及其分支和驻外代表处，非政府色彩的民间行业协会及其分支和驻外代表处，以及境外投资促进机构、境外专门服务机构等构成的中观协调组织网络。其中，行业商协会的建构模式为纵横结合的网络型结构，即国家贸促会和国家商会要突出其地域的综合性，要求各行业经营者都加入，建立与政府的特殊联系，从宏观上反映境外工商业经营者和投资者的利益需求。民间行业协会则要突出各行业的专业性，限于某一行业的经营者自愿加入，从微观上反映本行业所需，切实为本行业利益服务。国家贸促会和国家商会可从整体利益上指导境外行业协会的工作，二者密切合作，全方位开展对外投资促进工作。同时，还要代表行业、商会与其他境外投资促进机构、境外专门服务机构、政府相关部门、行业企业进行协调。

第三层是指导监管层，是以政府部门为主体，包括国家各地发改部门、商务部门和外管部门，外交部、财政部、各地方政府、中央银行及中央各部门，以及驻外使领馆等构成的宏观监管组织网络。这些部门目前需要一个统一、独立、权威的综合协调管理机构，与行业商协会、其他境外投资促进机构、境外专门服务机构、东道国政府机构等相互合作与协调，指导和监管境外投资企业行为规范，并提供服务、保障等功能。

二　中国国际生产组织机制的构建与利用

要使中国国际生产网络发挥作用，还需要构建相应的组织机制及其控制功能。下面分别从微观、中观和宏观三个层次进行制度设计。

（一）微观生产组织控制层面

如图 9－1 所示，微观生产组织控制机制是确保中国国际生产网络有效运行的基础，也是根本。为此，本书设计了以下四大机制：

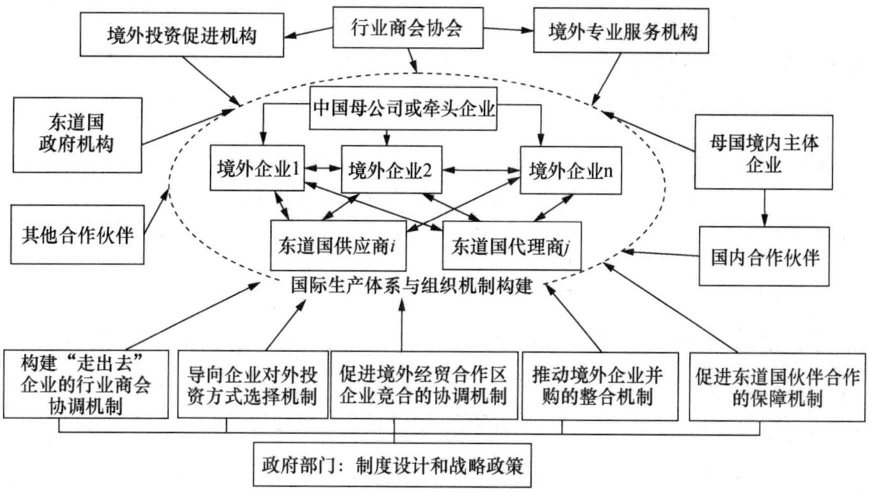

图 9－1　中国国际生产网络及其组织机制的构建

1. 导向企业对外投资方式选择机制

如前文所述，中国企业在对外投资方式上，存在盲目投资、自相竞争、产业定位不明确、区位选择扎堆、重复建设严重等组织问题。为此，需要上述构建的三层网络组织的核心主体：政府综合协调管理机构、行业商协会、境外中国母公司或牵头企业三者之间进行全方位信息交流和科学决策，成立海外投资方式指导委员会，由各层次代表组成，每年度制定或调整对外投资方式选择和区位选择的指南或索引，引导企业理性选择对外投资方式，从制度上优化对外投资的方式选择和区位不合理等问题。

2. 推动境外企业并购的整合机制

如前所述，在政府推动下，中国企业海外并购快速增长，但并购后的整合竞合问题凸显：并购后的企业生产体系既没有形成以资产为纽带的新型企业关系，又缺乏整合手段，失败案例高发，整合效果不理想。为此，需要从微观生产组织控制层面着力，以境外中国母公司为主体，构建起企业并购体系的整合机制。具体地说，这一机制包括五个部分：

一是制度。并购后的企业必须按照现代企业制度进行整合和运作，强化企业的主体地位，政府的作用应严格限制在监管和服务上，行业商协会对并购企业进行指导和协调。二是构建并购整合共享平台。海外并购之后双方共享的目标、空间、标准和服务，是整合不同文化的有效方法，也是建立成功的并购整合机制的基础。并购后，中国母公司委派的管理者首先要确保企业的不同部门在某种程度上共享目标、空间、标准和服务，为共享机制构建一个坚实的平台。三是动态学习机制。并购后的整合必须以增强企业的核心能力为根本，组织学习是整合协同和增强核心能力的根本途径，这是一个多阶段的动态过程，需要母公司组织整合企业通过培训、导师制、研讨会等方式实现。四是建立冲突缓解机制。并购后，企业双方技术、知识的异质性与不相容性，独占性心理或转移惯性，以及双方文化的差异，企业形象、产品形象的不一致，原有的职位或权威的改变，职位安排和激励机制的不完善等，都会引起争端和冲突，需要建立一个冲突缓解机制。本书主张，以母公司为主体，组织双方员工在整合运行过程，结合冲突范围和特点采取一系列策略组合，这些策略主要有：回避策略，即放松引起冲突的约束条件，优先满足至关重要的任务目标；妥协策略，使一方的知识做出妥协让步；竞争策略，即实行优胜劣汰；调和性策略，指关心对方的利益，而相对不关心自己利益；合作策略体现“双赢”的理念，最利于改善双方的关系。五是建立有效的沟通机制。双方对并购信息的不完全掌握及其在传播途径中的曲解会给并购整合造成负影响，建立沟通机制起消除或弱化作用。为此，母公司在并购后的整合过程中，首先应根据双方管理者或员工的需求调整信息；然后要保证双向沟通，定期召开员工讨论会，以及管理者与员工面对面交流会；同时，在日常经营过程中要注意增加员工的信任与满意度，逐渐培养组织忠诚度（钟耕深、徐宁，2007）。

3. 促进境外经贸合作区企业竞合的协调机制

目前，境外经贸合作区为 OFDI 创造了新的平台，但如何协调区内中小企业跨国经营，推进园区可持续发展困难重重。为此，需要以牵头企业为微观生产组织控制中心，构建合作区内企业间带有惩罚性质的互动竞合机制，有效协调合作区投资生产良性运行。具体地说，牵头企业首先依据区内中小企业的物质资产、无形资产和核心能力，通过契约关系、价值链分工或股权安排，合理选择能力控制—所有权控制—网络进入权控制组合，有效构建起以牵头企业为主导的微观生产组织控制或协调中心。然后，在行业商协会和政府综合协调管理机构的支持和监管下，以牵头企业为主体，将协调园区企业竞合关系的措施分层，从企业层、区内网络层、区外网络层三个层次，分别制定相应的战略："企业层面差异化"、"区内层面分工协作、有序竞争"、"区外层面对内合作对外竞争"，通过企业行为规范、激励约束和惩罚条例，构建合作区内企业间带有惩罚性质的互动竞合机制。

4. 促进东道国伙伴合作的保障机制

境外能源资源开发投资是我国企业"走出去"的重要取向，也是对外投资占比最重的行业。目前不断建立新的合作联盟，但在处理与当地供应商或代理商的投资合作行为上，一直缺乏强有力的外部合作机制和组织机制控制，制约着境外多元稳定可靠的能源资源供应保障和投资合作效果。为此，需要行业商协会和政府综合协调管理机构共同努力，通过制度设计和政策导向，引导中国企业境外投资主体合理选择微观生产组织控制机制。

具体地说，要以中国母公司为主体，通过契约关系约束、价值链分工能力控制、合资企业股权控制，网络进入权机制控制等制度安排，有效构建起境外能源资源投资的微观生产组织控制机制。同时，境外投资企业、行业商协会、政府综合协调管理机构共同合力构建三大机制：一是关系利益的预警机制。指导境外投资企业科学选择合作伙伴，建立内部评审机制：通过财务指标和非财务指标，对东道国合作伙伴的核心能力、信用状况、合作意愿等动态实行即时监控等。二是关系利益的激励机制，如建立伙伴间的信任关系、设立伙伴合作目标、提高核心企业素质等。三是引入约束机制，可以通过提高声誉市场的监督作用，提高欺骗成本，如提高退出联盟的损失费用，不可撤回性相互投资销售对方等规则。四是引入检查与评价制度，制定周密而详细的合同，定期与不定期相结合进行检查与评价。

（二）中观行业协调层面

在对外直接投资经营活动中，行业商协会、贸促会等行业组织和中间机构是连接微观企业、其他经济组织与政府部门的纽带，在维护中国国际生产网络运行中起十分重要的作用。为此，迫切需要构建强有力的行业商协会协调机制。为发挥这一机制的功能，当前需要加强以下方面工作：

（1）加强国际商会组织的协调权威性。目前，我国的行业商会组织不健全，在连接企业、政府以及市场方面的号召力弱，在中国对外投资上没有充分地与政策制度相结合，没有完全发挥其组织功能。按照前面构建的中观协调组织网络内涵，今后国家贸促会和国家商会要突出其在国际生产网络中的协调功能，建立与会员企业的联系与沟通机制，同时加强与政府的特殊联系，强化其在协调对外投资合作活动的权威性。政府要加快培育商会组织，加强与行业组织的合作，重视、依靠和支持行业组织的活动，并通过相关法律法规，逐渐将一部分行业管理职能交由行业组织来完成，发挥商会组织在企业“走出去”活动中的独特作用。

（2）强化行业协会的自律组织功能。行业协会是各行各业具有群体代表功能的自律中介组织，从微观上反映本行业所需，切实为本行业利益服务。在中国国际生产网络中，行业协会要充分发挥行业的组织功能：指导企业如何规避风险、如何寻找合适的合作方式、如何选择投资方向、如何规范境外投资企业行为、避免恶性竞争等。同时，行业协会应该就企业拟投资国家的基本情况提供咨询和指导，有条件地对企业海外投资过程中碰到的问题进行主动协调。

（3）与境外企业的沟通与协调。中国国际商协会作为中介组织，一是要加强中国国际生产网络中企业间的合作，引导、协调这些企业共同与外国公司竞争，有效帮助企业开拓国际市场，实现市场的多元化。二是通过境外投资活动，行业协会和商会逐渐在海外扩大影响力，健全海外销售网络，协助企业进行品牌培育、推广和保护、人才培养，建立与国外政府、中介、企业和市场的良性互动关系。同时，行业协会和商会通过法律保护企业经营合法权益，支持企业平等、自由竞争，运用法律约束企业的不规范行为。引导中国企业要加强自律和尽可能本地化经营，避免恶性竞争，商协会对本行业价格、最低限价等进行协调，以保护本国产品在国际市场上的合理价格，减少摩擦，促进中国企业在当地的长期发展。

（4）与政府沟通。国际商协会作为联结中国企业和政府的中间组织，凭借对境外投资行业和企业的熟悉，要利用各种渠道积极向政府提供政策建议，以影响国家的产业政策和对外投资取向，并通过政府的对外谈判开拓国际市场。比如，在开拓非洲市场的过程中，如果非洲政府的一些政策措施不利于中国企业进入非洲市场，并将此反映给中国国际商会或行业协会，商协会又将此反映给本国政府，从而通过政府间的谈判来为中国开拓市场服务。与此同时，商协会还可以组织中国企业联合起来，向东道国政府反映意见，希望东道国政府修改有关政策。

（5）与其他促进机构和服务机构的沟通协调。在中国国际生产网络的促进协调层，行业商协会处于中心地位，负责对网络中企业及合作伙伴的各项诉求提供服务，并与境外专门的投资促进机构、境外专门服务机构等其行业组织进行协调和寻求支持。此外，商会可以定期或不定期召开双边或多边国际性会议及国际研讨会，派遣或接待经贸代表团，加强与国外行业协会（商会）的交流与合作，在海外设立派出机构等，从而帮助企业开拓国际市场。

（三）宏观管理服务层面

政府部门及其相关机构，作为中国国际生产网络及其组织的指导监管层，对维护境外生产体系良性运行，起监管、促进、保障作用。为此，为构建并完善相应的监督管理、促进投资、保障组织的控制机制，需要以下工作：

1. 境外投资监管机制的构建

（1）建立一个统一、独立、权威的综合协调管理机构。目前，我国海外投资管理职能分散在多个部门，相互脱节，管理不畅。为贯彻实施对外直接投资的总体规划，应建立统一的管理机构从事对外投资行政管理事务，协调相关部门，确保跨国投资的各项活动按照国家宏观规划健康稳定发展。这一机构代表政府部门进行宏观管理和促进协调，并与行业商协会、其他境外投资促进机构、境外专门服务机构、东道国政府机构等相互合作与协调，指导和监管境外投资企业行为规范，并提供服务、保障等功能。

（2）成立专门的对外投资监管机构，由其统一负责我国对外投资的监管工作。由于对外直接投资涉及商务部、外管局等部门，因而该机构应高于这两个单位，直属国务院领导。该机构的主要职责有：从宏观上对我国企业对外投资的产业和地区进行协调和指导；对我国对外直接投资企业进行事前和事后的监督与管理；修改和制定关于对外投资的政策、法规；统一协调我国银行、驻当地使领馆对东道国子公司进行管理。

(3) 以事后监管为中心，建立投资前协调与疏导机制、投资中控制机制、投资后惩罚机制三大机制。首先，以综合协调管理机构为主体，建立投资前的协调与疏导机制，通过引导企业理性选择境外投资区域，协调企业理性投资，引导境外企业有序竞争，改变我国对外投资盲目投资、自相竞争的局面。其次，以对外投资专门监管机构和综合协调管理机构为主体，建立投资中的有效控制机制，不仅要从中观、微观上确定监管的重点，而且更要从宏观上对我国对外投资进行管理和控制，为了提高监管效果，必须授予监管部门必要的监管手段，从而改观长期以来我国对外直接投资的事后监管流于形式，海外子公司管理混乱现状。最后，以对外投资专门监管机构为主体，通过制定有关法令法规，明确各对外投资企业母公司及其子公司的责任和义务，加大违法惩罚力度，建立起投资后惩罚机制，保证我国对外投资的健康发展。

2. 境外投资促进机制的构建

目前，我国已初步形成了由商务部指导，商务部投资促进事务局、中国国际投资促进会、中国外商投资企业协会、中国国际投资促进中心五位一体的投资促进体系。但在中央一级部门间存在多个部门职能交叉，各地投资促进机构重复设置、分工不明确、民间投资促进机构乏力，尤其是专门机构和专业服务机构缺乏，迫切需要强有力的促进机制推进（裴长洪等，2013）。

一是建立民营的对外投资促进专门机构。目前，我国对外投资促进机构数量不少，但未形成有机的整体，各地投资促进机构普遍存在大而全、缺乏实力雄厚的专门促进机构。为此，需要政府部门牵头，从财政预算中拿出大量资金，建立一批官助民办或官办民营的中小企业团体，如海外投资财税金融支持公司、海外投资信息中心、海外投资担保机构、海外投资风险评估机构等，专门负责境外中国企业所需的财税、金融、信息、风险、公关等方面的专业支持，作为指导和支持我国中小企业“走出去”的社会力量。

二是培育专门的对外投资中介服务机构。随着对外投资的快速发展，迫切需要政府部门牵头，专门出资建立一批官助民营、官民合营的对外投资服务专门机构，专门帮助境外中国企业提供法律服务、信息服务、中介服务、咨询顾问、可行性调研、融资保险、员工培训、组织境外考察、举办境外投资推荐会等服务。同时，政府要对这些专门服务机构提供必要的指导、规范与监管。

三是建立一套有效的促进机制。政府要通过制度设计和相应的规章条例，激励、约束、指导、监管好上述对外投资专门促进机构和专业服务机构，逐步建立起良好的与国外投资促进机构的合作机制，强有力的金融支持机制、投资担保机制、风险防范与预警机制，以及有效的投资服务评价机制，专门致力于保护和促进中国企业的对外直接投资活动。

3. 境外投资保障机制的构建

美、日、德等发达国家为了保护本国在海外的投资利益，都制定了比较完备的海外投资保险制度。但在我国，只有中国出口信用保险公司初步展开海外投资保险业务，而且不是专门的海外投资保险机构，承保金额占投资总额的比例过低，投保企业也仅占全国出口企业的少部分。目前，尚未出台相关法律、法规对海外投资保险制度予以法律上的确认，直接影响企业“走出去”的进程和竞争力。

为此，本书认为，政府部门当前可参照美、日等国家的成熟经验：一是要加快出台《海外投资法》步伐，将其作为规范和管理境外投资的基本法律。二是尽快为海外投资保障设立专门的政府机构。具体做法可采用官办民营性质，设立中国海外私人投资公司，专门代表政府为企业，特别是中小企业提供海外投资担保和投资风险保障支持。同时要积极与其他国家签署双边投资保证协定，以改善对外投资环境。三是建立相互支持配套的海外投资风险保障制度。

综上所述，中国国际生产网络及组织机制的构建和利用，可导向企业理性选择对外投资方式、激励约束境外整合竞合行为、有效应对整合风险、激励合作伙伴增加专用性投资、增强境外能源资源供应保障，是推进我国对外投资发展的有效路径和战略选择。要使得上述构建的中国国际生产网络及其组织机制得到有效利用，需要注意以下两点：

（1）中国国际生产网络的构建应以母公司或牵头企业为主导、以完善国际生产组织机制为核心目标。通过网络和组织机制协调既充分发挥主导企业的中心作用，又促成政府与企业合力，改变过去“政府推动，企业被动”模式。

（2）重点扶持海外并购和境外经贸合作区的国际生产体系机制构建。海外并购和境外经贸合作区建设既是当前企业“走出去”的重要方式，又具备了良好的实施条件，应给予重点支持，从而改观海外并购失败案高发和合作区可持续发展困境。

第三节 依托国际生产组织推进我国对外投资战略

要确保上述构建的中国国际生产网络及其组织机制健康有序运行，在战略上需要从以下五大方面着力：

一 推进政府实现政策功能转型

如前所述，我国企业“走出去”的时间不长，微观企业权力层次偏低，国际化经验不足，为推动我国对外投资的快速发展，政府在“走出去”过程中一直扮演着重要的角色，其主导功能特别明显。但是，随着对外投资的快速发展、贸易保护主义的抬头，政府主导作用的弊端日益明显。因为归根结底，对外投资是企业自主行为，“走出去”的真正主体是企业，政府主要是支持、鼓励和服务企业实施“走出去”的经营战略，起扶持和引导作用。政府部门及其相关主管部门要在政策扶持、资金支持、投资信用担保等方面加大扶持力度，提供有效服务。

因此，要使中国国际生产网络及其组织机制良好运行，首先需要政策要实现从“政府主导”向“政府导向、服务和保障”功能转型，真正发挥好牵头企业的微观主体功能。我国对外投资初期的“政府主导”作用，可快速推动企业“走出去”，但却难以维持境外的可持续发展。而“政府导向、服务和保障”功能，能有效激发企业成为“走出去”的主导者和主动者，有效防范风险和促进对外投资呈内涵式快速发展。

二 着力加强微观企业条件建设

对外直接投资本质上是一个国家的企业行为所为，企业条件是实现政府政策由“政府推动”变“企业主动”的根本，也是推进对外投资可持续发展的微观基础。只有加强企业自身建设、引导有为企业苦练内功、不图多贪大，集中优势资源做强主业，培育和提升企业的所有权优势，这是企业走向全球竞争赢家的必要前提。为此，当前需要强化以下战略：

（一）以民族的、文化的品牌和技术，大力打造企业所有权优势

近十年来，尽管中国对外直接投资快速增长，但由于长期处于较封闭的商业环境，中国企业并不具备技术、专利、管理和品牌等方面的突出优

势，或说企业所有权优势不足，严重制约了对外投资的可持续发展。我们主张，引导企业以品牌、技术、专利和管理为核心，以民族的、文化的品牌与技术大力打造中国企业的所有权优势，是提升微观企业条件的有效路径。为此，当前需要做到以下三点：

一要引导企业以品牌、技术、专利和管理为核心进行实实在在的积累，打造中国企业的所有权优势。在这方面来讲，与其购买品牌，还不如打造品牌，要借鉴日本企业和韩国企业国际化的经验，用企业好的产品和好的服务在国外建立起稳定的可信赖的形象，脚踏实地地将中国品牌在当地积累起来，这是中国企业成功走向国际的前提。二要用民族的、文化的元素打造品牌。因为越是民族的越是世界的，如以日本企业为例，在全球成为国际品牌的都是地道的日本品牌，包括松下、日立、NEC、尼康、索尼是日本国旗的谐音，雅马哈等都是日本创业者的姓氏。中国有很多优秀的文化历史，如果在对外投资活动中能够被我们企业继承、传承和推广，形成具有中国特色的国际品牌，这就是我们最大的独特优势，是成功推进对外投资可持续发展的根本。三要加大对“技术开发型”的政策支持力度。目前，政府将优惠政策和资源集中在海外能源资源开发和边际产业转移上，而且政策支持对象大多集中于国有企业，导致民营企业的巨大潜力没有发挥出来。对如何建立当地研发和本地化，如何积累出中国自己的品牌，却没有强有力的支持政策和配套措施。因此，要打造出中国企业的常青品牌，培育企业的所有权优势，还需要政府加大对“技术开发型”的政策支持力度。

（二）以制度创新和管理层改革，优化海外企业的治理结构和整合能力，大力提升企业内部化优势

如前所述，当前我国对外投资是以国有企业为主体、国有及国有控股为主导，而国有企业或国有控股企业的治理结构存在产权不清、政企不明等先天缺陷。民营企业是“走出去”的重要力量，虽然产权清晰，但很多企业由于规模和实力有限，仍然存在所有权与经营权不分，家族治理制约明显，与并购相关的规章制度欠缺等局限。此外，海外企业管理层治理能力不强，内部化整合经验不足，无法针对当地情况，进行有效的市场开发和当地化管理，严重制约了对外投资可持续发展。为此，我们主张，以制度创新和管理层改革，优化海外企业的治理结构和整合能力，大力提升企业内部化优势。目前，当务之急是优化企业兼并主体的治理结构和治理

机制。

具体地说，要在长期中实现海外并购效率，企业主体的治理结构和治理机制的有效构建和完善是根本。当前混合经济所有制是政府推行的一个改革方向，即鼓励国有、民营并存的混合股份制为主体进行海外投资。事实上，混合股份制的体制结构在理论上说很美好，但现在实践经营中仍然存在委托代理缺陷，无法回避有效治理机制困境问题。为此，当前需要：一是应该根据有效治理机制的构建要求，引导产业调整企业所有权，优化对外投资主体格局。我们强调比企业所有权安排艰难得多的是治理机制的有效构建，这并不是否认企业所有权安排的重要性，而是认为企业所有权安排是构建有效治理结构的基础。二是要考虑通过放宽市场准入，引导优秀民营企业主体进入，改善境外投资央企和大型国企的内部结构。因为在海外投资活动中，如果广大民营企业和私有化兼并主体竞争能力和规模增强，且产业外部制度环境和政府监管机制较为完善，则私有化海外兼并模式是最优选择。三是当前要针对国有企业、私有企业和混合制企业三种不同境外投资主体及其治理模式，构建并完善相应的治理机制。

（三）大力发展和扶持有为民营企业对外直接投资

当前我国对外投资主体之所以是以国有及国有控股企业为主导，民营企业为辅导的格局，其中民营企业生产率偏低、整合能力有限是重要原因。但对外投资归根结底是一种市场行为，更多需要依靠市场手段和企业自身来解决整合问题。因此，只有大力扶持和发展有为企业，加强企业自身建设，才能确保境外并购企业的数量和质量，进而实现企业“走出去”由“政府主导”变“企业主动”。为此，一是要切实制定并出台促进民营企业“走出去”快速发展的激励措施和支持政策，为企业境外投资创造一个有利于民营企业成长和发展的制度支撑环境；二是要大力发展有为企业，特别是要培育并扶持民营企业，引导这些企业苦练内功，集中优势资源做强主业，让企业在一个平等、竞争的市场机制环境所创造的压力中持续升级，真正推动境外投资主体的结构调整和升级；三是引导、鼓励境外民营企业加快现代企业制度建设，尤其是要优化治理结构和治理机制，克服家族治理结构的局限性，改变落后的管理体制，提升企业的海外管理能力，使企业能够真正担当起对外投资的主导地位。

三 加强微观生产组织控制功能和机制建设

在对外投资合作活动中，投资决策问题和组织控制问题是国际化生产与经营的一体两面。但是，人们更多关注的是投资决策问题，组织控制问题一直被业界忽略。事实上，现阶段我国企业单个“走出去”的能力偏低、政企又未形成合力，对外投资发展陷入“增而不强”困境的关键因素。因此，要顺利推进我国企业“走出去”稳步发展，当前除了要大力加强微观企业主体建设着力外，关键是要致力于中国国际生产组织控制机制建设和控制能力的培养。

具体地说，在中国国际生产组织控制机制的构建和能力的培育上，一是着力提升中国企业的企业权力层次，因为企业控制不一定是以所有权为基础，但一定是通过企业权力关系来协调、控制与影响其他企业的投资合作行为。二是要引导企业合理采用微观生产组织控制方式。不同类型企业控制机制的作用机理不同，通常地，企业所有权控制起优化对外投资合作结构，协调体系内部运行；企业进入权控制起组织激励约束功能，确保投资合作效果；能力控制起提高合作组织租金，协调企业间合作行为。三是创新方式不同，三种企业控制机制的组合侧重点也不同。境外投资并购活动强调所有权控制—进入权控制组合，境外资源开发强调进入权控制—所有权控制组合、境外经贸合作区建设强调能力控制—所有权控制—进入权控制组合。为此，政府在制度设计和战略政策中，重点需要考虑以下几点：

（1）投资前要导向企业理性选择对外投资合作方式。针对当前存在盲目投资、区位选择扎堆、异质企业行为趋同等问题，政府相关部门应当依据企业真实生产率水平和提升条件，给予必要的协调和指导性意见，尤其要培育、发挥好行业商会的专业指导作用，导向企业走差异互补的“走出去”策略，以避免恶性竞争和浪费资源。

（2）在海外并购过程中，要注重拥有剩余控制权而不是形式上的企业所有权。我国境外能源资源投资偏向采用独资模式的股权并购，倾向于获得绝对控制权，这是导致大洋洲和北美洲等地区投资失败率较高的一个重要原因。实际上，控股不一定要拥有绝对控制权，剩余控制权或说国际话语权比形式上的企业所有权要重要得多。前文分析六大典型地区的失败案例表明，我国偏好采用独资并购方式虽然是导致投资失败的重要原因，但实际上，其根源在于面对国际市场的激烈竞争，我国企业因自身能力限制，无力反抗，在国际竞争中缺乏话语权或说剩余控制权。

（3）投资后要构建起境外生产经营体系的整合竞合组织机制。在政府推动和扶持下，无优势企业实现海外并购或组建境外经贸合作区并非难事，难的是能否处理好并购投资后的整合竞合问题。政府相关部门要正视无优势企业生产率水平偏低、国际竞争力薄弱这一现状，积极扶持、督促投资主体企业或牵头企业成为国际生产组织机制的主体，在网络中处于中心地位；通过网络和组织机制协调，使这些企业担当起抱团企业的有效调控者，解决网络下企业集群的整合竞合行为，协调区内跨国经营业务功能，控制境外加工生产良性运行。

(4) 投资过程中要构建起东道国伙伴努力合作的组织机制。政府帮助企业积极与东道国沟通，获取东道国政府的最大支持，建立必要的保障机制，如东道国投资环境预警体系、风险规避机制等，但这还不够。对外投资与合作的健康运行和长远发展，既需要东道国政府的支持，更需要当地合作伙伴的积极参与与合作。而这些都需要政府与企业合力，通过构建国际生产网络与组织，建立起协调一致的外部合作机制和组织机制控制，有效约束当地供应商或代理商的投资合作行为，激励东道国伙伴积极参与合作，减少逆向选择和道德风险问题，为投资企业提供多元稳定可靠的能源资源供应保障。

四 引导企业理性选择投资区位和投资行业

目前，我国海外投资在区位选择上存在盲目、趋同和过于集中现象，这不利于我国企业比较优势的发挥，也不利于在全球各个生产价值链上的合理布局，容易错失投资机会，造成企业间的恶性竞争。为此，在进行对外投资活动中，政府部门、行业商会和牵头企业构成的中国国际生产网络及其组织，应该引导中小企业理性选择投资区位和投资行业，改变投资区域集中，实现投资区域适度多元化。

具体地说，依据全球生产组织理论，企业“走出去”要结合生产率异质性条件，只有具备一定的规模实力生产率水平的企业，才应主动进行对外投资和开拓国外市场；而且在区位的选择上，需要根据东道国的资源禀赋优势，合理选定一个目标地区，不要集中分布在一个地区，适当进行扩充进行多元化分布。也就是说，针对企业的产品生产资源禀赋要求的不同，不同类型企业有不同的对外投资国别选择和路径安排。另外，还应该结合当地的实际情况，利用不同区域的区位优势进行整合分析，提高投资产品的竞争优势。

基于此，本书认为，当前我国企业“走出去”的战略重点：一是对外投资合作的市场重点定位于东南亚、欧洲、非洲市场。二是大力支持制造业和IT行业等优势产业“走出去”，重点支持三一重工、中联重科、联想、华为、中信等具有高科技含量的企业以多种方式实施海外投资。三是重点支持中石化、中石油、中海油、五矿等能源资源企业到海外市场获取某些紧缺矿产资源的勘探权、开采权，建立原材料供应基地和产品加工基地。四是导向企业大力推进境外农业开发与合作；积极推进境外园区建设和境外商会建设，建立境外园区与我国成熟产能转移结合机制，积极引导和鼓励省内成熟技术和剩余产能企业到东盟境外园区投资建厂，规避贸易壁垒，扩大产品的辐射范围。

五　提升政府全方位、多层次的公关战略

当前，我国企业在对外投资过程中，遭遇诸如人身攻击、商业冲突等风险和损失，迫切需要以政府为主体，大力提升中国在国外的软实力战略，实施全方位、多层次的公关战略，为“走出去”企业提供服务支持和保驾护航。具体地说：

（1）通过行为规范、价值认同和实力资源建设，提升中国在国外的软实力战略。一方面，政府通过立法或条例或规章，对境外中国国际生产组织及中国驻地部门、促进机构以及服务部门等进行规制和引导，规范企业行为，强化国家的价值取向和经营理念，并在国外中国居民和企业形成一股强大的民族凝聚力和文化认同感，促进国家软实力的提升。另一方面，政府要重视实力资源和能力的建设。软实力是建立在雄厚的经济实力、政治实力以及企业实力的基础之上，只有国家实力资源和能力建设搞好，才可能真正提升一国的软实力。

（2）调整政府公关战略，走“宏大路线”，更要注重“惠民公关”。由前面几大典型地区的境外投资案例可知，当前我国政府一直注重与东道国执政党的关系，忽视反对党或在野党的作用；投资援助政策只注重政府形象层面，忽略当地民众的诉求；缺乏“惠民公关”，没有树立起善意与合作关系；对“走出去”企业缺乏有效监管和引导等，致使反对党或在野党对中国政府及企业存在不满，援助政策效果明显低于预期，甚至中国企业在当地投资埋下潜在风险。因此，当前迫切需要政府改变公关战略取向，更多地要“惠民公关”，多投资当地教育或城市基础建设，多考虑当地民众的诉求，真正造福当地百姓，让民众切实感受并理解中国给予他们的帮助，才有利于中国在当地民主形象的建设。同时，将中国的投资援助

政策转化为实实在在的影响力，为中国企业当地经营创造良好的国际经营环境。

（3）实施公开透明的市场化投资方式和本地化战略，弱化中国企业背景，树立跨国公司形象。近年来，我国资源能源类海外并购在投资过程中，频频遭遇国企身份难题，导致并购受阻或失败，迫切需要政府采取合理的公关战略或措施进行化解。为此，一方面，政府要采取有效措施，促进国企采取公开透明的市场化投资方式，让东道国政府与企业逐渐认清中国国企的商业本质，减少对中国政府操控投资的顾虑，这是当前“走出去”企业迫切需要的支持。另一方面，引导中国企业在东道国实施本地化战略，弱化中国企业背景。本地化是判断一个企业是否国际化的重要标准，也是判断一个企业是否在东道国扎根以及对当地的贡献程度的重要因素。与发达国家的跨国公司相比，中国企业在境外投资的本地化率很低，国企标签明显，成为制约中国企业做大做强的一大“瓶颈”。因此，当前需要引导中国企业应该学习发达国家跨国公司的做法，及时调整自己的全球化战略，弱化企业的国家标签，通过实施本地化战略，强化其世界公民和本地公民的特征。

（4）培育专业服务机构，并通过立法、条例规章等制度，合理引导中国企业与当地员工、土著、自然和谐相处。如前文所述，我国“走出去”企业由于缺乏有效监管和引导，企业在海外自行其是，尤其是“对中国一些政府官员和国企领导来说，他们已经习惯了在国内‘一切资源为我所用’，一旦走出国门，无法适应与盎格鲁—撒克逊经济体打交道的行为准则”（何伊凡、孙雅男，2009），出现了不遵守当地法律，不重视安全和产品质量等问题，部分企业不顾当地国法律，在东道国行贿，严重影响中国企业在当地形象。为此，当前迫切需要政府部门成立相应的专业服务机构，并通过立法、条例规章等制度，合理引导中国企业或居民，主动、有序地融入东道国，与当地员工、土著、自然和谐相处。具体地说，一是专业服务机构指导我国企业在与当地投资时，应该要以追求剩余控制权为主，而不是追求形式上的绝对或相对控股权，多与东道国本土企业合资，共同开发能源矿产更容易被民众接受或认同。二是指导、服务和引导中国企业投入更多的时间和资源了解东道国的经营环境，通过参与社区活动等方式成为当地社区的一部分。三是要借助资深中介服务机构，掌握最及时准确的投资信息。四是要实施人才、采购等方面本土化战略，增加与当地居民、企业、政府和媒体的互动，真正融入当地，实现互生共赢，建立有利于企业发展的公关生态系统。最后，加强中国居民和企业在当地的社会责任感，在当地树立良好形象，实现企业在当地的可持续发展。

第四节 促进中国对外投资政策支持体系方案

为配套上述战略，政府需要在政策支持体系方面着力，加强对外投资促进体系、对外投资监管体系、对外投资综合服务体系三大方面的建设和重构。

一 对外投资的促进体系方案

（一）创新对外投资促进政策理路，优化顶层设计

近年来，为支持企业“走出去”，政府先后在资金支持、金融政策支持、财税政策支持、外汇管理等方面出台了一系列支持与配套政策，中国海外投资的政策支持体系初步形成。但在总体上，还没有形成一个非常有效的政策支持体系，尤其在法律、财税、融资、信用担保、监管、服务、激励约束等制度制定方面，缺乏全局观念和统筹规划，外投政策效果不理想，迫切需要政策制定者调整理路，优化顶层设计。

我们认为，优化顶层设计需要做到以下三点：一是方式要创新，今后需要结合地方、基层、企业的实际操作经验，如何将对外投资的宏观经济效益、税收、投资规则、投资环境、知识产权、产业安全、能源政策、环境保护、企业行为等概念有机融合在一起，明确新的总方针、目标和措施，完善对外投资合作促进政策的顶层设计。

二是理念要创新，比如在处理中国企业与当地员工、土著、自然和谐相处等问题上，需要政府从提升中国软实力和外交公关战略层次着力，同时要从政策、规章等方面规范企业行为，而不是当前的单一企业行为。又如在处理企业与政府的主体关系上，当前的对外直接投资很大程度上是一种政府推动下的企业境外投资行为，采取的是以“政府为主导，企业为主体，市场化经营为原则”的运作模式。但是，“走出去”的主体毕竟是企业，政府只是起扶持、引导作用，因此在竞争日益激烈的经济形势下，要想成功地“走出去”并能在国际市场长久的发展，首先最重要的就是要发挥企业的主体作用，要按照以“企业为主体，市场化经营为原则”

模式进行顶层设计。

三是制度要创新，激励与约束并行，缺一不可。当前，我国在对外投资政策设计中，推动性的激励政策用得较多，监管政策和问责机制不足，出现部分企业为取得政府补贴和贷款，具有过度投资的激励，在境外盲目行动，恶性竞争等。因此，随着对外投资进程的深入，政府在对外投资合作促进政策的顶层设计中，迫切需要强化监管规制和问责机制。如商务部2013年发布《规范对外投资合作领域竞争行为的规定》①，可以看作是一个好的开始。

（二）完善海外投资法律规范，重构法律保障体系

母国法律制度的保护是企业展开海外并购时寻求法律保护的一种最为有效的途径。美国、日本、韩国、新加坡等国均制定了海外投资促进法，而我国企业在“走出去”方面的立法工作比较落后。目前，主要依据是国务院颁布的相关规章和条例，还没有形成统一的法律规范，指引、保护和管理企业“走出去”的业务。为此，本研究主张：

一是要启动相关立法程序，尽快制定中国的企业海外投资促进法，统一和规范对各类企业进行境外投资的措施、审批程序和管理办法，为企业“走出去”提供全面的法律支持与保障。

二是尽快建立起企业海外并购的一整套法规体系，包括海外并购促进法、海外并购责任法、海外并购规划法、海外投资保险法、政府服务法在内的配套法律法规。当前，我国投资方式最多的是海外并购，但相关并购的法律只分散在公司法、证券法中，缺乏一部明确的、权威的，具有约束力的法律法规来有效引导我国企业的海外并购，严重制约了企业对外投资的进一步发展。

三是积极推进签订双边投资保护协定和避免双重征税协定。签订多边或双边境外投资保护协定，是促进企业“走出去”的最直接和有效的法律保障。目前，我国已签订了150多个双边投资协定、99个避免双重征税协定。但是，这些已签订的协定中，主要是为了吸引发达国家和较发达国家的投资，中国海外投资并没有列为重点，对外投资自由化协定的谈判依然比较滞后。因此，要重视加强与潜在动乱国家的双边投资保护协定问

① 这一规定提出，将会同有关部门建立对外投资合作不良信用记录制度，因不正当竞争行为被记录在案的企业3年内不得享受国家有关支持政策。这一规定的出台，可以看作是落实顶层设计的具体措施。

题；加快与尚未签订双边投资保护协定和避免双重征税协定的谈判；尤其是要积极推动中美、中欧等发达国家的双边投资保护协定谈判。此外，政府还应该积极参加世界银行项下的多边投资担保机构，可以直接承保各种的政治风险，为海外投资提供经济上的保证。

（三）建立相互支持配套的海外投资风险保障制度

当前，参照美、日等国家的成果经验，可从以下几方面展开：一要建立双边“代为求偿”制度，为企业特别是中小企业提供海外投资担保。具体地说，由上述成立的专门承保机构，代表政府签订双边投资保证协定，并赋予承保机构“代位求偿”的权利，即我国海外投资的专门承保机构对承保内的政治风险损失给予赔偿后，可以代替投资者，向东道国索取投资者的损失赔偿金。

二要设立海外投资“亏损准备金制度”，为海外投资企业提供各种税收上的优惠。参照日本做法，我国可以利用大量的外汇储备、国有企业利润以及公共财政资金，作为资金来源，来筹建海外投资亏损准备金。对政治、经济不稳定国家或地区的中国企业进行税收补贴，以弥补其海外投资风险或企业失利所造成的资金短缺。

三要建立海外投资保险制度，为海外投资企业减轻投资风险。针对政治性风险，像汇率、国有化征收和政治暴力，对东道国拒绝承认合同契约、强制收归国有和突发性政局动荡等，我国可以参照美、日做法，并结合我国国情，推进这些系列保险制度的制定，并建立起保护措施，以规避海外企业遇到战争、地震以及政治风险时所造成的经济损失。

四要建立严厉的投保问责制度，有效约束海外投资企业行为。上述承保机构要加大对投资责任人的奖惩力度，做到权责分明。如投资获利，则给予责任人相应奖励。投资失败，如果决策程序合法，至少要负领导责任，或调离岗位或引咎辞职；而若决策程序违法，则要负刑事责任。

（四）加强民营企业“走出去”的政策支持和引导，享受国企同等政策支持

现阶段，我国民营企业海外投资规模约占总投资的1/3左右，由于民营企业机制灵活，反应快，效率高，是我国对外投资的重要企业主体。但是，由于在资金、规模、技术、治理等方面的弱条件限制，我国民营企业“走出去”还仅仅是开始，迫切需要国家给予必要的支持和引导，享受国企同等政策支持，真正做成中国的实力跨国公司。因此，当前需要做到以

下三点：

一是享受国企同等金融政策支持，并作为民间投资的一个重要部分来予以政策支持。由于民营企业缺乏完善的金融机构支持，信用额度有限，受到国家外汇管制政策的约束，对比我国国有企业，民营企业在海外投资融资过程中不占优势。当前，需要放弃所有制歧视的旧观念，享受国企同等金融政策支持。同时，视为扩大民间投资的一种举措，需要在思想观念、政策措施、工商管理、投融资体制等方面制定可操作性的措施。

二是要制定明确导向性的产业政策，引导民企走技术发展的战略路线。民营企业通常由于在技术、人才、管理等方面的限制，单个企业行为很容易走见效快的短、快项目，难以做大做强。因此，政府通过制定明确导向性的产业政策，如制定向资源开发行业倾斜的产业引导政策，引导它们的投资方向和投资产业，加大对各类优势企业到境外投资开发的资金支持，理性开拓当地市场和开发当地资源，争夺人才和技术，抢占技术发展的战略制高点，逐步成长为真正的跨国公司。

三是从财政预算中拿出部分资金，动员社会资源，建立一批官助民办或官办民营的中小企业培训机构，为民营企业提供人才培训。当前，民营企业"走出去"普遍缺乏国际化经营管理人才，是制约民营企业"走出去"做大做强的重要障碍。参照日本经验，我国政府可以由商务部牵头，会同有关部门，包括全国工商联，相关的行业、商会，以及"走出去"的企业集团，建立一批官助民办或官办民营的中小企业培训机构，为外投企业的经营管理者提供有关境外直接投资的研修课程和人才培训工作。

二　对外投资的监管体系方案

近年来，政府不断放松境外投资管制，简化境外投资审批程序，不断改进多头管理、权责重叠，逐步向简单化、规范化、法制化的境外投资监管体系迈进。但是，目前主要存在"重审批、轻监管"、重国家宏观支持政策、轻微观企业引导和后期监管，导致境外投资存在无视当地法律，企业缺少自律、恶性竞价、非法经营、国有资产流失等现象。为此，本书主张，当前重点需要构建并完善统一、权威的监管体系和加强对投资后境外企业的管理与监控着力，具体地说：

（一）成立统一、独立、权威的综合协调管理机构

如前所述，目前，我国对外投资合作是由发改委、商务部、财政部、国家外汇管理局、各地方政府、中央银行及中央各部门、国家计委等实施

多头管理，各专业部门以自己的利益为目的制定各自的管理办法，导致对外直接投资缺乏统一的、权威性的机构统一协调和负责，出现管理混乱和管理效率低下的局面。为此，当前迫切需要应建立一个统一、独立、权威的综合协调管理机构，对我国海外直接投资活动和跨国公司发展进行宏观管理和统一规划。其性质类似国家海外投资委员会的机构，内设“海外投资领导协调小组”，主要负责制定海外投资发展战略，制定境外直接投资的方针、政策，统一领导、管理、协调全国各部门、各行业的对外投资活动。结合我国的实际情况，对投资的地区和产业进行指导，完善法律，依法对境外直接投资进行监管。

（二）健全监管体系，建立相应的问责制与奖惩制

美国有严格的事后监管制度，政府对境外投资企业确立监管重点，有明确监管主体及其责任，并规定对外投资企业的义务。然而，目前我国对企业海外投资监管缺位，尤其是中小企业缺乏海外投资引导，单个企业在海外自行其是，严重影响了中国企业海外投资形象；特别是，现有的审批条件忽略了企业内部风险管理体系。为此，一是应重点设立对国有企业海外投资的问责制与奖惩制。国有企业较少受制于被并购或破产的威胁，通常倾向于忽视较大的商业风险和体系风险，应该尽快建立相应的问责制与奖惩制，限制国有企业过度冒险的投资行为。二要加强外投企业的年审工作和领事馆对外投企业的监管工作，加强外投企业违法的惩处力度，保证我国监管体系的神圣。三是对国有企业，要明确投资主体和项目责任人的责任，规范境外投资的财务工作，确保国有资产保值增值；对私营企业，我国银行应该和东道国所在地的工商税务局联合起来对其进行严格监控，避免我国资本流失。

（三）提高政府主体的海外监管能力

当前，政府在应对境外投资合作中的新挑战，其管理能力有待提升。为此，需要通过实施激励机制、进修培训机制、考评淘汰机制等政策措施，对政府部门主管或经办人员的工作能力或职业素质进行提升或淘汰，提高政府主体的有效监管能力。

（四）引导、规范境外企业的当地化经营行为

目前，我国境外部分企业不遵守当地法律，不重视安全和产品质量、不注意劳工关系等，严重影响中国企业在当地形象和当地正常经营秩序。因此，需要政府从监管和约束层面，通过规章规范监管约束企业行为，引

导境外企业在经营管理方面应该“入乡随俗”，与当地员工、土著、自然和谐相处。商务部2013年3月底发布《规范对外投资合作领域竞争行为的规定》[①]，这仅仅是个好的开始，还需要政府进一步出台相关政策措施。

（五）通过制度创新，引导、激励并约束境外投资企业加强企业内部管理

我国“走出去”企业是以国有企业占主体，治理结构不健全，政府监管缺位；民营企业实力小，国际经营管理经验不足，现代企业制度不完善；中国“走出去”企业整体管理水平偏低，当前必须强化海外企业的内部管理，为此，一是由于私人产权更有利于海外经营管理和治理，政府要改变当前国有企业占主导、民营企业为辅助的局面，通过股权改革或制度创新，鼓励私人股权、国办民营、国有股权和私人股权混合经营等新体制，改善境外企业治理结构；二是尽快完善民营企业的现代企业制度建设，激励有为的中小企业苦练内功、不图多贪大，集中优势资源做强主业，培育和提升自身的核心竞争力；三是尽快建立和完善“走出去”企业的各项管理规章制度，加强海外企业投资项目的可行性研究，提高企业的科学决策水平，在经营管理方面不仅产品要本土化，生产管理、经营理念也要融入当地元素，从各方面和各层次进行内部管理的提升。

三 对外投资的综合服务体系方案

虽然海外投资的主体不是政府，但政府却一定是为企业提供服务和保障的主体和中心。对于政府来说，应该充分利用中国国际生产网络及其组织机制，按照以市场为主导、以企业为主体、政府提供服务的原则，加快建立健全促进企业海外直接投资的综合服务体系。在当前条件下，着重应该加强以下服务：

（一）以政府主体为中心加强对中国国际生产网络的维护与协调

由于国际生产网络的主体较多，既包括政府部门、促进机构、专业服务机构、行业商会等部门、行业组织机构，又包括境内主体企业、牵头企业、境外整合企业、东道国代理商、供应商及其他合作伙伴等微观企业主体。当前，一是迫切需要以前面构建的政府综合协调管理机构为中心和主导，带动和督促其他主体积极维护与监管好中国的国际生产网络，控制或

① 商务部2013年3月底发布《规范对外投资合作领域竞争行为的规定》，提出将会同有关部门建立对外投资合作不良信用记录制度，因不正当竞争行为被记录在案的企业3年内不得享受国家有关支持政策。

协调各主体行为，尤其需要一系列规章规制和信用，以及提升政府主体的协调能力。

二是建立政府、行业商会和企业人员共同组成的分析协调队伍。境外投资企业将其在东道国遇到风险或障碍，比如说东道国存在潜在政治风险这一信息传递给政府，政府可以根据这些要求去调查，也可委托咨询专业机构解答。这样通过企业的代表人员，政府能够掌握第一手境外企业的实际情况和资料，有助于政府制定出更加合理的、及时的政策和措施；同时，企业可以充分利用优惠政策不失时机地走出国门，进而增强我国企业在国际上的竞争力。

（二）建立中国境外投资的专门服务机构

如前所述，中国企业在“走出去”过程中面临信息不灵，各种信息资源未能有效整合，以至于“走出去”企业不熟悉国际市场的游戏规则，对国外有关法律、政策、投资环境了解不透彻，在税收优惠、投资障碍、风险防范等措施有限。目前，虽然我国商务部在全球有200多个驻外机构，但大多数都以驻外使领馆商务参赞或商务办公室等类似形式存在，注重的是官方职能，在人员规模、专业性、服务功能、影响力等方面的水平和作用还相当有限，而且商务部作为政府部门，并不合适在海外设立大规模的分支机构，并承担更多的专业性职能，甚至影响当地的立法或政策制定。因此，当务之急是需要建立中国境外投资的专门服务机构。具体地说，一是政府可以通过发展某些民间或半官方的协会或组织，如全国工商联等；也可以通过大企业集团和政府财政的支持，在世界各国各地区增设行业商会。这些机构为企业了解、搜集、分析各国的法律、政治、经济信息，积极充当说客和中间人的角色，影响东道国政府的政策和立法，最大限度地保护和实现我国企业的投资利益。二是在投资目标国或地区设立专业机构，如外国的律师事务所、咨询公司、风险评估公司等，为其海外投资企业提供业务指南与信息咨询帮助。

（三）加强投资中和投资后服务平台的构建和完善

为鼓励企业加快对外投资，我国对境外投资主体投资前的平台搭建相对比较全面，但是投资中和投资后的服务平台构建还需进一步拓展和完善。具体地说，一是投资前期提供一系列的服务，如组织投资前考察、建立投资机会数据库、与当地人士进行交流研讨等，投资过程中和投资后也应该提供相应的服务，并根据投资进程合理调整服务重点；二是整合我国现有的各类投资促进服务资源，依托国际生产组织打造一支由政府相关职能部门、专业投资促进机构和驻外各类机构组成的分工明确、职能清晰和覆盖全方位投资促进专业服务队伍；三是整合现有信息资源和今年发布机构，考虑设立一个具有权威的专门官方信息发布机构，集中发布各种与境外投资有关的政策法规、投资环境、国别、投资目录、投资机会、特殊产业政策等信息。虽然2009年3月我国商务部发布的《境外投资管理办法》，其中明确规定商务部要为企业开展境外投资提供统计、调查分析、投资风险预测等全方位信息服务，但这只是个开始，在机构权威性、职能和作用等方面需要进一步强化。

（四）不断完善政府综合服务体系

与发达国家的对外投资相比，目前我国综合服务体系很不健全，尤其在信息服务、人才培训服务、中介服务、网站建设、展会平台、组团、经济外交、大使馆经济参赞处工作、对外载体体系等方面的各种服务功能非常有限，没有起到应有的促进作用。为此，当前需要加强以下几方面的工作：

一要依托中国国际生产网络及其组织，采取多种形式组织信息采集、建立可靠的信息传播机构和渠道，完善对外投资与合作业务信息系统，为企业提供咨询，邀请企业参加国家大型商务洽谈活动，实现资源共享和投资协助。二要加强海外投资的技术支持服务，具体地说，一方面，政府要成立相应机构加大海外投资的研究与开发活动，并且对海外直接投资项目的可行性论证提供支持和资助；另一方面，要为我国“走出去”企业培训相关的管理、技术和其他复合型人才，并提供经费、设施和其他条件。三要切实发挥行业协会、驻外机构等的服务作用，为外投企业提供信息咨询，确保服务信息的准确性和时效性。四要加强信息咨询服务和网站建设。建立并完善境外直接投资企业的数据库，为企业寻找合作伙伴提供信息资源，给双边企业创造更多的项目投资机会；完善对外直接投资官网，及时提供尽可能多的东道国经济、技术、政治和法律等信息；通过投资组团、国外考察等方式收集信息，由具有丰富经验的专家向外投企业提供投资和贸易方面的咨询。

（五）加强为企业提供外交服务支持

几十年来，中国外交官在世界范围内建立了相当丰厚的社会资本，可以为中国企业的海外投资发展提供切实的帮助，为企业“走出去”牵线搭桥、向境外中资企业提供咨询、提供领事保护等。当前，外交部作为政府部门，也需要思考如何在外交工作中强化服务经济的内容。具体地说，一是要求主要投资目标国或地区的外交部专门设立经济外交与合作办公室，主要工作是为外交如何服务经济做调研，为服务经济做跨部委的协调工作。二是以外交部为主体，定期举办外交专家与境外投资者、企业代表们的交流研讨会，为外交部门和企业之间架起一座桥梁，让外交部了解境外企业家的想法和要求；让企业能够获得更准确、更及时的项目信息，减少企业的信息闭塞成本以及项目投资失败的损失。三是为境外投资企业提供一些有针对性的服务，如通过加强政府公关，为企业尤其是民营企业提供更多的商业机会、信息指导、法律支持和政治保护；引导境外企业建立预警机制，有效规避海外风险，尽快消除企业“走出去”的政策性障碍等。

参考文献

[1] Acemoglu D., Aghion P., Lelarge C., et al. "Technology, Information, and the Decentralization of the Firm". *The Quarterly Journal of Economics*, 2007, 122 (4).

[2] Aghion, Philippe and Patrick Bolton. "An Incomplete Contracts Approach to Financial Contracting". *Review of Economic Studies*, 1992, 9 (3).

[3] Aghion P., Tirole J. "Formal and Real Authority in Organizations". *Journal of Political Economy*, Vol. 105 (1), 1997.

[4] Alchian, A. A. and H. Demsetz. "Production, Information Costs, and Economic Organization". *The American Economic Review*, 1972, Vol. 62, No. 5.

[5] Anand J. and A. Delios. "Absolute and Relative Resources as Determinants of International Acquisitions". *Strategic Management Journal*, 2002, 23 (2).

[6] Antràs, Pol. "Firms, Contracts, and Trade Structure". *Quarterly Journal of Economics*, 2003, 118 (4).

[7] Antràs, Pol. "Incomplete Contracts and the Product Cycle". *American Economic Review*, 2005, 95 (4).

[8] Antràs, Pol. & E. Helpman. "Global Sourcing". *Journal of Political Economy*, 2004 (112).

[9] Antràs, P., & E. Rossi－Hansberg. "Organizations and Trade", *Annual Review of Economics*, *Annual Reviews*, 2009, Vol. 1 (1).

[10] Antràs, Pol. &E. Helpman. "Contractual Frictions and Global Sourcing". In E. Helpman, D. Marin, & T. Verdier (eds.), *The Organization of Firms in a Global Economy*, Cambridge, MA: Harvard University Press, 2008.

[11] Antràs, Pol. *Economics Course* 1540; *Topics in International Trade: Multinational Firms and the Globalization of Production.* Harvard University. Spring, 2006.

[12] Armstrong Shiro. "Assessing The Scale and Potential of Chinese Investment Overseas: An Econometric Approach". *China & World Economy.* 2014, 19 (4).

[13] Baldwin Richard and Toshihiro Okubo. "Networked FDI: Sales and Sourcing Patterns of Japanese Foreign Affiliates". *The World Economy*, 2014, 37 (8).

[14] Barbopoulos L, K. Paudyal and G. Pescetto. "Legal Systems and Gains from Cross - Border Acquisitions". *Journal of Business Research*, 2012, 65 (9).

[15] Barney, J. B. "Firm Resources and Sustained Competitive Advantage". *Journal of Management*, 1991 (17) 1.

[16] Beladi Hamid, Avik Chakrabarti and Sugata Marjit. "Cross - border Mergers in Vertically Related Industries". *European Economic Review*, 2013, 59.

[17] Beladi H, A. Chakrabarti and S. Marjit. Privatization and Strategic Mergers across Borders. Review of International Economics, 2013, 21 (3).

[18] Benassy, and Jean - Pascal. "Is There always too Little Research in Endogenous Growth with Expanding Product Variety". *European Economic Review*, 1998, 42 (1).

[19] Berle A. A. Jr. and G. C. Means, *The Modern Corporation and Private Property.* New York: Macmillan, 1932.

[20] Bernard A. B and J. B Jensen. *Why Some Firms Export: Experience, Entry Costs, Spillovers, and Subsidies.* Yale University. Photocopy, 1997.

[21] Bernard A. B. and J. B. Jensen. "Exceptional Exporter Performance: Cause, Effect, or Both?". *Journal of International Economics*, 1999, 47.

[22] Bernard, A. B., J. Eaton, J. B. Jensen, and S. Kortum. "Plants and Productivity in International Trade". *American Economic Review*, 2003 (93).

[23] Bernard A. B. and J. B. Jensen. "Firm Structure, Multinationals, and Manufacturing Plant Deaths". *The Review of Economics and Statistics*,

2007, 89 (2).

[24] Buckley, P. J., and M. Casson, *The Future of the Multinational Enterprise*, London: Macmillan, 1976.

[25] Cai, Hongbin. "A Theory of Joint Asset Ownership". *Rand Journal Economics*, 2003, 34 (1).

[26] Carr, David L., Markusen, J. R. and K. E Maskus. "Estimating the Knowledge – Capital Model of the Multinational Enterprise". *The American Economic Review*, 2001, 91 (3).

[27] Child J., S. Marinova. "The Role of Contextual Combinations in the Globalization of Chinese Firms". *Management and Organization Review*, 2014, 10 (3).

[28] Chiu, Y. S. "Non – Cooperativebargaining, Hostagea and Optimal Asset Ownership". *The American Economic Review*, 1998, 88 (4).

[29] Clerides, S., S. Lach and J. Tybout. "Is Learning by Exporting Important? Micro – Dynamic Evidence from Colombia, Mexico, and Morocco". *Quarterly Journal of Economics*, 1998, 113 (3).

[30] Coase, Ronald H. "The Nature of the Firm. *Economica*". 1937, 4 (16).

[31] Datta D. K. and G. Puia. "Cross – border Acquisitions: An Examination of the Influence of Relatedness and Cultural fit on Shareholder Value Creation in US Acquiring Firms". *MIR: Management International Review*, 1995.

[32] Davis P. S., A. B. Desai and J. D. Francis. "Mode of International Entry: an Isomorphism Perspective". *Journal of International Business Studies*, 2000.

[33] Dewatripont, M &J. Tirole. "A Theory of Debt and Equity: Diversity of Securities and Manager Shareholder Congruence". *Quarterly Journal of Economics*, 1994, 10 (9).

[34] Dunning, J. H.. "Trade, Location of Economic Activity and The MNE: a Search for an Eclectic Approach". In B. Ohlin, P. O. Hesselborn & M. Wijkman, *The International Allocation of Economic Activity*. London: Macmillan, 1977.

[35] Dunning John H. , Sarianna M. Lundan. "Institutions and the OLI Paradigm of the Multinational Enterprise" . *Asia Pacific J Manage*, 2008, 25.

[36] Eisenhardt, K. M. "Building Theories from Case Study Research, Academy of Management Review" . 1989, Vol. 14, No. 4.

[37] Ethier W. J. and J. R. Markusen. "Multinational Firms, Technology Diffusion and Trade" . *Journal of International Economics*, 1996, 41 (1) .

[38] Fajgelbaum P. , G. M. Grossman and E. Helpman. "A Linder Hypothesis for Foreign Direct Investment" . *Review of Economic Studie*, 2014, 10. 1093, 027.

[39] Feenstra R. C. and G. H. Hanson. "Ownership and Control in Outsourcing to China: Estimating the Property – rights Theory of the Firm" . *The Quarterly Journal of Economics*, 2005, 120 (2) .

[40] Gao L. , X Liu, H. Zou. "The Role of Human Mobility in Promoting Chinese Outward FDI: A Neglected Factor?" . *International Business Review*, 2013, 22 (2) .

[41] Gereffi, G. "International Trade and Industrial Upgrading in the Apparel Commodity Chain" . *Journal of International Economics*, 1999, 48.

[42] Grossman, S. J. , & O. Hart. "The Costs and Benefits of Ownership: a Theory of Vertical and Lateral Integration" . *Journal of Political Economy*, 1986, 94 (4) .

[43] Grossman, G. & E. Helpman. "Integration Versus Outsourcing in Industry Equilibrium" . *Quarterly Journal of Economics*, 2002, 117 (1) .

[44] Grossman, G. & E. Helpman. "Outsourcing in a Global Economy" . *Review of Economic Studies*, 2005, 7 (2) .

[45] Grossman, G. &E. Helpman. "Managerial Incentives and The International Organization of Production" . *Journal of International Economics*, 2004, 63.

[46] Grossman, Gene M. , Elhanan Helpman and Adam Szeidl. "Optimal Integration Strategies for the Multinational Firm" . *Journal of International Economics*, 2006, 70 (1) .

[47] Hart O. *Firms, Contracts, and Financial Structure*. Oxford University Press, 1995.

[48] Hart, Oliver and John Moore. “Property Rights and the Nature of the Firm”. *Journal of Political Economy*, 1990, 98 (6).

[49] Hart, O., & J., Moore. “Property Rights and the Nature of the Firm”. *Journal of Political Economy*, 1990, 98 (6).

[50] Helpman, E. “A Simple Theory of International Trade with Multinational Corporations”. *Journal of Political Economy*, 1984, 92.

[51] Helpman, E. “Trade, FDI and the Organizations of Firm”. *Journal of Economic Literature*, Vol. XLIV, 2006.

[52] Helpman, Elhanan, and Paul R. Krugman. *Market Structure and Foreign Trade: Increasing Returns, Imperfect Competition, and the International Economy*. Cambridge, MA: The MIT Press, 1985.

[53] Helpman M., D. Marin & T. Verdier. *The Organization of Firms in A Global Economy*. New York: Harvard University Press, 2008.

[54] Helpman E., Melitz. M. J. and S. R. Yeaple. “Export versus FDI with Heterogeneous Firms”. *American Economic Review*, 2004.

[55] Hennart J. F. and S. Reddy. “The Choice between Mergers/Acquisitions and Joint Ventures: The Case of Japanese Investors in The United States”. *Strategic Management Journal*, 1997, 18 (1).

[56] Hijzen Alexander, Holger Georg, Miriam Manchin. “Cross - border Mergers and Acquisitions and the Role of Trade Costs”. *European Economic Review*, 2008, 52 (5).

[57] Hitt M A, M. T. Dacin and E. Levitas. “Partner Selection in Emerging and Developed Market Contexts: Resource - based and Organizational Learning Perspectives”. *Academy of management Journal*, 2000, 43 (3).

[58] Holmstrom Bengt and Paul Milgrom. “The Firm as an Incentive System”. *American Economic Review*, 1994, 84 (4).

[59] Horstmann, I. and J. R Markusen. “Strategic Investments and the Development of Multinationals”. *International Economic Review*, 1987, 28 (1).

[60] Horstmann, I. and J. R. Markusen. "Licensing versus Direct Investment: a Model of Internalization by the Multinational Enterprise". *The Canadian Journal of Economics Revue – canadienne d' Economique*, 1987, 20 (3).

[61] Horstmann, I. and Markusen. J. R. "Endogenous Market Structures in International Trade". *Journal of International Economics*, 1992 (20).

[62] Hymer, S. H, *The International Operations of National Firms: A Study of Direct Foreign Investment*, Ph. D. dissertation. M. I. T. 1960. (Cambridge, MA: MIT Press, 1976).

[63] Jensen M. C. "Agency Costs of Free Cash Flow, Corporate Finance, and Takeovers". *The American Economic Review*, 1986, 76 (2).

[64] Jones, R., and Kierzkowski, H. *The Role of Services in Production and International Trade: A Theoretical Framework, The Political Economy of International Trade.* Oxford: Blackwell Publishing, 1990.

[65] Kohler, W., and M. Smolka. "Global Sourcing: Evidence from Spanish Firm – level Data". In R. M. Stern (Ed.) *Quantitative Analysis of Newly Evolving Patterns of International Trade*, chap. 4, (pp. 139 – 189). World Scientific Studies in International Economics.

[66] Kojima K. Direct Foreign Investment: *A Japanese Model of Multinational Business Operations.* London: Croom Helm, 1978.

[67] Krug J. A. and H. W. Hegarty. "Predicting who Stays and Leaves after An Acquisition: A Study of Top Managers in Multinational Firms". *Strategic Management Journal*, 2001, 22 (2).

[68] Krugman P. "Growing World Trade: Causes and Consequences". *Brookings Papers on Economic Activity*, 1995 (1).

[69] Landes, David. "What do Bosses Really Do?". *Journal of Economic History*, 1986.

[70] Larsson R. and S. Finkelstein. "Integrating Strategic, Organizational, and Human Resource Perspectives on Mergers and Acquisitions: a Case Survey of Synergy Realization". *Organization Science*, 1999, 10 (1).

[71] Lileeva Alla and Daniel Trefler. "Improved Access to Foreign Markets Raises Plant – Level Productivity ...for Some Plants". *Quarterly Journal*

of Economics, 2010, 125 (3).

[72] Makadok, R. “Toward a Synthesis of the Resource – based and Dynamic – capability Views of Rent Creation”, *Strategic Management Journal*, Vol. 22, (4), 2001.

[73] Malhotra S, K. Sivakumar and P. C. Zhu. “Curvilinear Relationship between Cultural Distance and Equity Participation: An Empirical Analysis of Cross – Border Acquisitions”. *Journal of International Management*, 2011, 17 (4).

[74] Markides C. C. and C. D. Ittner. “Shareholder Benefits from Corporate International Diversification: Evidence from US International Acquisitions”. *Journal of International Business Studies*, 1994.

[75] Markusen, James R. “Multinationals, Multi – plant Economies, and the Gains from Trade”. *Journal of International Economics*, 1984, (16).

[76] Markusen, James R. “Foreign Investment, Vertical Integration and Local Equaity Requirements”. *Economica*, 1997, (4).

[77] Markusen, James R. *Multinational Firms and the Theory of International Trade*. Cambridge: MIT Press, 2002.

[78] Markusen, James R. “Modeling the Offshoring of White – collar Services: from Comparative Advantage to the New Theories of Trade and FDI”. *NBER*, *Working Paper*, 2005, 11827.

[79] Markusen, James R., and Anthony J. Venables. “Multinational Firms and the New Trade Theory”. *Journal of International Economics*, 1998, (46).

[80] Markusen, James R., and Anthony J. Venables. “The Theory of Endowment, Intra – industy and Multinational Trade”. *Journal of International Economics*, 2000, 52.

[81] Marin, D. &T. Verdier. “Globalization and The Empowerment of Talent”. *Centre for Economic Policy Research Discussion Paper*, 2003, No. 4358.

[82] Marin D., Verdier T., et al. *Corporate Hierarchies and International Trade: Theory and Evidence*. University of Munich, mimeo, 2005.

[83] Marin D., Verdier T. “The Firm and The Market: A General Equilibri-

um Approach" . *Journal of The European Economic Association*, 2008, 6 (4) .

[84] Martynova M. and L. Renneboog. "A Century of Corporate Takeovers: What Have We Learned and Where Do We Stand?" . *Journal of Banking & Finance*, 2008, 32 (10) .

[85] McLaren, John. "Globalization and Vertical Structure" . *American Economic Review*, 2000, 90 (5) .

[86] Melitz, Marc J. "The Impact of Trade on Intra – industry Reallocations and Aggregate Industry Productivity" . *Econometrica*, 2003, 71.

[87] Melitz M. J. and S. Polanec. "Dynamic Olley – Pakes Productivity Decomposition with Entry and Exit" . *NBER Working Paper*, 2014, No. 18182.

[88] Nicholson R. R and J. Salaber. "The Motives and Performance of Cross – border Acquirers from Emerging Economies: Comparison between Chinese and Indian Firms" . *International Business Review*, 2013, 22 (6) .

[89] Nocke V. and S. Yeaple. "Cross – border Mergers and Acquisitions vs Greenfield Foreign Direct Investment: The Role of Firm Heterogeneity" . *Journal of International Economics*, 2007, 72 (2) .

[90] Osborne, M. and A, Rubinstein, *A Course in Game Theory*. MIT Press, Cambridge, MA, 1994.

[91] Pablo Eduardo. "Cross – border diversification through M&As in Latin America" . *Journal of Business Research*, 2013, 66 (3) .

[92] Pablo Eduardo. "Determinants of Cross – border M&As in Latin America" . *Journal of Business Research*, 2009, 62 (9) .

[93] Pan Y. and D. K. Tse. "The Hierarchical Model of Market Entry Modes" . *Journal of International Business Studies*, 2000.

[94] Pavcnik N. "Trade liberalization, Exit, and Productivity Improvements: Evidence from Chilean Plants" . *The Review of Economic Studies*, 2002, 69 (1) .

[95] Penrose, E. T. *The Theory of the Growth of the Firm*, Oxford: Basil Blackwell, 2nd ed. , 1980, 1959.

[96] Pettigrew, A. "Longitudinal Field Research on Change: Theory and Practice", *Organization Science*, Vol. 1, No. 3, 1990.

[97] Poole J. P. “Knowledge Mransfers from Multinational to Domestic Firms: Evidence from Worker Mobility”. *Review of Economics and Statistics*, 2013, 95 (2).

[98] Porter, M. E. *Competitive Advantage*, New York: The Free Press, 1985.

[99] Prahalad, C. K. and G. Hamel. “The Core Competence of the Corporation”. *Harvard Business Review*, 1990, (Mar. Tune).

[100] Ray K. G. and S. G. Ray. “Cross – Border Mergers and Acquisitions: Modelling Synergy for Value Creation”. *Advances in Mergers & Acquisitions*, 2013 (12).

[101] Rajan, Raghuram G. and Luigi Zingales. “Power in a Theory of the Firm”. *The Quarterly Journal of Economics*, 1998, 13 (2).

[102] Rajan R. G. and L. Zingales. “The Firm as A Dedicated Hierarchy: A Theory of The Origins and Growth of Firms”. *The Quarterly Journal of Economics*, 2001, 116 (3).

[103] Richardson, G. B. “The Organization of Industry”. *Economic Journal*, 1972, 82.

[104] Rugman, A. M. *New Theories of The Multinational Enterprise*. London: Croom Helm, 1982.

[105] Shapley, L. S. *A Value for N – person Games*, in *Contributions to the Theory of Games*. Princeton University Press, Princeton, NJ. 1953, 31 – 34.

[106] Teece, David. J.. Gary Pisano and Amy Shuen. “Dynamic Capabilities and Strategic Management”. *Strategic Management Journal*, 1997, 18 (6).

[107] Uddin M and A Boateng. “An Analysis of Short – run Performance of Cross – border Mergers and Acquisitions: Evidence from the UK Acquiring Firms”. *Review of Accounting and Finance*, 2009, Vol. 8 (4).

[108] Vernon R. *International Investment and International Trade in The Product Cycle*. The Quarterly Journal of Economics, Vol. 80 (2), May, 1966.

[109] Wakasugi, R. and A. Tanaka. “Productivity Heterogeneity and Internationalization: Evidence from Japanese Firms”. *Millennial Asia* 3 (1), 2012.

[110] Wang, C., Hong, J. J., Kafouros, M., and A. Boateng. “What

Drives Outward FDI of Chinese Firms? Testing the Explanatory Power of Three Theoretical Frameworks". *International Business Review*, 2012, 21 (3).

[111] Williamson, Oliver E. *The Economic Institutions of Capitalism*, Free Press, 1985, Chapters 1 - 3. 41。《资本主义经济制度》，段毅才、王伟译，商务印书馆 2002 年版。

[112] Yang M. and M. A. Hyland. "Re - examining Mimetic Isomorphism: Similarity in Mergers and Acquisitions in The Financial Service Industry". *Management Decision*, 2012, 50 (6).

[113] Yeaple S R. "A Simple Model of Firm heterogeneity, International Trade, and Wages". *Journal of International Economics*, 2005, 65 (1).

[114] Yeaple, Stephen Ross. "Firm Heterogeneity and the Structure of U. S. Multinational Activity". *Journal of International Economics*, Elsevier, 2009, 78 (2).

[115] Yeaple, Stephen Ross. "Scale, Scope, and the International Expansion Strategies of Multiproduct Firms". *NBER Working Paper*, 2013, No. 19166.

[116] Yin, R. K. *Applications of Case Study Research*. Thousand Oakes. CA: Sage, 2003.

[117] 陈莉：《日本对中小企业对外投资的政策支持分析》，《现代日本经济》2006 年第 6 期。

[118] 陈岩、马利灵、钟昌标：《中国对非洲投资决定因素：整合资源与制度视角的经验分析》，《世界经济》2012 年第 10 期。

[119] 陈景华：《企业异质性、全要素生产率与服务业对外直接投资——基于服务业行业和企业数据的实证检验》，《国际贸易问题》2014 年第 7 期。

[120] 陈林莉：《境外经济贸易合作区区位选择的研究》，硕士学位论文，浙江大学，2008 年。

[121] 戴翔：《生产率与中国企业"走出去"：服务业和制造业有何不同》，《数量经济技术经济研究》2014 年第 6 期。

[122] 董琪：《我国境外经贸合作区的建设与发展研究》，硕士学位论文，

江苏大学，2009 年。
[123] 董艳、张大永、蔡栋梁：《走进非洲：中国对非洲投资决定因素的实证研究》，《经济学》（季刊）2011 年第 10 卷第 2 期。
[124] 杜群阳、项丹：《资源获取型海外并购绩效及其影响因素的实证研究》，《国际贸易问题》2013 年第 10 期。
[125] 冯维江、姚枝仲、冯兆一：《开发区“走出去”：中国埃及苏伊士经贸合作区的实践》，《国际经济评论》2012 年第 2 期。
[126] 冯兴艳：《境外经贸合作区与中非投资合作的战略选择》，《国际经济合作》2011 年第 4 期。
[127] 顾露露、Robert Reed：《中国企业海外并购失败了吗?》，《经济研究》2011 年第 7 期。
[128] 葛顺奇、罗伟：《中国制造业企业对外直接投资和母公司竞争优势》，《管理世界》2013 年第 6 期。
[129] [美] O. 哈特：《企业、合同与财务结构》，费方域译，上海三联书店、上海人民出版社 1998 年版。
[130] 何伊凡、孙雅男：《澳洲铁矿风云》，《中国企业家》2009 年第 12 期。
[131] 洪联英、罗能生：《全球生产与贸易新格局下企业国际化发展路径及策略选择》，《世界经济研究》2007 年第 12 期。
[132] 洪联英、罗能生：《出口、投资与企业生产率：西方贸易理论的微观新进展》，《国际贸易问题》2008 年第 7 期。
[133] 洪联英、刘解龙：《我国出口导向发展模式转型的战略调整：基于微观企业层次的分析》，《国际经贸探索》2009 年第 2 期。
[134] 王耀中、洪联英、刘建江：《企业所有权、贸易组织结构与中美贸易失衡》，《经济学》（季刊）2010 年第 9 卷第 4 期。
[135] 洪联英、彭媛、罗能生：《国有资源产业兼并重组政策的所有权安排及整合效率研究》，《产业经济研究》2011 年第 10 期。
[136] 洪联英、张云：《我国境外经贸合作区建设与企业“走出去”战略》，《国际经贸探索》2011 年第 3 期。
[137] 洪联英、刘解龙：《为什么中国企业对外直接投资增而不强：一个微观生产组织控制视角的分析》，《财贸经济》2011 年第 10 期。
[138] 洪联英：《全球化生产、组织控制与中国外贸发展》，经济科学出

版社 2012 年版。

[139] 洪联英、唐寅、彭媛：《中国企业对外直接投资的微观障碍研究》，《世界经济研究》2012 年第 9 期。

[140] 洪联英、刘建江：《中国为什么难以改变外贸发展模式：微观生产组织控制视角的分析》，《数量经济技术经济研究》2012 年第 12 期。

[141] 洪联英、彭媛、张丽娟：《FDI、外包与我国制造业产业转型升级陷阱：微观生产组织控制视角的分析》，《产业经济研究》2013 年第 9 期。

[142] 洪联英、陈思：《中国能源资源行业境外投资的组织方式选择》，《财贸经济》2013 年第 10 期。

[143] 洪联英、刘兵权、张在美：《企业进入权、组织控制与跨国公司专用性投资激励》，《中国管理科学》2013 年第 21 卷第 3 期。

[144] 洪联英、陈思、韩峰：《海外并购、组织控制与对外投资方式选择：一个微观生产组织控制视角的分析》，《管理世界》2015 年第 8 期。

[145] 胡彦宇、吴之雄：《中国企业海外并购影响因素研究——基于新制度经济学视角的经验分析》，《财经研究》2011 年第 37 卷第 8 期。

[146] 胡拥军、马强：《"十二五"时期"走出去"战略实施与政府行动框架的重构》，《当代经济管理》2012 年第 12 期。

[147] 贾福新：《中国企业国际合作中的控制力风险与规避》，《国际经济合作》2008 年第 5 期。

[148] 蒋冠宏、蒋殿春：《中国对发展中国家的投资：东道国制度重要吗?》，《管理世界》2013 年第 11 期。

[149] 蒋冠宏、蒋殿春、蒋昕桐：《我国技术研发型外向 FDI 的"生产率效应"：来自工业企业的证据》，《管理世界》2013 年第 9 期。

[150] 蒋冠宏、蒋殿春：《中国企业对外直接投资的出口效应》，《经济研究》2014 年第 5 期。

[151] 金锐：《顺应市场变化　精准调整布局：2012 年全球最大 250 家国际工程承包商业绩述评》，《国际经济合作》2013 年第 10 期。

[152] [美] R. 科斯、A. 阿尔钦、D. 诺斯等：《财产权利和制度变迁》，刘守英等译，上海人民出版社、上海三联书店 2003 年版。

[153] 李春顶:《境外经贸合作区建设与我国企业“走出去”》,《国际经济合作》2008年第7期。

[154] 李计广:《中国境外经贸合作区的模式选择》,《中国评论》2007年第3期。

[155] 李海舰、聂辉华:《论企业与市场的相互融合》,《中国工业经济》2004年第8期。

[156] 李海舰、魏恒:《新型产业组织分析范式构建研究:从SCP到DIM》,《中国工业经济》2009年第7期。

[157] 李平、徐登峰:《“走出去”战略:制度形成与改革展望》,《国际经济合作》2008年第5期。

[158] 李众敏:《中国对外直接投资管理体制面临的挑战与改革建议》,《国际贸易》2010年第10期。

[159] 刘志雄、高歌:《CAFTA框架下中国对东盟投资效应的实证研究》,《东南亚纵横》2011年第1期。

[160] 刘忠庆:《对外直接投资促进体制的建立与完善》,《国际经济合作》2011第第3期。

[161] 鲁桐:《中国企业海外市场进入模式研究》,经济管理出版社2007年版。

[162] 罗伟、葛顺奇:《中国对外直接投资区位分布及其决定因素——基于水平型投资的研究》,《经济学季刊》2013年第4期。

[163] 倪中新、花静云、武凯文:《我国企业的“走出去”战略成功吗?——中国企业跨国并购绩效的测度及其影响因素的实证研究》,《国际贸易问题》2014年第8期。

[164] 聂名华:《发达国家对外投资的鼓励和保护政策》,《世界经济》1993年第7期。

[165] 亓长东、周燕:《日本对外直接投资法律及行政管理体系的经验启示》,国务院发展研究中心:《调查研究报告》2012年第215号(总4217号)。

[166] 綦建红、李丽、杨丽:《中国OFDI的区位选择:基于文化距离的门槛效应与检验》,《国际贸易问题》2012年第12期。

[167] 邵新建、巫和懋、肖立晟、杨骏、薛熠:《中国企业跨国并购的战略目标与经营绩效:基于A股市场的评价》,《世界经济》2012年

第 5 期。

[168] 史宇鹏、何兴强、顾全林：《法律起源与外资进入模式：来自中国的经验》，《经济研究》2012 年第 12 期。

[169] 宋洪远、徐雪、翟雪玲、王莉、徐雪高、夏海龙：《扩大农业对外投资加快实施“走出去”战略》，《农业经济问题》2012 年第 7 期。

[170] 孙蕾：《美国海外投资保险制度的实施与发展》，《国际经济法学刊》2010 年第 4 期。

[171] 田巍、余淼杰：《企业生产率和企业“走出去”对外直接投资：基于企业层面数据的实证研究》，《经济学》（季刊）2012 年第 2 期。

[172] 王佳丽：《我国境外经贸合作区的发展研究》，硕士学位论文，北京林业大学，2010 年。

[173] 王怀民：《独占或分治：中国加工企业生产控制模式研究》，《世界经济》2006 年第 9 期。

[174] 王凤彬、杨阳：《跨国企业对外直接投资行为的分化与整合：基于上市公司市场价值的实证研究》，《管理世界》2013 年第 3 期。

[175] 吴国蔚：《场态经济理论与中国企业“走出去”》，知识产权出版社 2008 年版。

[176] 吴晓波、丁婉玲、高钰：《企业能力、竞争强度与对外直接投资动机》，《南开管理评论》2010 年第 13 卷第 6 期。

[177] 肖琪经：《泰中罗勇工业园建设对于推动中国企业“走出去”的研究》，硕士学位论文，复旦大学，2010 年。

[178] 肖文、周君芝：《国家特定优势下的中国 OFDI 区位选择偏好：基于企业投资动机和能力的实证检验》，《浙江大学学报》（人文社会科学版）2014 年第 44 卷第 1 期。

[179] 姚淑梅：《能矿资源企业跨国并购现状、问题及对策》，《国际经济合作》2008 年第 2 期。

[180] 姚枝仲、李众敏：《中国对外直接投资的发展趋势与政策展望》，《国际经济评论》2011 年第 2 期。

[181] 杨忠、张骁：《企业国际化程度与绩效关系研究》，《经济研究》2009 年第 2 期。

[182] 赵伟、古广东、何元庆：《外向 FDI 与中国技术进步：机理分析与尝试性实证》，《管理世界》2006 年第 7 期。

[183] 赵建华:《浙江省境外经贸合作区现状分析》,《浙江统计》2009年第11期。

[184] 张中元:《东道国制度质量、双边投资协议与中国对外直接投资:基于面板门限回归模型的实证分析》,《南方经济》2013年第4期。

[185] 张国胜:《能源资源产业“走出去”国际经验与政策建议》,《国际经济合作》2014年第4期。

[186] 张建红、周朝鸿:《中国企业“走出去”的制度障碍研究》,《经济研究》2010年第6期。

[187] 张建红、卫新江、海柯:《决定中国企业海外收购成败的因素分析》,《管理世界》2010年第3期。

[188] 张建红、周朝鸿:《中国企业“走出去”的制度障碍研究》,《经济研究》2010年第6期。

[189] 钟正岩:《境外经贸合作区:为中国对外投资合作打造新的平台》,《中国评论》2007年第3期。

[190] 宗芳宇、路江涌、武常岐:《双边投资协定、制度环境和企业对外直接投资区位选择》,《经济研究》2012年第5期。

后　记

本书是作者主持的国家社会科学基金项目“依托国际生产组织推进我国对外投资战略与政策研究”（项目批准号：11CJY095）的最终研究成果。

在本课题研究过程中，韩峰博士、刘建江教授、解冠慧博士提出了很多宝贵意见与建议，本书中部分观点、研究工具和方法都得益于他们的帮助，特别是韩峰博士参与本书第五章实证部分的研究工作。中国长城资产管理公司法律合规处吴传亮处长、湖南省发改委对外经济处孙熙副处长在调研过程中给予无私帮助和支持。此外，我的研究生和助教陈思、周舜龙、文映、吴雨奇在数据收集、整理、分析、调研问卷的设计和实施等方面做了大量的工作。可以说，本书的顺利完成离不开他们的鼎力支持。

湖南大学罗能生教授，长沙理工大学赖明勇教授、王耀中教授、叶泽教授、杨鑫铨教授、刘解龙教授以及经济与管理学院的老师们，在课题研究过程中自始至终都给予无私帮助和支持，在此表示最衷心的感谢！

感谢长沙理工大学给予了我从事国际贸易与投资研究的平台和出版本书的资助。中国社会科学出版社的侯苗苗编辑及其他校核人员为本书的出版做了大量严谨细致的工作，在此表示衷心感谢。由于篇幅所限，还有许多关心帮助过我的老师、同事和朋友，不能一一列出，在这里，我向大家表示衷心的感谢！

企业对外直接投资的微观生产组织行为是一个新而难的研究课题，较少有现成的研究成果可以借鉴，本书的研究也仅仅是初步的。欢迎专家学者和读者提出意见和批评。

洪联英

2015 年 4 月 6 日于岳麓山下